职业教育工业机器人技术应用专业系列教材

工业机器人操作与编程

主　编　杨杰忠　　王振华

副主编　邹火军　　禹鑫焱　　刘继红

参　编　陈国栋　　关文涛　　李　胡　　刘国磊
　　　　马国鹏　　周海燕　　魏玉红　　潘协龙
　　　　李仁芝　　韦文杰　　姚天晓　　赵月辉
　　　　刘　伟　　韦日祯

机械工业出版社
CHINA MACHINE PRESS

本书以任务驱动教学法为主线，以应用为目的，以具体的项目任务为载体，主要项目任务有：认识工业机器人、工业机器人的机械结构和运动控制、工业机器人工具坐标系的标定与测试、工业机器人绘图单元的编程与操作、工业机器人轨迹描图单元的编程与操作、工业机器人水平搬运单元的编程与操作、工业机器人斜面搬运单元的编程与操作、工业机器人工件装配单元的编程与操作、工业机器人零件码垛单元的编程与操作、工业机器人车窗涂胶单元的编程与操作、工业机器人排列检测单元的编程与操作、工业机器人自动流水线单元的编程与操作、工业机器人视觉搬运单元的编程与操作、工业机器人的管理、工业机器人本体的保养与维护。

本书可作为职业院校、技工院校、技师学院工业机器人相关专业教材，也可作为工业机器人安装、使用、维修等岗位培训教材。

为便于教学，本书配套有电子教案、助教课件、教学视频等教学资源，选择本书作为教材的教师可来电（010-88379195）索取，或登录www.cmpedu.com网站注册、免费下载。

图书在版编目（CIP）数据

工业机器人操作与编程/杨杰忠，王振华主编. —北京：机械工业出版社，2017.5（2025.1重印）
职业教育工业机器人技术应用专业系列教材
ISBN 978-7-111-57071-4

Ⅰ.①工… Ⅱ.①杨… ②王… Ⅲ.①工业机器人-操作-高等职业教育-教材②工业机器人-程序设计-高等职业教育-教材 Ⅳ.①TP242.2

中国版本图书馆 CIP 数据核字（2017）第 131177 号

机械工业出版社（北京市百万庄大街 22 号　邮政编码 100037）
策划编辑：赵红梅　责任编辑：赵红梅　责任校对：王　延
封面设计：马精明　责任印制：常天培
固安县铭成印刷有限公司印刷
2025 年 1 月第 1 版第 10 次印刷
184mm×260mm · 13.75 印张 · 332 千字
标准书号：ISBN 978-7-111-57071-4
定价：37.00 元

电话服务　　　　　　　　　网络服务
客服电话：010-88361066　　机　工　官　网：www.cmpbook.com
　　　　　010-88379833　　机　工　官　博：weibo.com/cmp1952
　　　　　010-68326294　　金　书　网：www.golden-book.com
封底无防伪标均为盗版　机工教育服务网：www.cmpedu.com

前　言

　　为贯彻全国职业院校坚持以就业为导向的办学方针，实现以课程对接岗位、教材对接技能的目的，更好地适应"工学结合、任务驱动模式"教学的要求，满足项目教学的需要，特编写此书。本书依据国家职业标准编写，知识体系由基础知识、相关知识、专业知识和操作技能知识4部分构成，知识体系中各个知识点和操作技能都以任务的形式出现。本书精心设计教学任务，对专业技术理论及相关知识并没有追求面面俱到，也没有过分强调学科的理论性、系统性和完整性，但力求涵盖了国家职业标准中必须掌握的知识和具备的技能。

　　本书共分为三大模块，即工业机器人的基础知识、工业机器人的编程与操作、工业机器人的管理与维护。每个模块又划分为不同的任务。在任务的选择上，以典型的工作任务为载体，坚持以能力为本位，重视实践能力的培养；在内容的组织上，整合相应的知识和技能，实现理论和操作的统一，有利于实现"做中学"和"学中做"，充分体现了认知规律。

　　本书是在充分吸收国内外职业教育先进理念的基础上，总结了众多学校一体化教学改革的经验，集众多一线教师多年的教学经验和企业实践专家的智慧完成的，在编写过程中，力求实现内容通俗易懂，既方便教师教学，又方便学生自学。特别是在操作技能部分，图文并茂，侧重于对程序设计、电路安装、通电试车过程和故障检修内容的细化，以提高学生在实际工作中分析和解决问题的能力，实现职业教育与社会生产实际的紧密结合。

　　本书在编写过程中得到了广西机电技师学院、柳州第一职业学校、青海省工业职业技术学校、江苏汇博机器人技术股份有限公司、广西柳州钢铁集团、上汽通用五菱汽车有限公司、柳州九鼎机电科技有限公司的同行们的大力支持，在此一并表示感谢。

　　由于编者水平有限，书中若有错漏和不妥之处，恳请读者批评指正。

目 录

模块一

工业机器人的基础知识

学习目标

知识目标：1. 掌握工业机器人的定义。

　　　　　2. 熟悉工业机器人的常见分类及其行业应用。

　　　　　3. 了解工业机器人的发展现状和趋势。

能力目标：1. 能结合工厂自动化生产线说出搬运机器人、码垛机器人、装配机器人、涂装机器人和焊接机器人的应用场合。

　　　　　2. 能进行简单的机器人操作。

工作任务

　　机器人技术是综合了计算机、控制论、机构学、信息和传感技术、人工智能、仿生学等多种学科而形成的高新技术，是当代研究十分活跃、应用日益广泛的领域。而且，机器人的应用情况是反映一个国家工业自动化水平的重要标志。本次任务的主要内容就是了解工业机器人的现状和发展趋势；通过现场参观，了解工业机器人相关企业；现场观摩或在技术人员的指导下操作工业机器人，了解其基本组成。

相关知识

一、工业机器人的定义及特点

1. 工业机器人的定义

国际上对机器人的定义有很多。

美国机器人协会（RIA）将工业机器人定义为：工业机器人是用来搬运材料、零部件、工具等的可再编程的多功能机械手，或通过不同程序的调用来完成各种工作任务的特种装置。

日本工业机器人协会（JIRA）将工业机器人定义为：工业机器人是一种装备有记忆装

置和末端执行器，能够转动并通过自动完成各种移动来代替人类劳动的通用机器。

在我国 1989 年的国际草案中，工业机器人被定义为：一种自动定位控制，可重复编程、多功能的、多自由度的操作机。操作机被定义为：具有和人手臂相似的动作功能，可在空间抓取物体或进行其他操作的机械装置。

国际标准化组织（ISO）曾于 1984 年将工业机器人定义为：机器人是一种自动的、位置可控的、具有编程能力的多功能机械手，这种机械手具有几个轴，能够借助于可编程的操作来处理各种材料、零件、工具和专用装置，以执行各种任务。

2. 工业机器人的特点

（1）可编程

生产自动化的进一步发展是柔性自动化。工业机器人可随其工作环境变化的需要而再编程，因此它在小批量、多品种、具有均衡高效率的柔性制造过程中能发挥很好的功用，是柔性制造系统中的一个重要组成部分。

（2）拟人化

工业机器人在机械结构上有类似人的足、腰、大臂、小臂、手腕、手等部分。此外，智能化工业机器人还有许多类似人类的"生物传感器"，如皮肤型接触传感器、力传感器、负载传感器、视觉传感器、声觉传感器、语音功能传感器等。

（3）通用性

除了专用的工业机器人外，一般机器人在执行不同的作业任务时具有较好的通用性。例如，更换工业机器人手部末端执行器（手爪、工具等）便可执行不同的作业任务。

（4）机电一体化

第三代智能机器人不仅具有获取外部环境信息的各种传感器，而且还具有记忆能力、语言理解能力、图像识别能力、推理判断能力等人工智能，这些都是微电子技术的应用，特别是与计算机技术的应用密切相关。工业机器人与自动化成套技术，集中并融合了多项学科，涉及多项技术领域，包括工业机器人控制技术、机器人动力学及仿真、机器人构建有限元分析、激光加工技术、模块化程序设计、智能测量、建模加工一体化、工厂自动化及精细物流等先进制造技术，技术综合性强。

二、工业机器人的历史和发展趋势

1. 工业机器人的诞生

"机器人"（Robot）这一术语是在 1921 年由捷克斯洛伐克著名剧作家、科幻文学家、童话寓言家卡雷尔·恰佩克首创的，它成了"机器人"的起源，此后一直沿用至今。不过，人类对于机器人的梦想却已延续数千年之久，如古希腊古罗马神话中冶炼之神用黄金打造的机械仆人、希腊神话《阿鲁哥探险船》中的青铜巨人泰洛斯、犹太传说中的泥土巨人、我国西周时代能歌善舞的木偶"倡者"和三国时期诸葛亮的"木牛流马"传说等。到了现代，从机器人频繁出现在科幻小说和电影中已不难看出，人类对于机器人的向往，而科技的进步让机器人不仅停留在科幻故事里，而且正一步步"潜入"人类生活的方方面面。1959 年，美国发明家英格伯格与德沃尔制造了世界上第一台工业机器人 Unimate，这个外形类似坦克炮塔的机器人可实现回转、伸缩、俯仰等动作，如图 1-1-1 所示，它被称为现代机器人的开端。之后，不同功能的工业机器人也相继出现并且活跃在不同的领域。

2. 工业机器人的发展现状

机器人技术作为 20 世纪人类最伟大的发明之一，自 20 世纪 60 年代初问世以来，从简单机器人到智能机器人，机器人技术的发展已取得了长足进步。2005 年，日本 YASKAWA 推出能够从事此前由人类完成组装及搬运作业的工业机器人 MOTOMAN-DA20 和 MOTOMAN-IA20，如图 1-1-2 所示。DA20 是一款在仿造人类上半身的构造物上配备 2 个六轴驱动臂型"双臂"机器人。上半身构造物本身也具有绕垂直轴旋转的关节，尺寸与成年男性大体相同，可

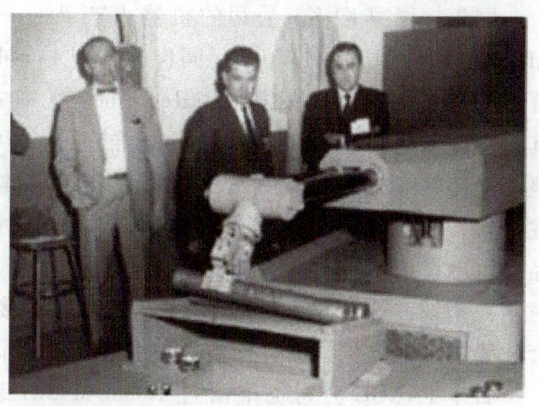

图 1-1-1 世界上第一台工业机器人 Unimate

直接配置在此前人类进行作业的场所。可实现接近人类两臂的动作及构造，因此可以稳定地搬运工件，还可以从事紧固螺母以及部件的组装和插入等作业。另外，与协调控制 2 个臂型机器人相比，设置面积更小。单臂负重能力为 20kg，双臂可最多搬运 40kg 的工件。

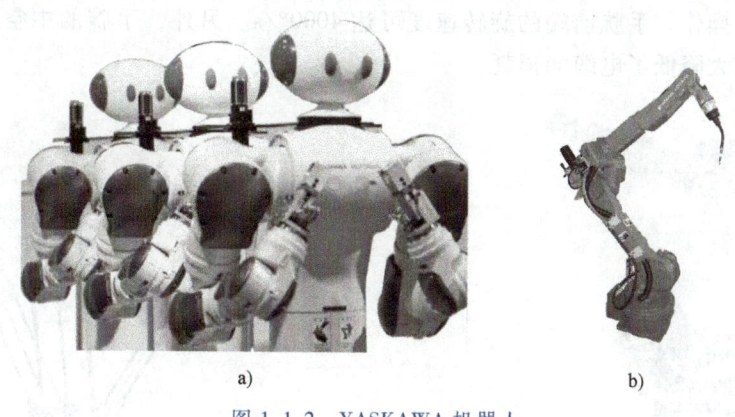

a)   b)

图 1-1-2 YASKAWA 机器人

a) 双臂机器人 MOTOMAN-DA20 b) 七轴机器人 MOTOMAN-IA20

IA20 是一款通过七轴驱动、再现人类肘部动作的臂型机器人。在工业机器人中也是全球首次实现七轴驱动，因此更加接近人类动作。一般来说，人类手臂具有 7~8 个关节。此前的六轴机器人，可再现手臂的 3 个关节，以及手腕的 3 个关节。而 IA20 则进一步增加了肘部的 1 个关节，这样就可以实现肘部折叠或伸出手臂的动作。六轴机器人由于动作上的制约，胸部成为"死区"，而七轴机器人可将胸部作为动作区域来使用，另外还可以实现绕开靠近机身障碍物的动作。

2010 年意大利柯马（COMAU）宣布 SMART5 PAL 码垛机器人研制成功，如图 1-1-3 所示，该机器人专为码垛作业设计，采用新的控制单元 C5G 和无线示教，有效载荷范围为 180~260kg，作业半径 3.1m，同时共享机器人家族的中空腕技术和机械配置选项。该机器人符合人体工程学，采用一流的碳纤维杆，整体轻量化设计，线速度高，能有效减少和优化时间节拍。该机器人能满足一般工业部门客户的高质量要求，主要应用在装载/卸载、多个产品拾取、堆垛和高速操作等场合。

同年，德国 KUKA 公司的机器人产品——气体保护焊接专家 KR 5arc HW（Hollow Writsl）问世，如图 1-1-4 所示，赢得了全球著名的红点奖，并且获得了"Red Dot：优中之优"杰出设计奖。其机械臂和机械手上有一个 50mm 宽的通孔，可以保护机械臂上的整套气体软管的敷设。由此不仅可以避免气体软管组件受到机械性损伤，而且可以防止其在机器人改变方向时随意甩动。此款产品既可敷设抗扭转软管组件，也可使用无限转动的气体软管组件，对用户来说，这不仅意味着提高了构件的可接近性，保证了对整套软管的最佳保护，而且使离线编程也得到了简化。

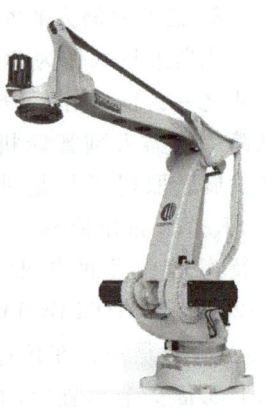

图 1-1-3　COMAU 码垛机器人 SMART5 PAL

日本 FANUC 公司也推出过 Robot M-3iA 装配机器人。M-3iA 装配机器人可采用四轴或六轴模式，具有独特的平行连接结构，并且还具备轻巧便携的特点，承重极限 6kg，如图 1-1-5 所示。此外，M-3iA 装配机器人在同等级机器人（1350mm×500mm）中的工作行程最大。六轴模式下的 M-3iA 具备一个三轴手腕，用于处理复杂的生产线任务，还能按要求旋转零件，几乎可与手工媲美。四轴模式下的 M-3iA 具备一个单轴手腕，可用于简单快速的拾取操作，手腕前端的旋转速度可达 4000°/s。另外，手腕的中空设计使电缆可在内部缠绕，大大降低了电缆的损耗。

图 1-1-4　KUKA 焊接机器人 KR 5arc HW

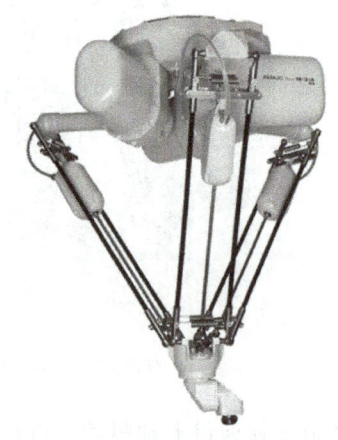

图 1-1-5　FANUC 装配机器人 Robot M-3iA

3. 工业机器人的发展趋势

从近几年推出的产品来看，工业机器人技术正向高性能化、智能化、模块化和系统化方向发展，其发展趋势主要为：结构的模块化和可重构化；控制技术的开放化、PC 化和网络化；伺服驱动技术的数字化和分散化；多传感器融合技术的实用化；工作环境设计的优化和作业的柔性化等。

（1）高性能

工业机器人技术正向高速度、高精度、高可靠性、便于操作和维修方向发展，且单机价格不断下降。

（2）机械结构向结构的模块化、可重构化发展

例如，关节模块中的伺服电动机、减速机、检测系统三位一体化；由关节模块、连杆模

块用重组方式构造机器人整机；国外已有模块化装配机器人产品问市。

（3）本体结构更新加快

随着技术的进步，机器人本体近10年来发展变化很快。以安川MOTOMAN机器人产品为例，L系列机器人持续10年时间，K系列机器人持续5年时间，SK系列机器人持续3年时间。1998年年底安川公司推出了UP系列机器人，其最突出的特点是：大臂采用新型的非平行四边形的单连杆机构，工作空间有所增加，本体自重进一步减少，变得更加轻巧。

（4）控制系统向基于PC的开放型控制器方向发展

控制系统向基于PC的开放型控制器方向发展，便于标准化、网络化，器件集成度提高，控制柜越来越小巧。

（5）多传感器融合技术的实用化

机器人中的传感器作用日益重要，除采用传统的位置、速度、加速度等传感器外，装配、焊接机器人还应用了视觉、力觉等传感器，而遥控机器人则采用视觉、声觉、力觉、触觉等传感器的融合技术来进行环境建模及决策控制，多传感器融合配置技术在产品化系统中已有成熟应用。

（6）多智能体系统协调控制技术

多智能体系统协调控制技术是目前机器人研究的一个崭新领域，主要对多机器人协作、多机器人通信、多智能体的群体体系结构、相互间的通信与磋商机理、感知与学习方法、建模和规划、群体行为控制等方面进行研究。

三、工业机器人的分类

关于工业机器人的分类，国际上没有制定统一的标准，有的按负载重量分，有的按控制方式分，有的按自由度分，有的按结构形式分，有的按应用种类分。例如机器人首先在制造业大规模应用，所以机器人曾被简单地分为两类，即用于汽车、IT、机床等制造业的机器人称为工业机器人，其他的机器人称为特种机器人。随着机器人应用的日益广泛，这种分类显得过于粗糙。现在除工业领域之外，机器人技术已经广泛地应用于农业、建筑、医疗、服务、娱乐，以及空间和水下探索等多种领域。依据具体应用领域的不同，工业机器人又可分为物流、码垛等搬运型机器人和焊接、车铣、修磨、注塑等加工型机器人。可见，机器人的分类方法和标准很多。本书主要介绍以下两种工业机器人的分类方法。

1. 按机器人的技术等级划分

按照机器人技术发展水平可以将工业机器人分为三代。

（1）示教再现机器人

第一代工业机器人是示教再现型。这类机器人能够按照人类预先示教的轨迹、行为、顺序和速度重复作业。示教可以由操作员手把手地进行，比如操作人员握住机器人上的喷枪，沿喷漆路线示范一遍，机器人动作记住这一连串运动，工作时，自动重复这些运动，从而完成给定位置的涂装工作。这种方式即所谓的直接示教，如图1-1-6a所示。但是，比较普遍的方式是通过示教器示教，如图1-1-6b所示。操作人员利用示教器上的开关或按键来控制机器人一步一步运动，机器人自动记录，然后重复。目前在工业现场应用的机器人大多属于第一代。

（2）感知机器人

a)   b)

图 1-1-6　示教再现工业机器人
a）直接示教　b）示教器示教

第二代工业机器人为感知机器人，它具有环境感知装置，能在一定程度上适应环境的变化，目前已进入应用阶段，如图 1-1-7 所示。以焊接机器人为例，机器人焊接的过程一般是通过示教方式给出机器人的运动曲线，机器人携带焊枪沿着该曲线进行焊接。这就要求工件的一致性要好，即工件被焊接之间十分准确。否则，机器人携带焊枪所走的曲线和工件的实际焊缝之间会有偏差。为解决这个问题，第二代工业机器人（应用于焊接作业时），采用焊缝跟踪技术，通过传感器感知焊缝的位置，再通过反馈控制，机器人就能够自动跟踪焊缝，从而对示教的位置进行修正，即使实际焊缝相对于原始设定的位置有变化，机器人仍然可以很好地完成焊接工作。类似的技术正越来越多地应用于工业机器人。

（3）智能机器人

第三代工业机器人称为智能机器人，如图 1-1-8 所示，具有发现问题，并且能自主地解决问题的能力，尚处于实验研究阶段。这类机器人具有多种传感器，不仅可以感知自身的状态，比如所处的位置、自身的故障等，而且能够感知外部环境的状态，如自动发现路况、测出协作机器的相对位置和相互作用的力等。更重要的是，能够根据获得的信息，进行逻辑推理、判断决策，在变化的内部状态与变化的外部环境中，自主决定自身的行为。这类机器人

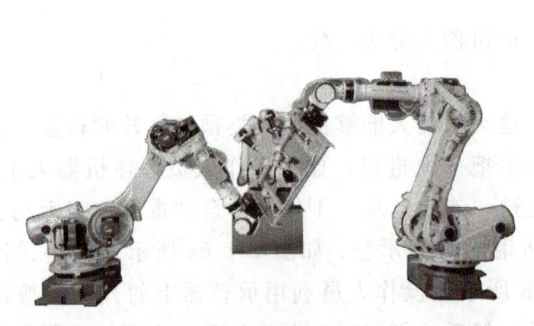

图 1-1-7　感知机器人　　　　　图 1-1-8　智能机器人

不但具有感觉能力，而且具有独立判断、行动、记忆、推理和决策的能力，能与外部对象、环境协调地工作，能完成更加复杂的动作，还具备故障自我诊断及修复能力。

2. 按机器人的机构特征划分

工业机器人的机械配置形式多种多样，典型机器人的机构运动特征是用其坐标特征来描述的。按基本动作机构，工业机器人通常可分为直角坐标机器人、柱面坐标机器人、球面坐标机器人和关节型机器人等类型。

（1）直角坐标机器人

直角坐标机器人具有空间上相互垂直的多个直线移动轴，通常为 3 个，如图 1-1-9 所示，通过直角坐标方向的 3 个独立自由度确定其手部的空间位置，其动作空间为一长方体。直角坐标机器人结构简单，定位精度高，空间轨迹易于求解，但其动作范围相对较小，设备的空间因数较低，实现相同的动作空间要求时，机体本身的体积较大。

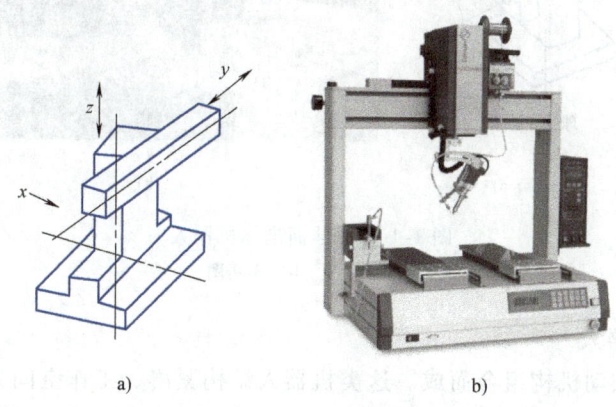

a)   b)

图 1-1-9　直角坐标机器人

a）示意图　b）实物图

（2）柱面坐标机器人

柱面坐标机器人的空间位置机构主要由旋转基座、垂直移动轴和水平移动轴构成，如图 1-1-10 所示。其具有一个回转和两个平移自由度，动作空间成圆柱体。这种机器人结构简单、刚性好，但缺点是在机器人的动作范围内，必须有沿轴线前后方向的移动空间，空间利

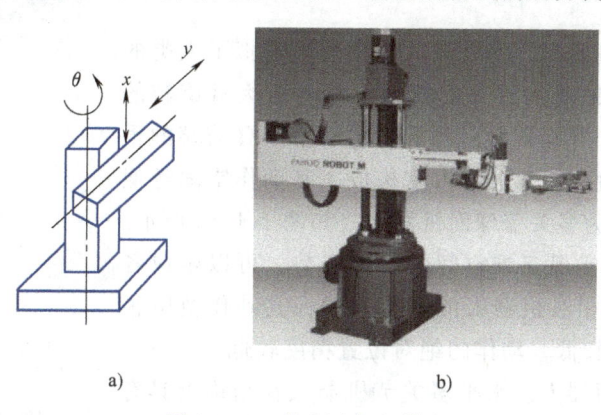

a)   b)

图 1-1-10　柱面坐标机器人

a）示意图　b）实物图

用率较低。

（3）球面坐标机器人

如图 1-1-11 所示，其空间位置分别由旋转、摆动和平移 3 个自由度确定，动作空间形成球面的一部分。其机械手能够做前后伸缩移动、在垂直平面上摆动以及绕底座在水平面上移动。著名的 Unimate 机器人就是这种类型，其特点是结构紧凑，所占空间体积小于直角坐标和柱面坐标机器人，但仍大于多关节机器人。

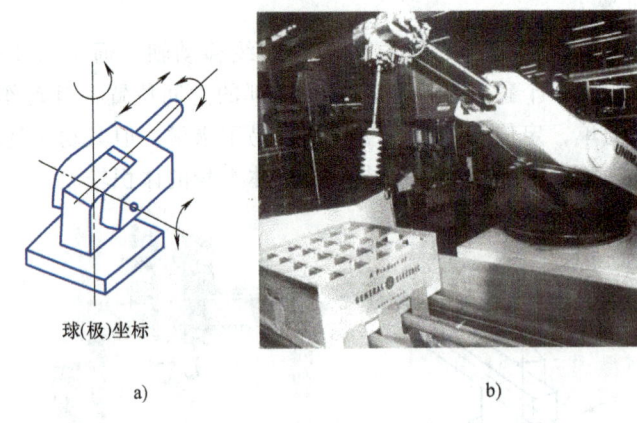

球(极)坐标

a)   b)

图 1-1-11　球面坐标机器人

a）示意图　b）实物图

（4）多关节机器人

由多个旋转和摆动机构组合而成。这类机器人结构紧凑、工作空间大、动作最接近人的动作，对涂装、装配、焊接等多种作业都有良好的适应性，应用范围越来越广。不少著名的机器人厂商都采用了这种形式，其摆动方向主要有垂直方向和水平方向两种，因此这类机器人又可分为垂直多关节机器人和水平多关节机器人。如美国 Unimation 公司在 20 世纪 70 年代末推出的机器人 PUMA 就是一种垂直多关节机器人，而日本由梨大学研制的机器人 SCARA 则是一种典型的水平多关节机器人。目前世界工业领域装机较多的工业机器人是 SCARA 型四轴机器人和串联关节型垂直六轴机器人。

1）垂直多关节机器人。垂直多关节机器人模拟了人类的手臂功能，由垂直于地面的腰部旋转轴（相对于大臂旋转的肩部旋转轴）、带动小臂旋转的肘部旋转轴以及小臂前端的手腕等构成。手腕通常由 2~3 个自由度构成，其动作空间近似一个球体，所以也称为多关节球面机器人，如图 1-1-12 所示。其优点是可以自由地实现三维空间的各种姿势，可以生成各种复杂形状的轨迹。相对机器人的安装面积，其动作范围很宽；缺点是结构刚度较低，动作的绝对位置精度较低。

2）水平多关节机器人。水平多关节机器人在结构上具有串联配置的两个能够在水平面内旋转的手臂，其自由度可以根据用途选择 2~4 个，动作空间为一圆柱体，如图 1-1-13 所

图 1-1-12　垂直多关节机器人

示。其优点是在垂直方向上的刚性好，能方便地实现二维平面的动作，在装配作业中得到普遍应用。

四、工业机器人的应用

工业机器人是集机械、电子、控制、计算机、传感器、人工智能等多学科先进技术于一体的现代制造业重要的自动化装备。

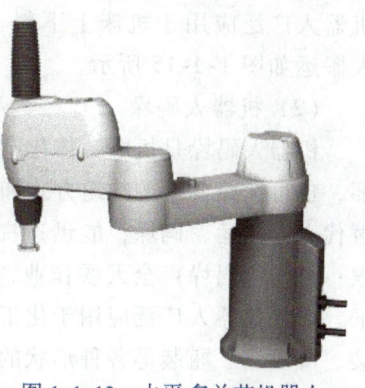

图1-1-13 水平多关节机器人

1969年，美国通用汽车公司用21台工业机器人组成了焊接轿车车身的自动生产线后，自此，各工业发达国家都非常重视研制和应用工业机器人，进而也相继形成一批在国际上较有影响力的著名的工业机器人厂商。这些公司目前在中国的工业机器人市场也处于领先地位，主要分为日系和欧系两种。具体来说，又可分成"四大"和"四小"两个阵营："四大"即为瑞典ABB、日本FANUC及YASKAWA、德国KUKA；"四小"为日本OTC、PANASONIC、NACHI及KAWASAKI。其中，日本FANUC与YASKAWA、瑞典ABB三家企业在全球机器人销量均突破了20万台，KUKA机器人的销量也突破了15万台。国内也涌现了一批工业机器人厂商，这些厂商中既有像沈阳新松、安徽埃夫特这样的国内机器人技术的领先者，也有像南京埃斯顿、广州数控这些伺服、数控系统厂商。图1-1-14展示了近年来工业机器人行业应用分布情况，当今世界近50%的工业机器人集中使用在汽车及相关领域，主要进行搬运、码垛、焊接、涂装和装配等复杂作业。

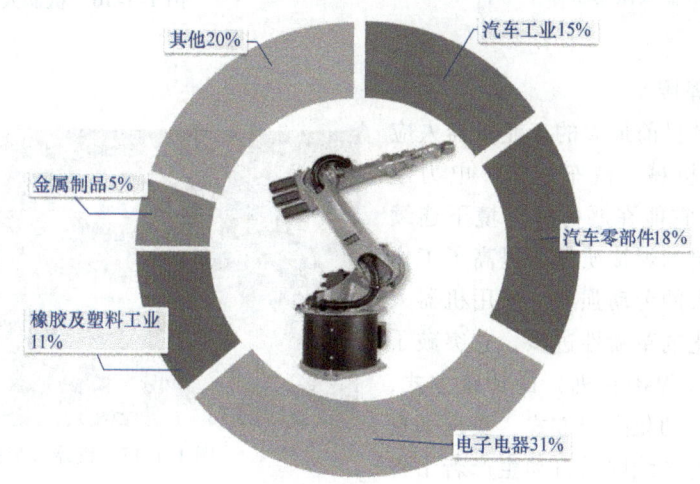

其他20%　汽车工业15%

金属制品5%

汽车零部件18%

橡胶及塑料工业11%

电子电器31%

图1-1-14 近年来工业机器人行业应用分布

（1）机器人搬运

搬运作业是指用一种设备握持工件，从一个加工位置移到另一个加工位置。搬运机器人可安装不同的末端执行器（如机械手爪、真空吸盘、电磁吸盘等）以完成各种不同形状和状态的工件搬运，大大减轻了人类繁重的体力劳动，通过编程控制，可以让多台机器人配合各个工序不同设备的工作时间，实现流水线作业的最优化。搬运机器人具有定位准确、工作节拍可调、工作空间大、性能优良、运行平稳和维修方便等特点。搬运机器人广泛应用于机床上下料、自动装配流水线、码垛搬运、集装箱等自动搬运，机器人搬运如图 1-1-15 所示。

（2）机器人码垛

机器人码垛是机电一体化高新技术应用，如图 1-1-16 所示。它可满足中低量的生产需要，也可按照要求的编组方式和层数，完成对料带、胶块、箱体等各种产品的码垛。机器人替代人工搬运、码垛，能迅速提高企业的生产效率和产量，同时能减少人工搬运造成的错误；机器人码垛可全天候作业，由此每年能节约大量的人力资源成本，达到减员增效的目的。码垛机器人广泛应用于化工、饮料、食品、啤酒、塑料等生产企业，对纸箱、袋装、罐装、啤酒箱、瓶装等各种形状的包装成品都适用。

图 1-1-15　机器人搬运机床上下料

图 1-1-16　机器人码垛

（3）机器人焊接

机器人焊接是目前最大的工业机器人应用领域（如工程机械、汽车制造、电力建设、钢结构等），它能在恶劣的环境下连续工作并能提供稳定的焊接质量，提高了工作效率，减轻了工人的劳动强度。采用机器人焊接是焊接自动化的革命性进步，它突破了焊接刚性自动化（焊接专机）的传统方式，开拓了一种柔性自动化生产方式，实现了在一条焊接机器人生产线同时自动生产若干种焊件，如图 1-1-17 所示。

图 1-1-17　机器人焊接

（4）机器人涂装

机器人涂装工作站或生产线充分利用了机器人灵活、稳定、高效的特点，适用于生产量大、产品型号多、表面形状不规则的工件外表面涂装，广泛应用于汽车，汽车零配件（如发动机、保险杠、变速器、弹簧、板簧、塑料件、驾驶室等），家电（如电视机、电冰箱、洗衣机、计算机等外壳），建材（如卫生陶瓷）、机械（如电动机减速器）等行业，如图 1-1-18 所示。

（5）机器人装配

机器人装配工作站是柔性自动化系统的核心设备。图1-1-19所示为机器人进行手机装配。其末端执行器为适应不同的装配对象而设计成各种手爪；传感系统用于获取装配机器人与环境和装配对象之间相互作用的信息。与一般工业机器人相比，装配机器人具有精度高、柔顺性好、工作范围小、能与其他系统配套使用等特点，主要应用于各种电器的制造行业及流水线产品的组装作业，具有高效、精确、可不间断工作的特点。

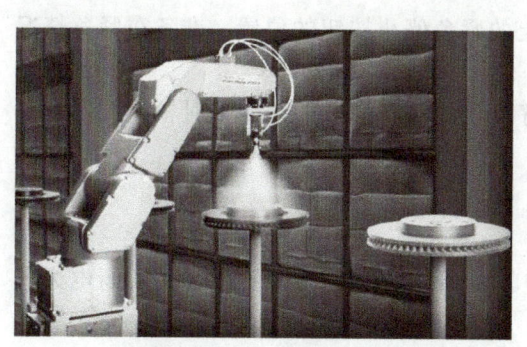

图1-1-18　机器人涂装

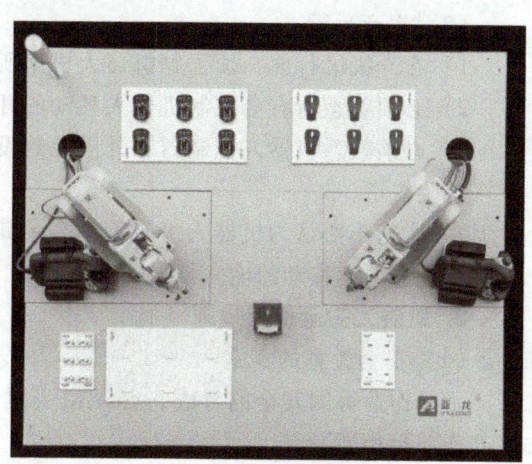

图1-1-19　机器人进行手机装配

综上所述，在工业生产中应用机器人，可以方便迅速地改变作业内容或方式，以满足生产要求的变化，比如，改变焊缝轨迹、改变涂装位置、变更装配部件或位置等。随着对工业生产线柔性的要求越来越高，对各种机器人的需求也会越来越强烈。

五、工业机器人的安全使用

工业机器人与一般的自动化设备不同，可在动作区域范围内高速自由运动，机器人最高的运行速度可以达到4m/s，所以在操作机器人时必须严格遵守机器人操作规程，并且熟知机器人安全注意事项。

1. 工业机器人安全注意事项

1）工业机器人所有操作人员必须对自己的安全负责，在使用机器人时必须遵守所有的安全条款，规范操作。

2）机器人程序的编程人员、机器人应用系统的设计和调试人员、安装人员必须接受专业的操作培训才可进行单独操作。

3）在进行机器人的安装、维修和保养时切记要关闭总电源。带电操作容易造成电路短路，损坏机器人，操作人员也有触电危险。

4）在调试与运行机器人时，机器人的动作具有不可预测性，所有的动作都有可能产生碰撞而造成伤害，所以除调试人员以外的所有人员要与机器人保持足够的安全距离，一般应与机器人工作半径保持1.5m以上的距离。

2. 安全操作规程

（1）示教和手动控制机器人

1）请不要佩戴手套操作示教盘和操作盘。

2）在点动操作机器人时要采用较低的倍率速度，以增加对机器人的控制机会。

3）在按下示教盘上的点动键之前要考虑到机器人的运动趋势。

4）要预先考虑好避让机器人的运动轨迹，并确认该线路不受干涉。

5）机器人周围区域必须清洁，无油、水及杂质等。

6）必须确认现场人员情况，安全帽、安全鞋、工作服是否备齐。

（2）生产运行

1）在开机运行前，须了解机器人根据所编程序将要执行的全部任务。

2）必须熟悉所有会控制机器人移动的开关、传感器和控制信号的位置和状态。

3）必须熟悉机器人控制器和外围控制设备上的紧急停止按钮的位置，准备在紧急情况下按这些按钮。

4）永远不要认为机器人没有移动表示其程序就已经执行完成。因为此时机器人可能是在等待让它继续移动的输入信号。

3. 机器人安全使用规则

（1）安全教育的实施

示教作业等因安全的考虑，必须由受过操作教育训练的人员操作使用（无切断电力的保养作业也相同）。

（2）作业规程的制作

请将示教作业依据机器人的操作方法及手册、异常时再起动的处理方法等作成相关作业规程、并遵守规章内容（无切断电力的保养作业也相同）。

（3）紧急停止开关的设定

示教作业请设定为可立即停止运转的装置（无切断电力的保养作业亦相同）。

（4）示教作业中的标识

示教作业中请将［示教作业中］的标识放置在起动开关上（无切断电力的保养作业亦相同）。

（5）安全栅栏的设置

运转中请确认使用围栏或栅栏将操作人员与机器人做隔离，防止直接接触机台。

（6）运转开始的信号

运转开始，对于相关人员的信号有固定的方法，请依此进行。

（7）维护作业中的标识

维护作业原则上须中断电力进行，并将［保养作业中］的标识放置在起动开关上。

（8）作业开始前的检查

作业开始前请详细检查，确认机器人及紧急停止开关、相关装置等无异常状况。

4. 机器人操作注意事项

1）使用附属的控制器（GOT、PLC、按钮开关）控制机器人自动运转时，各控制器操作权等的 Interlock 请客户端自行设计。

2）请在规格范围内的环境中使用机器人，除此之外的环境容易造成机台故障（温度、湿度、空气、噪声环境等）。

3）请依照机器人指定的搬运姿势进行搬运或移动机器人，指定以外的搬运方式有可能因为掉落而造成人身伤害或机台故障。

4）请确实将机器人固定在底座上，不稳定的姿势有可能产生位置偏移或振动。

5）线缆是产生噪声的原因，请尽可能将配线拉开距离，太过接近有可能造成位置偏移及错误动作。

6）请勿用力拉扯接头或过度的卷曲线缆，因为有可能造成接触不良及线缆断裂的情况。

7）夹爪所包含的工件重量请勿超出额定负荷及容许力矩，超出重量的情况下有可能发生异常报警及故障。

8）确保工具安装正确，以及夹取稳定，以免因运转中使物体甩开而导致人员及物品的损伤。

9）确认机器人及控制器的接地情况，否则容易因为电磁干扰而产生误动作或导致触电事故发生。

10）机器人在动作中时标识为运转状态，没有标识的情况下容易导致人员接近或有错误的操作。

11）在机器人的动作范围内做示教作业时，务必确保机器人的控制有优先权，否则由外部指令使机器人起动，有可能造成人员及物品的损伤。

12）手动机器人速度尽量以低速进行，并且操作人员请勿将视线离开机器人，否则运行中的机器人容易干涉到工件及周边装置。

13）程序编辑后自动运转前，请务必确认 step 运转动作，若无确认运行中的机器人有可能发生程序错误与周边装置干涉。

14）自动运转中安全栅栏的出入口门被打开的情况下，机器人会自动停止，否则可能会造成人员的损伤。

15）请勿随意做机械改造或使用指定以外的零件，否则可能导致机械故障或损坏。

16）从外部用手推动机器人手臂的情况下，请勿将手或指头放入开口部位，有可能会夹伤。

17）请勿用关闭机器人控制器的主电源的方式来使机器人停止或紧急停止。在自动运转中将控制器的主电源关闭有可能使机器人精度受到影响，且有可能发生手臂掉落或松动而干涉到周边装置的情况。

18）重写控制器内程序或参数等内部资料时，请勿将控制器的主电源关闭。自动运转中或程序参数填写过程中，若关闭控制器主电源、则有可能破坏控制器的内部资料。

 任务实施

一、任务准备

实施本教学任务所使用的实训设备及工具材料可参考表 1-1-1。

二、观看工业机器人在工厂自动化生产线中的应用录像

记录工业机器人的品牌及型号，并查阅相关资料，了解工业机器人的类型、品牌和应用等，填写于表 1-1-2 中。

表 1-1-1　实训设备及工具材料

序号	分类	名　称	型号规格	数量	单位	备注
1	工具	电工常用工具		1	套	
2	设备器材	工业机器人	ABB 型号自定	1	套	
3		工业机器人	KUKA 型号自定	1	套	
4		工业机器人	FANUC 型号自定	1	套	
5		工业机器人	YASKAWA 型号自定	1	套	
6		工业机器人	自定	1	套	

表 1-1-2　观看工业机器人在工厂自动化生产线中的应用录像记录表

序号	类　型	品牌及型号	应用场合
1	搬运机器人		
2	码垛机器人		
3	装配机器人		
4	焊接机器人		
5	涂装机器人		

三、参观工厂、实训室

参观实训室如图 1-1-20 所示，记录工业机器人的品牌及型号，并查阅相关资料，了解工业机器人的主要技术指标及特点，填写于表 1-1-3 中。

图 1-1-20　工业机器人编程与操作实训室

表 1-1-3　参观工厂、实训室记录表

序号	品牌及型号	主要技术指标	特　点
1			
2			
3			

四、教师演示工业机器人的操作过程，并说明操作过程的注意事项

五、在教师的指导下，学生分组进行简单的机器人操作练习

 检查测评

对任务实施的完成情况进行检查，并将结果填入表 1-1-4。

表 1-1-4　任务测评表

序号	主要内容	考核要求	评分标准	配分	扣分	得分
1	观看录像	正确记录工业机器人的品牌及型号，正确描述主要技术指标及特点	1. 记录工业机器人的品牌、型号有错误或遗漏，每处扣5分 2. 描述主要技术指标及特点有错误或遗漏，每处扣5分	20		
2	参观工厂	正确记录工业机器人的品牌及型号，正确描述主要技术指标及特点	1. 记录工业机器人的品牌、型号有错误或遗漏，每处扣5分 2. 描述主要技术指标及特点有错误或遗漏，每处扣5分	20		
3	机器人操作练习	1. 观察机器人操作过程，能说出工业机器人的安全注意事项、安全使用原则和操作注意事项 2. 能正确进行工业机器人的操作	1. 不能说出工业机器人的安全注意事项，扣10分 2. 不能说出工业机器人的安全使用原则，扣10分 3. 不能说出工业机器人的操作注意事项，扣10分 4. 不能根据控制要求，完成工业机器人的简单操作，扣20分	50		
4	安全文明生产	劳动保护用品穿戴整齐，遵守操作规程，讲文明礼貌，操作结束要清理现场	1. 操作中，违反安全文明生产考核要求的任何一项扣5分，扣完为止 2. 当发现学生有重大事故隐患时，要立即予以制止，并每次扣安全文明生产总分5分	10		
合　计						
开始时间：			结束时间：			

学习目标

知识目标：1. 熟悉工业机器人的常见技术指标。
　　　　　2. 掌握工业机器人的机构组成及各部分的功能。
　　　　　3. 了解工业机器人的运动控制。
　　　　　4. 熟悉示教器的按键功能及使用功能。
　　　　　5. 掌握机器人运动轴和坐标系。
　　　　　6. 掌握手动操纵机器人的流程和方法。

能力目标：1. 能够正确识别工业机器人的基本组成。
　　　　　2. 能够正确判别工业机器人的点位控制和连续路径运动。
　　　　　3. 能够使用示教器熟练操作工业机器人实现单轴运动、线性运动与重定位运动。

工作任务

对工业机器人而言，操作者可以通过示教器来控制机器人关节（轴）的动作，也可以通过运行已有示教程序来实现机器人的自由运转。不过，目前机器人自动运行的程序多数是通过手动操作机器人来创建和编辑的。因此，手动操纵机器人时工业机器人示教编程的基础，是完成机器人作业"示教——再现"的前提。本次任务是了解有关工业机器人系统的基本组成、技术参数及运动控制，能够熟练进行机器人坐标系和运动轴的选择，并能够使用示教器熟练操作机器人实现单轴运动、线性运动与重定位运动。

相关知识

一、工业机器人的系统组成

工业机器人是一种模拟人手臂、手腕和手功能的机电一体化装置，可对物体运动的位置、速度和加速度进行精确控制，从而完成某一工业生产的作业要求。如图 1-2-1 所示，当前工业中应用最多的第一代工业机器人主要由以下几个部分组成：机器人本体（操作机）、控制器、示教器和连接电缆。对于第二代及第三代工业机器人还包括感知系统和分析决策系统，它们分别由传感器及软件实现。

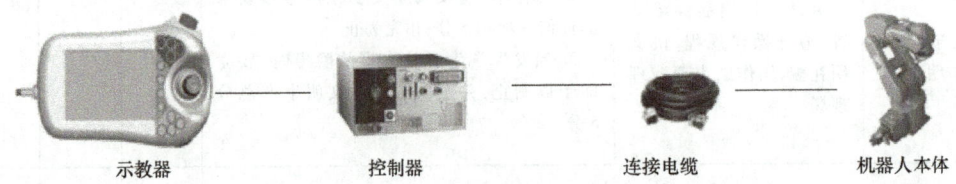

示教器　　　　　控制器　　　　　连接电缆　　　　机器人本体

图 1-2-1　第一代工业机器人系统组成示意图

1. 机器人本体

机器人本体（或称操作机）是工业机器人的机械主体，是用来完成各种作业的执行机构。它主要由机械臂、驱动装置、传动单元及内部传感器等部分组成。由于机器人需要实现快速而频繁的启停、精确的到位和运动，因此必须采用位置传感器、速度传感器等检测元件实现位置、速度和加速度闭环控制。如图 1-2-2 所示为六轴自由度关节型工业机器人操作机的基本构造。为适应不同的用途，机器人操作机最后一个轴的机械接口通常为一连接法兰，可接装不同的机械操作装置（习惯上称为末端执行器），如夹紧爪、吸盘、焊枪等，如图 1-2-3 所示。

（1）机械臂

关节型工业机器人的机械臂是由关节连在一起的许多机械连杆的集合体。它本质上是一个拟人手臂的空间开链式机构，一端固定在基座上，另一端可自由运动。关节通常是移动关节和旋转关节。移动关节允许连杆做直线移动，旋转关节仅允许连杆之间做旋转运动。由关节——连杆结构所构成的机械臂大体可分为基座、腰部、臂部（大臂和小臂）和手腕 4 部分，由 4 个独立旋转"关节"（腰关节、肩关节、肘关节和腕关节）串联而成，如图 1-2-2 所示。它们可在各个方向运动，这些运动就是机器人在"做工"。

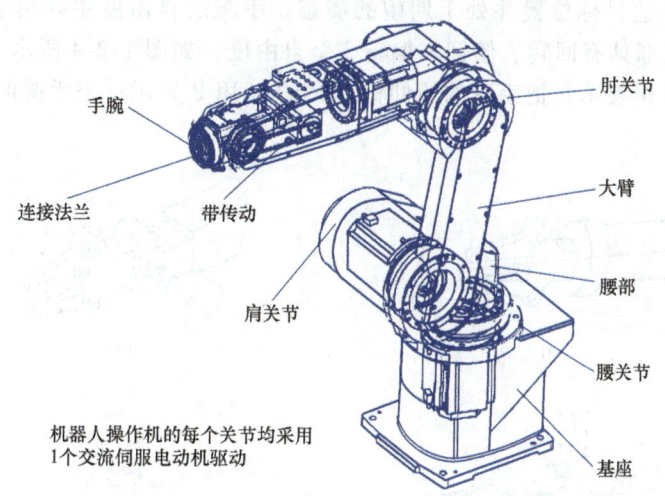

图 1-2-2　关节型工业机器人操作机的基本构造

1）基座。工业机器人的基座是机器人的基础部分，起支撑作用，整个执行机构和驱动系统都安装在基座上。有时为了能使机器人完成较远距离的操作，可以增加行走机构，行走机构多为滚轮式或履带式，行走方式分为有轨与无轨两种。近几年发展起来的步行机器人的行走机构多为连杆机构。

2）腰部。腰部是机器人手臂的支撑部分。根据执行机构坐标系的不同，腰部可以在基座上转动，也可以和基座制成一体。有时腰部也可以通过导杆或导槽在基座上移动，从而增大工作空间。

3）手臂。手臂是连接机身和手腕的部分，由操作机的动力关节和连接杆件等构成。它是执行机构中的主要运动部件，也称主轴，主要用于改变手腕和末端执行器的空间位置，满足机器人的作业空间，并将各种载荷传递到基座。手臂的运动方式有直线运动和回转运动两种形式。手臂要有足够的承载能力和刚度，导向性好，重量和转动惯量小，运动平稳，定位精度高。

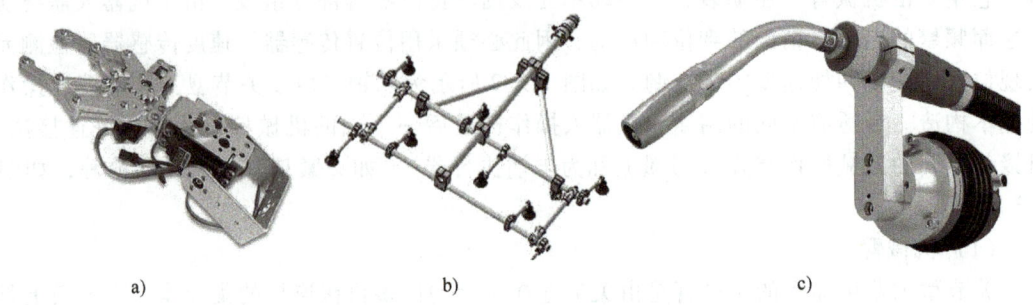

a)   b)   c)

图 1-2-3　工业机器人末端执行器

a) 夹紧爪　b) 吸盘　c) 焊枪

4) 手腕。工业机器人的手腕是连接末端执行器和手臂的部分，将作业载荷传递到臂部，也称次轴，主要用于改变末端执行器的空间姿态。机器人一般具有 6 个自由度才能使手部（末端执行器）到达目标位置并处于期望的姿态，手腕的自由度主要用于实现所期望的姿态。因此，要求腕部具有回转、俯仰和偏转 3 个自由度，如图 1-2-4 所示。通常，把手腕的回转称为 Roll，用 R 表示；把手腕的俯仰称为 Pitch，用 P 表示；把手腕的偏转称为 Yaw，用 Y 表示。

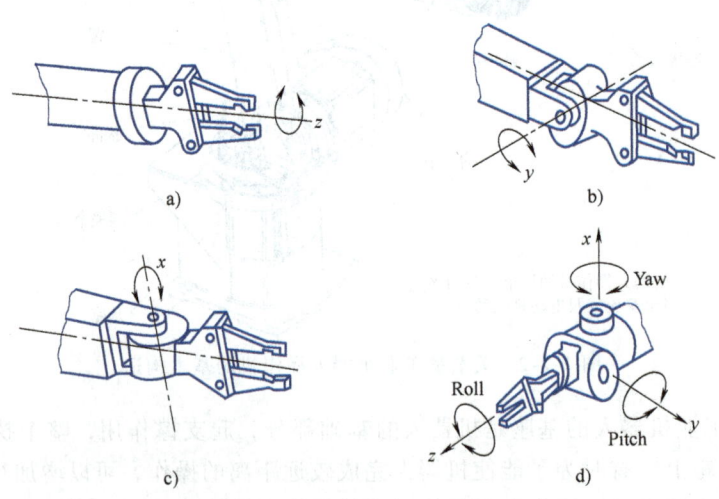

a)   b)

c)   d)

图 1-2-4　工业机器人手腕的自由度

a) 手腕的回转　b) 手腕的俯仰　c) 手腕的偏转　d) 三个自由度间的关系

（2）驱动装置

驱动装置是驱使工业机器人机械臂运动的机构。按照控制系统发出的指令信号，借助于动力元件使机器人产生动作，相当于人的肌肉、筋络。机器人常用的驱动方式主要有液压驱动、气压驱动和电气驱动三种基本类型，见表 1-2-1。目前，除个别运动精度不高、重负载或有防爆要求的机器人采用液压、气压驱动外，工业机器人大多采用电气驱动，而其中交流伺服电动机应用最广，且驱动器布置大都采用一个关节一个驱动器。

表 1-2-1　三种驱动方式特点比较

驱动方式	特　　点					
	输出力	控制性能	维修使用	结构体积	使用范围	制造成本
液压驱动	压力高,可获得较大的输出力	油液不可压缩,压力流量均容易控制,可无级调速,反应灵敏,可实现连续轨迹控制	维修方便,液体对温度变化敏感,油液泄漏易着火	在输出力相同的情况下,体积比气压驱动方式小	中、小型及重型机器人	液压元件成本较高,油路比较复杂
气压驱动	气体压力低,输出力较小,如需输出力大时,其结构尺寸过大	可高速运行,冲击较严重,精确定位困难。气体压缩性大,阻尼效果差,低速不易控制,不易与CPU连接	维修简单,能在高温、粉尘等恶劣环境中使用,泄漏无影响	体积较大	中、小型机器人	结构简单,工作介质来源方便,成本低
电气驱动	输出力较小或较大	容易与CPU连接,控制性能好,响应快,可精度定位,但控制系统复杂	维修使用较复杂	需要减速装置,体积较小	高性能、运动轨迹要求严格的机器人	成本较高

（3）传动单元

驱动装置是受控运动必须通过传动单元带动机械臂产生运动,以精确地保证末端执行器所需求的位置、姿态并实现其运动。

目前,工业机器人广泛采用的机械传动单元是减速器,与通用减速器相比,机器人关节减速器要求具有传动链短、体积小、功率大、质量轻和易于控制等特点。大量应用在关节型机器人上的减速器主要有两类:RV 减速器和谐波减速器。RV 减速器使机器人伺服电动机在一个合适的速度下运转,并精确地将转速降到工业机器人各部位需要的速度,在提高机械本体刚性的同时输出更大的转矩。一般将 RV 减速器放置在基座、腰部、大臂等重负载位置（主要用于 20kg 以上的机器人关节）;而将谐波减速器放置在小臂、腕部或手部等轻负载位置（主要用于 20kg 以下的机器人关节）。此外,机器人还采用齿轮传动、链条（带）传动、直线运动单元等,如图 1-2-5 所示。

1）谐波减速器。同行星齿轮传动一样,谐波齿轮传动（简称谐波传动）通常由 3 个基本构件组成,包括一个有内齿的刚轮,一个工作时可产生径向弹性变形并带有外齿的柔轮和一个装在柔轮内部、呈椭圆形、外圈带有柔性滚动轴承的波发生器,如图 1-2-6 所示。在这3 个基本构件中可任意固定一个,其余一个为主动件,另一个为从动件（如刚轮固定不变,波发生器为主动件,柔轮为从动件）。

当波发生器装入柔轮后,迫使柔轮的剖面由原先的圆形变成椭圆形,其长轴两端附近的齿与刚轮的齿完全啮合,而短轴两端附近的齿则与刚轮完全脱开,周长上其他区段的齿处于啮合和脱离的过渡状态。当波发生器沿某一方向连续转动时,柔轮的形状不断改变,使柔轮与刚轮的啮合状态也不断改变,啮入、啮合、啮出、脱开、再啮入……周而复始地进行,柔

图 1-2-5　机器人关节传动单元

带传动

谐波减速器

RV减速器

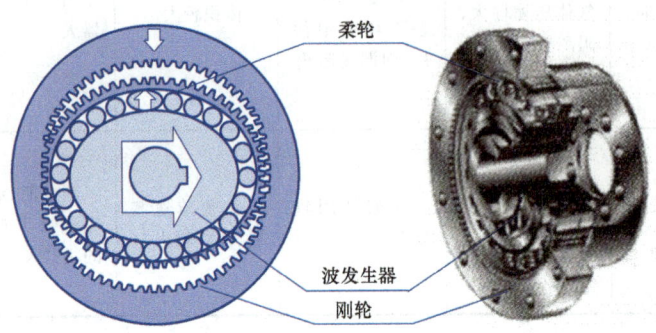

柔轮

波发生器

刚轮

图 1-2-6　谐波减速器工作原理

轮的外齿数少于刚轮的内齿数，从而实现柔轮相对刚轮沿波发生器相反方向的缓慢旋转。

2）RV 减速器。与谐波传动相比，RV 传动具有较高的抗疲劳强度和刚度以及较长的寿命，而且回差精度稳定，不像谐波传动，随着使用时间的增长，运动精度就会显著降低，故高精度机器人传动多采用 RV 减速器，而且有逐渐取代谐波减速器的趋势。如图 1-2-7 所示为 RV 减速器结构示意图，主要由太阳轮（中心轮）、行星轮、转臂（曲柄轴）、转臂轴承、摆线轮（RV 齿轮）、针齿、刚性盘与输出盘等零部件组成。

RV 传动装置是由第一级渐开线圆柱齿轮行星减速机构和第二级摆线针轮行星减速机构

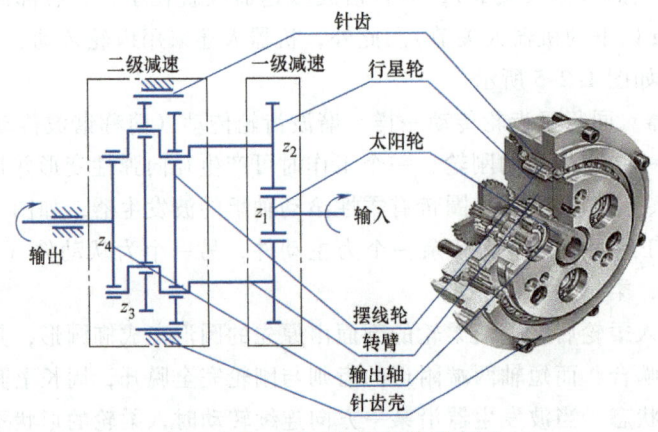

针齿

行星轮

太阳轮

二级减速

一级减速

z_2

z_1

输入

输出

z_4

z_3

摆线轮

转臂

输出轴

针齿壳

图 1-2-7　RV 减速器结构示意图

两部分组成，是一封闭的差动轮系。执行电动机的旋转运动由齿轮轴或太阳轮传递给两个渐开线行星轮，完成第一级减速；行星轮的旋转通过曲柄轴带动相距 180° 的摆线轮，从而生成摆线轮的公转。同时，由于摆线轮在公转过程中会受到固定于针齿壳上针齿的作用力而形成与摆线轮公转方向相反的力矩，进而造成摆线轮的自转运动，完成第二级减速。运动的输出通过两个曲柄轴使摆线轮与刚性盘构成平行四边形的等角速度输出机构，将摆线轮的转动等速传递给刚性盘及输出盘。

2. 控制器

如果说操作机是机器人的"肢体"，那么控制器则是机器人的"大脑"和"心脏"。机器人控制器是根据指令以及传感信息控制机器人完成一定动作或作业任务的装置，是决定机器人动作功能和性能的主要因素，也是机器人系统中更新和发展最快的部分。它通过各种控制电路中的硬件和软件的结合来操纵机器人，并协调机器人与周边设备的关系，其基本功能如下：

1）示教功能，包括在线示教和离线示教两种方式。

2）记忆功能，包括存储作业顺序、运动路径和方式及生产工艺有关的信息等。

3）位置伺服功能，包括机器人多轴联动、运动控制、速度和加速度控制、动态补偿等。

4）坐标设定功能，可在关节、直角、工具等常见坐标系之间进行切换。

5）与外围设备联系功能，包括输入/输出接口、通信接口、网络接口等。

6）传感器接口，包括位置检测、视觉、触觉、力觉等。

7）故障诊断安全保护功能，包括运行时状态监视、故障状态下的安全保护和自诊断。

控制器是完成机器人控制功能的结构实现。依据控制系统的开放程度，机器人控制器可分为3类：封闭型、开放型和混合型。目前应用中的工业机器人控制系统，基本上都是封闭型系统（如日系机器人）或混合型系统（如欧系机器人）。按计算机结构、控制方式和控制算法的处理方法，机器人控制器又可分为集中式控制和分布式控制两种方式。

（1）集中式控制器

利用一台微型计算机实现系统的全部控制功能，早期机器人（如 Hero-Ⅰ、Robot-Ⅰ等）常采用这种结构，如图 1-2-8 所示，集中式控制器的优点是硬件成本较低，便于信息的采集和分析，易于实现系统的最优控制，整体性与协调性较好，基于 PC 的系统硬件扩展较为方便。但其缺点也显而易见：系统控制缺乏灵活性，控制风险容易集中，一旦出现故障，其影响面广，后果严重；由于工业机器人的实时性要求较高，当系统进行大量数据计算时，会降低系统实时性，系统对多任务的响应能力也会与系统的实时性相冲突；此外，系统连线复杂，会降低系统的可靠性。

（2）分布式控制器

其主要思想是"分散控制，集中管理"，即系统对其总体目标和任务可以进行综合协调和分配，并通过子系统的协调工作来完成控制任务，整个系统在功能、逻辑和物理等方面都是分散的。子系统是由控制器和不同被控对象或设备构成的，各个子系统之间通过网络等进行相互通信。分布式控制结构提供了一个开放、实时、精确的机器人控制系统。分布式系统中常采用两级控制方式，由上位机和下位机组成，如图 1-2-9 所示。上位机负责整个系统管理以及运动学计算、轨迹规划等，下位机由多个 CPU 组成，每个 CPU 控制一个关节运动。

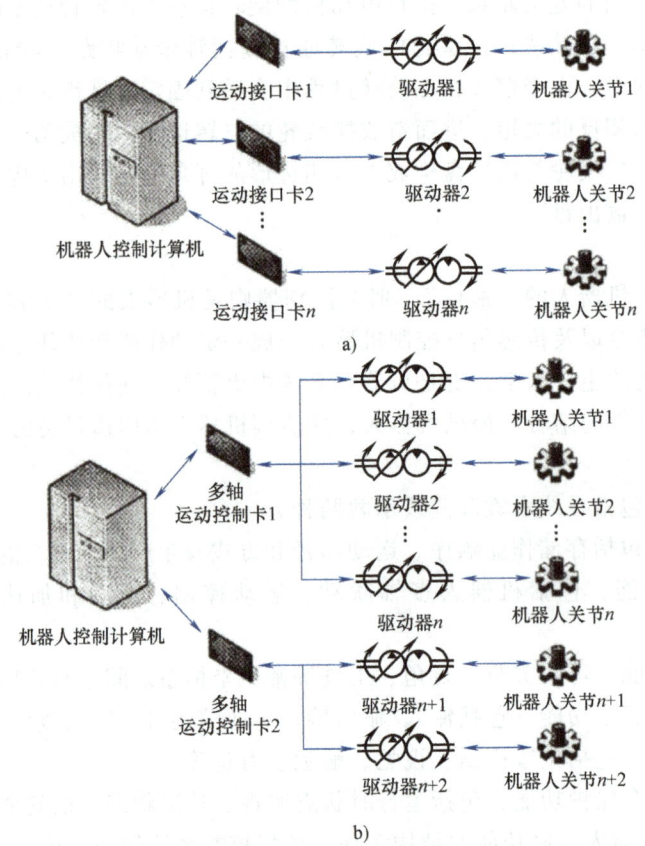

图 1-2-8　集中式控制器结构框图

a）使用单独接口卡驱动每一机器人关节　b）使用多轴运动控制卡驱动多个机器人关节

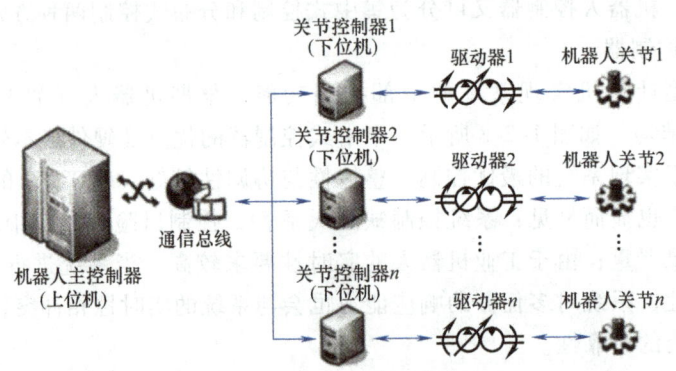

图 1-2-9　分布式控制器结构框图

上、下位机通过通信总线（如 RS-232、RS-485、以太网等）相互协调工作。分布式系统的优点在于系统灵活性好，控制系统的危险性降低，采用多处理器的分散控制，有利于系统功能的并行执行，提高系统的处理效率，缩短响应时间。

　　ABB 第五代机器人控制器 IRC5 就是一个典型的模块化分布设计。IRC5 控制器（灵活型控制器）如图 1-2-10 所示，由一个控制模块和一个驱动模块组成，可选择一个过程模块以容纳定制设备和接口，如点焊、弧焊和胶合等。配备这三种模块的灵活型控制器完全有能力控制一台六轴机器人外加伺服驱动工件定位器及类似设备。控制模块作为 IRC5 的心脏，自带主计算机，能够执行高级控制算法，为多达 36 个伺服轴进行复合路径计算，并且可指挥 4 个驱动模块。控制模块采用开放式系统架构，配备基于商用 Intel 主板和处理器的工业 PC 机以及 PCI 总线。如需增加机器人的数量，只需为每台新增机器人增

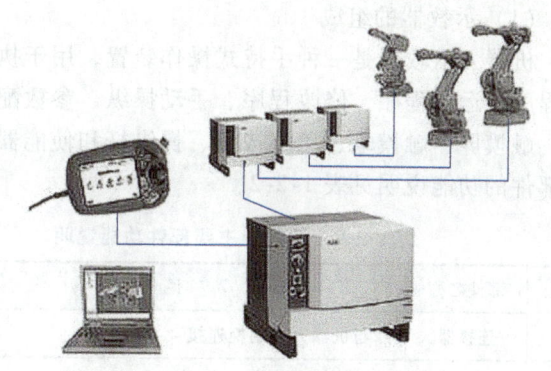

图 1-2-10　ABB 机器人控制器
IRC5 的模块化分布设计

装一个驱动模块，还可选择安装一个过程模块。各模块间只需要两根连接电缆，一根为安全信号传输电缆，另一根为以太网连接电缆，供模块间通信使用，模块连接简单易行。由于采用标准组件，用户不必担心设备淘汰问题，随着计算机处理技术的进步能随时进行设备升级。

3. 示教器

示教器也称示教编程或示教盒，主要由液晶屏幕和操作按键组成，可由操作者手持移动。它是机器人的人机交互接口，机器人的所有操作基本上都是通过示教器来完成的，如点动机器人，编写、测试和运行机器人程序，设定、查阅机器人状态设置和位置等。如图1-2-11所示，实际操作时，当用户按下示教器上按键，示教器通过电缆向主控计算机发出相应的指令代码（S0）；此时，主控计算机上负责串口通信的通信子模块接收指令代码（S1）；然后由指令码解释模块分析判断该指令码，并进一步向相关模块发送与指令码相应的消息（S2），以驱动有关模块完成该指令码要求的具体功能（S3）；同时，为让操作用户时刻掌握机器人的运动位置和各种状态信息，主控计算机的相关模块同时将状态信息（S4）经串口发送给示教器（S5），在液晶显示屏上显示，从而与用户沟通，完成数据的交换功能。因此，示教器实质上就是一个专用的智能终端。

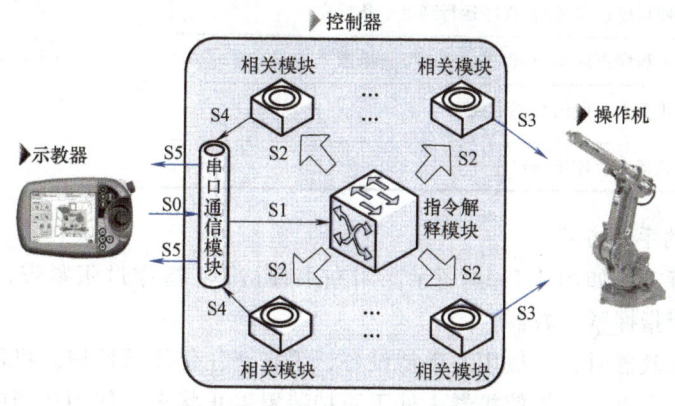

图 1-2-11　示教时的数据流关系

（1）示教器的组成

机器人示教器是一种手持式操作装置，用于执行与操作机器人系统有关的许多任务：编写程序、运行程序、修改程序、手动操纵、参数配置、监控机器人状态等。示教器包括连接器、触摸屏、触摸笔、急停按钮、操纵杆和使能器按钮等一些功能按钮，如图 1-2-12 所示。各部件的功能说明见表 1-2-2。

表 1-2-2　示教器主要部件功能说明

标号	部件名称	说　　明
A	连接器	与机器人控制柜连接
B	触摸屏	机器人程序和机器人状态的显示
C	急停按钮	紧急情况下的停止机器人
D	操纵杆	控制机器人的各种运动,如轴运动、直线运动
E	USB 接口	将机器人程序拷贝到 U 盘或者将 U 盘的程序拷贝到示教器
F	使能器按钮	给机器人的 6 个电动机使能上电
G	触摸笔	与触摸屏配套使用
H	重置按钮	将示教器重置为出厂状态

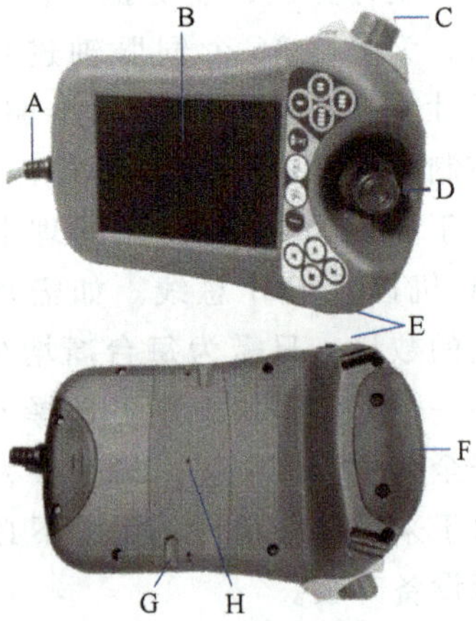

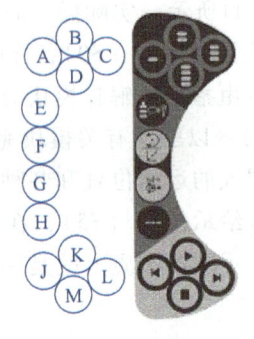

图 1-2-12　示教器结构示意图

示教器的功能按键如图 1-2-13 所示，其功能说明见表 1-2-3。

表 1-2-3　示教器按键的功能说明

标号	说　　明
A~D	预设按键,可以根据实际需求设定按键功能
E	选择机械单元(用于多机器人控制)
F	切换运动模式,机器人重定位或者线性运动
G	切换运动模式,实现机器人的单轴运动,轴 1~3 或轴 4~6
H	切换增量控制模式,开启或者关闭机器人增量运动
J	后退按键,使程序逆向运动,程序运行到上一条指令
K	前进按键,使程序正向运动,程序运行到下一条指令
L	启动按键,机器人正向运行整个程序
M	暂停按键,机器人暂停运行程序

图 1-2-13　示教器
的功能按键

（2）示教器的手持方式

示教器的手持方式如图 1-2-14 所示。用左手握持，4 指穿过张紧带，指头触摸使能器按钮，掌心与大拇指握紧示教器。

操作机器人示教器时，一般用左手持设备，手指握住使能器按钮。机器人使能按钮有两个挡位，一挡伺服上电，二挡使机器人处于防护装置停止状态。使用适当的力度握住使能器才能给机器人使能上电。

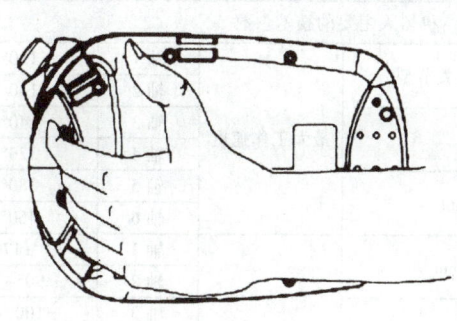

图 1-2-14　示教器的手持方式

二、工业机器人的技术指标

工业机器人的技术指标反映了机器人的适用范围和工作性能，是选择、使用机器人必须考虑的问题。尽管各机器人厂商所提供的技术指标不完全一样，机器人的结构、用途以及用户的要求也不尽相同，但其主要技术指标一般均为：自由度、工作空间、额定负载、最大工作速度和工作精度等。表 1-2-4 是工业机器人行业四大品牌的市场典型热销产品的主要技术参数。

表 1-2-4　工业机器人行业四大品牌的典型热销产品参数

机器人的品牌和型号	机器人主要的技术参数				
FANUCM-10iA	机械结构	六轴垂直多关节型	最大工作速度	J1	210°/s
				J2	190°/s
	额定负载	10kg		J3	210°/s
				J4	400°/s
	工作半径	1420mm		J5	400°/s
				J6	600°/s
	工作精度	±0.08mm	工作空间	J1	340°
				J2	250°
	安装方式	落地式、倒置式		J3	445°
				J4	380°
	本体质量	130kg		J5	380°
				J6	720°
YASKWA MA1400	机械结构	六轴垂直多关节型	最大工作速度	S轴	220°/s
				L轴	220°/s
	额定负载	3kg		U轴	220°/s
				R轴	410°/s
	工作半径	1434mm		B轴	410°/s
				T轴	610°/s
	工作精度	±0.08mm	工作空间	S轴	−170°～170°
				L轴	−90°～155°
	安装方式	落地式、倒置式		U轴	−175°～190°
				R轴	−150°～150°
	本体质量	130kg		B轴	−45°～180°
				T轴	−200°～200°

（续）

机器人的品牌和型号	机器人主要的技术参数				
ABB IRB1520	机械结构	六轴垂直多关节型	最大工作速度	轴1	130°/s
				轴2	140°/s
	额定负载	4kg		轴3	140°/s
				轴4	320°/s
	工作半径	1500mm		轴5	380°/s
				轴6	460°/s
	工作精度	±0.05mm	工作空间	轴1	±170°
				轴2	−90°~155°
	安装方式	落地式、倒置式		轴3	−100°~80°
				轴4	±155°
	本体质量	170kg		轴5	−90°~135°
				轴6	±200°
KUKA KR5 arc	机械结构	六轴垂直多关节型	最大工作速度	A1	154°/s
				A2	154°/s
	额定负载	5kg		A3	228°/s
				A4	343°/s
	工作半径	1411mm		A5	384°/s
				A6	721°/s
	工作精度	±0.04mm	工作空间	A1	±155°
				A2	−180°~65°
	安装方式	落地式、倒置式		A3	−15°~158°
				A4	±350°
	本体质量	127kg		A5	±130°
				A6	±350°

1. 自由度

自由度是物体能够对坐标系进行独立运动的数目，末端执行器的动作不包括在内。通常作为机器人的技术指标，反映机器人动作的灵活性，可用轴的直线移动、摆动或旋转动作数目来表示。采用空间开链连杆机构的机器人，因每个关节运动副仅有一个自由度，所以机器人的自由度数就等于它的关节数。由于具有6个旋转关节的铰接开链式机器人从运动学上已证明能以最小的结构尺寸获取最大的工作空间，并且能以较高的位置精度和最优的路径到达指定位置，因而关节机器人在工业领域得到广泛地应用。目前，焊接和涂装作业机器人多为6或7个自由度，而搬运、码垛和装配机器人多为4~6个自由度。

2. 额定负载

额定负载也称持重，正常操作条件下，作用于机器人手腕末端，且不会使机器人性能降低的最大载荷。目前使用的工业机器人负载范围可从0.5kg直至800kg。

3. 工作精度

机器人的工作精度主要指定位精度和重复定位精度。定位精度也称绝对精度，是指机器人末端执行器实际到达位置与目标位置之间的差异。重复定位精度简称重复精度，是指机器人重复定位其末端执行器于同一目标位置的能力。工业机器人具有绝对精度低，重复精度高的特点。一般而言，工业机器人的绝对精度要比重复精度低一到两个数量级，造成这种情况的主要原因是机器人控制系统根据机器人的运动学模型来确定机器人末端执行器的位置，然而这个理论上的模型和实际机器人的物理模型存在一定的误差，产生误差的因素主要有机器人本身的制造误差、工件加工误差以及机器人与工件的定位误差等。目前，工业机器人的重复精度可达±0.01~±0.5mm。根据作业任务和末端持重的不同，机器人的重复精度亦要求不同，见表1-2-5。

4. 工作空间

工作空间也称工作范围、工作行程。工业机器人在执行任务时，其手腕参考点所能掠过的空间，常用图形来表示，如图1-2-15所示。由于工作范围的形状和大小反映了机器人工

表 1-2-5 工业机器人典型行业应用的工作精度

作业任务	额定负载/kg	重复精度/mm
搬运	5~200	±0.2~±0.5
码垛	50~800	±0.5
点焊	50~350	±0.2~±0.3
弧焊	3~20	±0.08~±0.1
涂装	5~20	±0.2~±0.5
装配	2~5	±0.02~±0.03
	6~10	±0.06~±0.08
	10~20	±0.06~±0.1

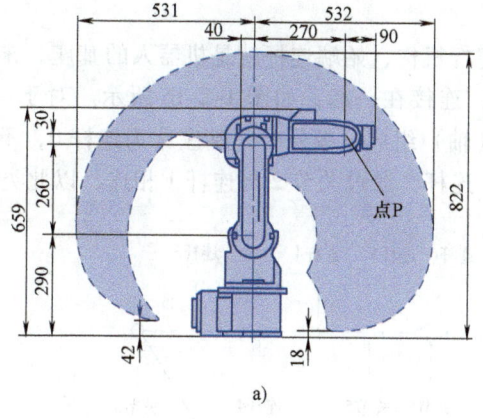

a)

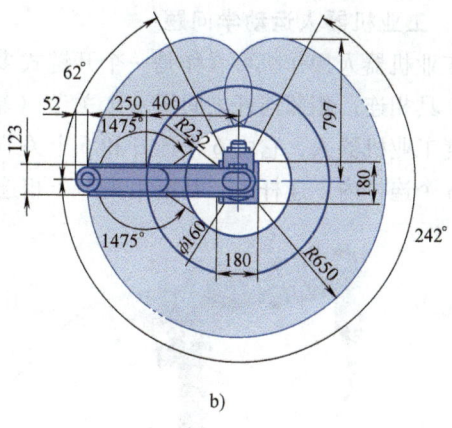

b)

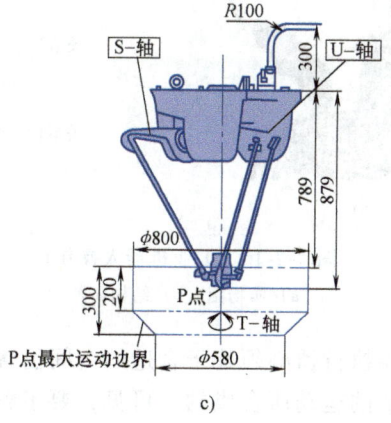

c)

图 1-2-15 不同本体结构 YASKAWA 机器人的工作范围（单位：mm）

a）垂直串联多关节机器人 MOTOMAN MH3F b）水平串联多关节机器人 MOTOMAN MPP3S

c）并联多关节机器人 MOTOMAN MYS650L

作能力的大小，因而它对于机器人的应用十分重要。工作范围不仅与机器人各连杆的尺寸有关，还与机器人的总体结构有关。为能真实反映机器人的特征参数，厂家所给出的工作范围一般指不安装末端执行器时可以到达的区域。应特别注意的是，在装上末端执行器后，需要同时保证工具姿态，实际的可达空间会比厂家给出的要小一层，需要认真地用比例作图法或模型法核算一下，以判断是否满足实际需要。目前，单体工业机器人本体的工作半径可达3.5mm 左右。

5. 最大工作速度

最大工作速度是指在各轴联动情况下，机器人手腕中心所能达到的最大线速度。这在生产中是影响生产效率的重要指标，因生产厂家不同而标注不同，一般都会在技术参数中加以说明。很明显，最大工作速度越高，生产效率也就越高；然而，工作速度越高，对机器人最大加速度的要求也就越高。

除上述五项技术指标外，还应注意机器人控制方式、驱动方式、安装方式、存储容量、插补功能、语言转换、自诊断及自保护、安全保障功能等。

三、工业机器人的运动控制

1. 工业机器人运动学问题

工业机器人操作机可看作是一个开链式多连杆机构，始端连杆就是机器人的基座，末端连杆与工具相连，相邻连杆之间用一个关节（轴）连接在一起，如图 1-2-16 所示。对于一个 6 自由度工业机器人，它由 6 个连杆和 6 个关节（轴）组成。编号时，基座称为连杆 0，不包含在这 6 个连杆内，连杆 1 与基座由关节 1 相连，连杆 2 通过关节 2 与连杆 1 相连，以此类推。

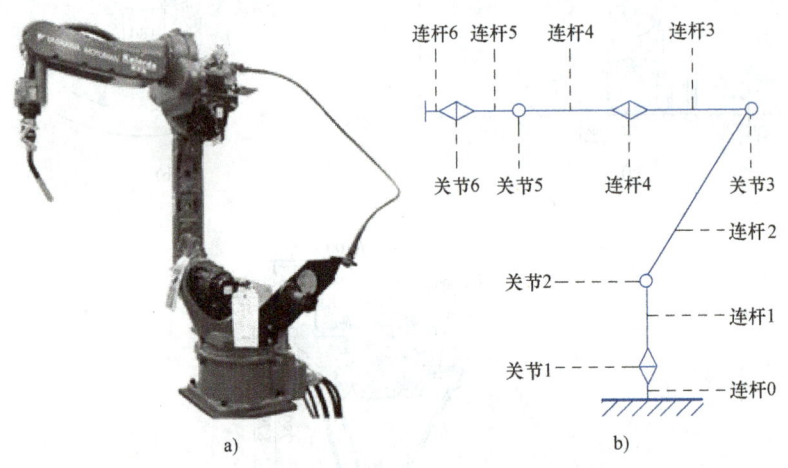

图 1-2-16　工业机器人操作机

a）实物图　b）结构简图

在操作机器人时，其末端执行器必须处于合适的空间位置和姿态（以下简称位姿），而这些位姿是由机器人若干关节的运动所合成的。可见，要了解工业机器人的运动控制，首先必须知道机器人各关节变量空间和末端执行器位姿之间的关系，即机器人运动学模型。一台机器人操作机几何结构一旦确定，其运动学模型也就确定下来，这是机器人运动控制的基础。简而言之，在机器人运动学中存在两类基本问题：

（1）运动学正问题

对给定的机器人操作机，已知各关节角矢量，求末端执行器相对于参考坐标系的位姿，称之为正向运动学（运动学正解或 Where 问题），如图 1-2-17a 所示。机器人示教时，机器人控制器即逐点进行运动学正解运算。

（2）运动学逆问题

对给定的机器人操作机，已知末端执行器在参考坐标系中的初始位姿和目标（期望）位姿，求各关节角矢量，称之为逆向运动学（运动学逆解或 How 问题），如图 1-2-17b 所示。机器人再现时，机器人控制器即逐点进行运动学逆解运算，并将角矢量分解到操作机各关节。

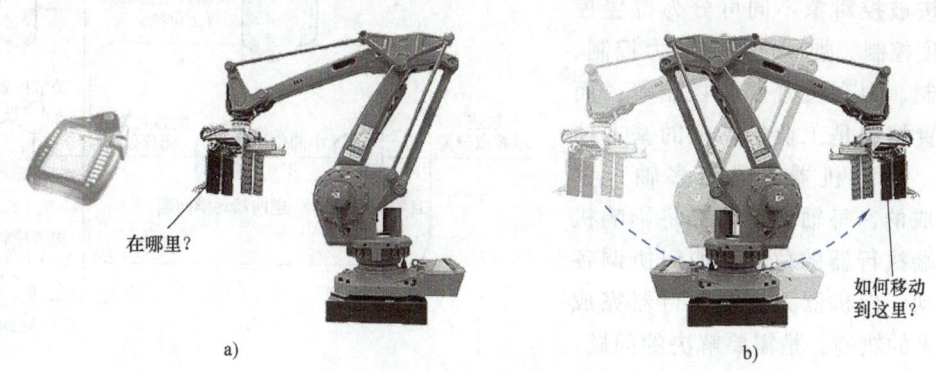

在哪里？

如何移动到这里？

a)　　　　　　　　　　b)

图 1-2-17　机器人运动学问题

a）正向运动学问题（示教）　b）逆向运动学问题（再现）

2. 工业机器人的点位运动和连续路径运动

工业机器人的很多作业实质是控制机器人末端执行器的位姿，以实现点位运动或连续路径运动。

（1）点位运动（Point to Point，PTP）

点位运动只关心机器人末端执行器运动的起点和目标点位姿，而不关心这两点之间的运动轨迹。点位运动比较简单，比较容易实现。例如，在图 1-2-18 中，倘若要求机器人末端执行器由 A 点 PTP 运动到 B 点，那么机器人可沿①~③中的任一路径运动。该运动方式可完成无障碍条件下的点焊、搬运等作业操作。

（2）连续路径运动（Continuous Path，CP）

连续路径运动不仅关心机器人末端执行器达到目标点的精度，而且必须保证机器人能沿所期望的轨迹在一定精度范围内重复运动。例如，在图 1-2-18 中，倘若要求机器人末端执行器由 A 点直线运动到 B 点，那么机器人仅可沿路径②移动。该运动方式可完成机器人弧焊、涂装等操作。

机器人连续路径运动的实现是以

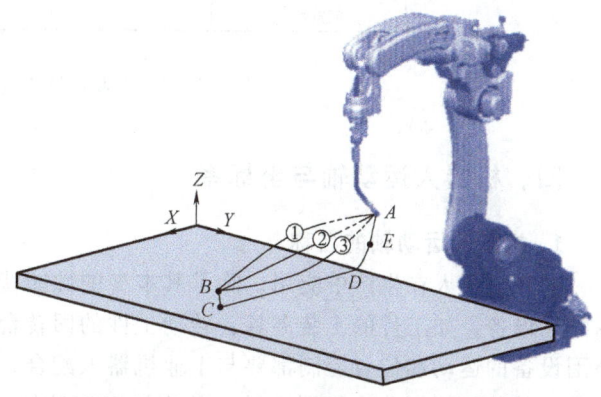

图 1-2-18　工业机器人 PTP 运动和 CP 运动

点位运动为基础，通过在相邻两点之间采用满足精度要求的直线或圆弧轨迹插补运算即可实现轨迹的连续变化。机器人再现时，主控制器（上位机）从存储器中逐点取出各示教点空间位姿坐标值，通过对其进行直线或圆弧插补运算，生成相应路径规划，然后把各插补点的位姿坐标值通过运动学逆解运算转换成关节角度值，分送至机器人各关节或关节控制器（下位机），如图 1-2-19 所示。由于绝大多数工业机器人是关节式运动形式，很难直接检测机器人末端的运动，只能对各关节进行控制，属于半闭环系统。

3. 机器人的位置控制

工业机器人控制方式有不同的分类，如按被控对象不同可分为位置控制、速度控制、加速度控制、力控制、力矩控制、力和位置混合控制等，而实现位置控制是工业机器人的基本控制任务。由于机器人是由多轴（关节）组成的，每轴的运动都将影响机器人末端执行器的位姿。如何协调各轴的运动，使机器人末端执行器完成作业要求的轨迹，是需要解决的问题。关节控制器（下位机）是执行计算机，负责伺服电动机的闭环控制及实

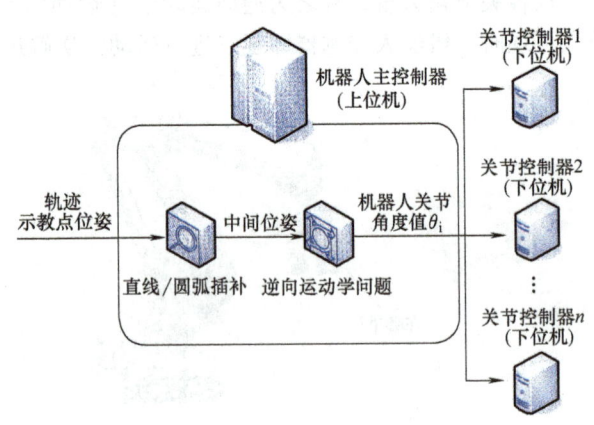

图 1-2-19　工业机器人的连续路径运动

现所有关节的动作协调。它在接收主控制器（上位机）送来的各关节下一步期望达到的位姿后，又做一次均匀细分，以使运动轨迹更为平滑。然后将各关节下一细步期望值逐点送给驱动电动机，同时检测光电码盘信号，直至准确到位，如图 1-2-20 所示。

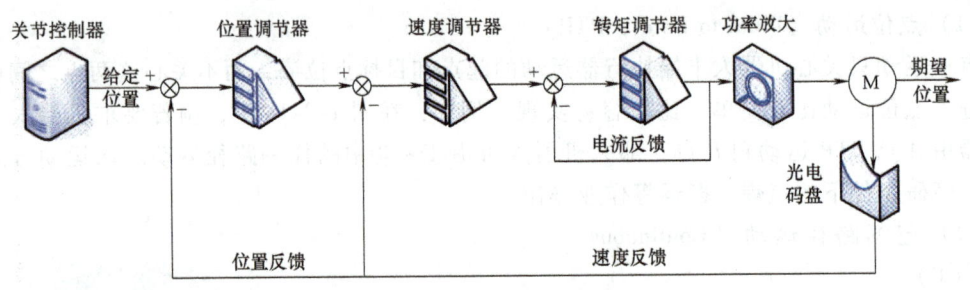

图 1-2-20　工业机器人的位置控制

四、机器人运动轴与坐标系

1. 机器人运动轴的名称

工业机器人在生产中应用，除了其本身的性能特点要满足作业外，一般还需要相应的外围配套设备，如工件的工装夹具，转动工件的回转台、翻转台，移动工件的移动台等。这些外围设备的运动和位置控制都要与工业机器人配合，并具有相应的精度要求。通常机器人运动轴按其功能可划分为机器人轴、基座轴和工装轴，统称为外部轴，如图 1-2-21 所示。机

器人轴是指机器人操作机（本体）的轴，属于机器人本身，如任务一所述，目前典型商用工业机器人大多采用六轴关节型如图 1-2-22 所示。基座轴是使机器人移动的轴的总称，主要指行走轴（移动滑台或导轨）；工装轴是除机器人轴、基座轴以外的轴的总称，指使工件、工装夹具翻转和回转的轴，如回转台、翻转台等。

六轴关节型机器人操作机有 6 个可活动的关节（轴）。由图 1-2-22 中可看出，KUKA 机器人 6 轴分别定义为 A1、A2、A3、A4、A5 和 A6；而 ABB 机器人则定义为轴 1、轴 2、轴 3、轴 4、轴 5 和轴 6。其中，A1、A2 和 A3 三轴（轴 1、轴 2 和轴 3）称为基本轴或主轴，用于保证末端执行器达到工作空间的任意位置；A4、A5 和 A6 三轴（轴 4、轴 5 和轴 6）称为腕部轴或次轴，用于实现末端执行器的任意空间姿态。

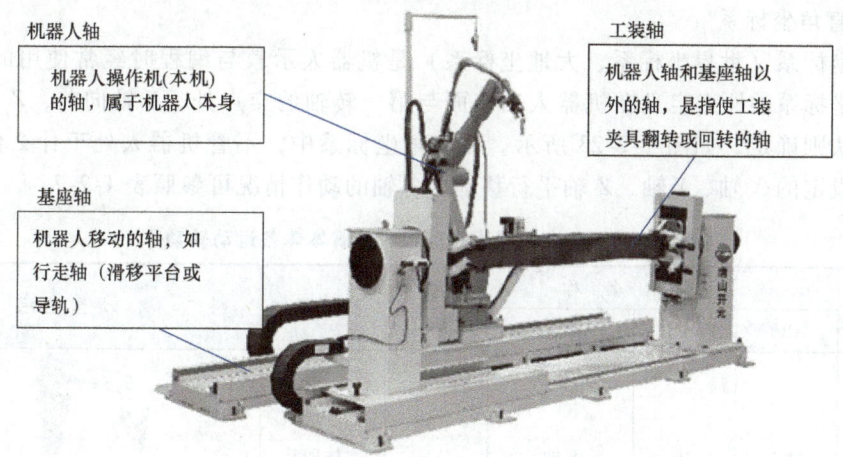

图 1-2-21　机器人系统中各运动轴的定义

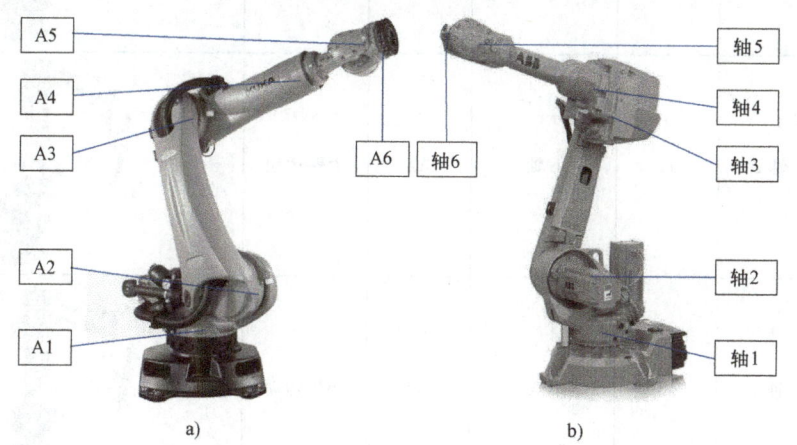

图 1-2-22　典型机器人操作机运动轴的定义

a）KUKA 机器人　b）ABB 机器人

2. 机器人坐标系的种类

工业机器人的运动实质是根据不同作业内容、轨迹等要求，在各种坐标系下的运动。也就是说，对机器人进行示教或手动操作时，其运动方式是在不同的坐标系下进行的。目前，在大部分工业机器人系统中，均可使用关节坐标系、直角坐标系、工具坐标系和用户坐标系，而工具坐标系和用户坐标系同属于直角坐标系范畴。

（1）关节坐标系

在关节坐标系下，机器人各轴均可实现单独正向或反向运动。对于大范围运动，且不要求 TCP 姿态的，可选择关节坐标系。各运动轴动作见表 1-2-6。

提示

> TCP（Tool Centre Point）为机器人系统的控制点，出厂时默认位于最后一个运动轴或安装法兰的中心。安装工具后，TCP 将发生变化。为实现精确运动控制，当换装工具或发生工具碰撞时，皆需进行 TCP 标定。有关如何进行 TCP 标定操作，请参考本任务的知识拓展内容。

（2）直角坐标系

直角坐标系（世界坐标系、大地坐标系）是机器人示教与编程时经常使用的坐标系之一。直角坐标系的原点定义在机器人安装面与第一转轴的交点处，X 轴向前，Z 轴向上，Y 轴按右手法则确定，如图 1-2-23 所示。在直角坐标系中，不管机器人处于什么位置，TCP 点均可沿设定的 X 轴、Y 轴、Z 轴平行移动。各轴的动作情况可参照表 1-2-7。

表 1-2-6　工业机器人行业四大品牌本体各运动轴动作

轴类型	轴 名 称				动作说明	动 作 图 示
	ABB	FANUC	YASKAWA	KUKA		
主轴 （基本轴）	轴 1	J1	S 轴	A1	本体回转	
	轴 2	J2	L 轴	A2	大臂运动	
	轴 3	J3	U 轴	A3	小臂运动	
次轴 （腕部轴）	轴 4	J4	R 轴	A4	手腕旋转运动	

（续）

轴类型	轴 名 称				动作说明	动 作 图 示
	ABB	FANUC	YASKAWA	KUKA		
次轴 （腕部轴）	轴5	J5	B轴	A5	手腕上下 摆运动	
	轴6	J6	T轴	A6	手腕圆周 运动	

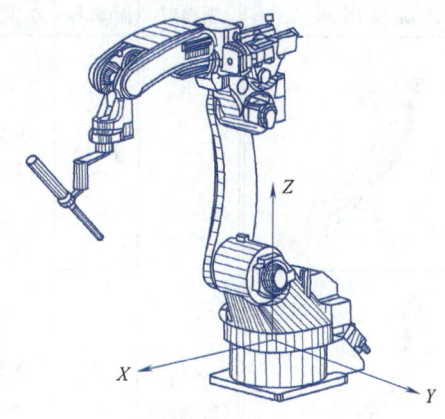

图 1-2-23 直角坐标系原点

表 1-2-7 工业机器人在直角坐标系下的各轴动作

轴类型	轴名称	动作说明	动 作 图 示	轴类型	轴名称	动作说明	动 作 图 示
主轴 （基本轴）	X轴	沿X轴 平行移动		次轴 （腕部轴）	U轴	绕Z轴 旋转	
	Y轴	沿Y轴 平行移动			V轴	绕Y轴 旋转	

（续）

轴类型	轴名称	动作说明	动 作 图 示	轴类型	轴名称	动作说明	动 作 图 示
主轴 （基本轴）	Z 轴	沿 Z 轴 平行移动	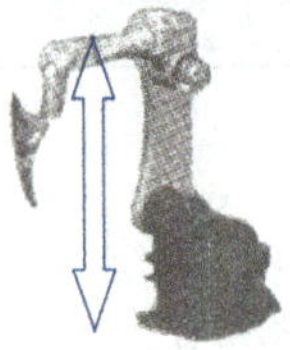	次轴 （腕部轴）	W 轴	绕末端 工具所指 方向旋转	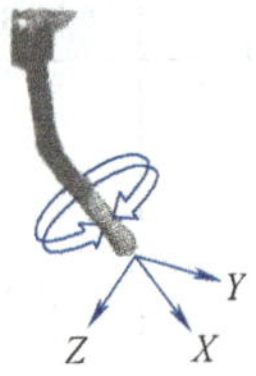

（3）工具坐标系

工具坐标系的原点定义在 TCP 点，并且假定工具的有效方向为 X 轴（有些机器人厂商将工具的有效方向定义为 Z 轴），而 Y 轴、Z 轴由右手法则确定，如图 1-2-24 所示。工具坐标的方向随腕部的移动而发生变化，与机器人的位姿无关。因此，在进行相对于工件不改变工具姿态的平移操作时，选用该坐标系最为适宜。在工具坐标系中，TCP 点将沿工具坐标的 X、Y、Z 轴方向运动。各轴动作可参照表 1-2-8。

表 1-2-8　工业机器人在工具坐标系下的各轴动作

轴类型	轴名称	动作说明	动 作 图 示	轴类型	轴名称	动作说明	动 作 图 示
主轴 （基本轴）	X 轴	沿 X 轴 平行移动	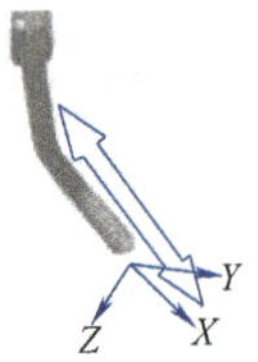	次轴 （腕部轴）	Rx 轴	绕 X 轴 旋转	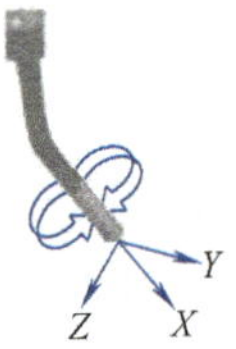
	Y 轴	沿 Y 轴 平行移动	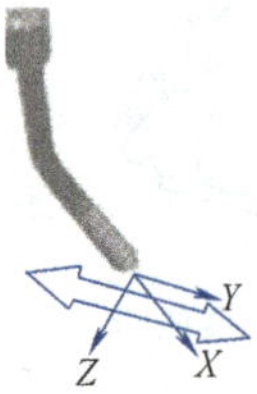		Ry 轴	绕 Y 轴 旋转	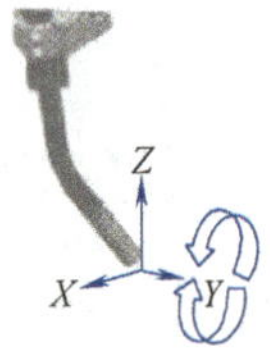
	Z 轴	沿 Z 轴 平行移动	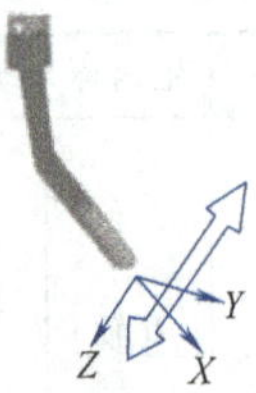		Rz 轴	绕 Z 轴 旋转	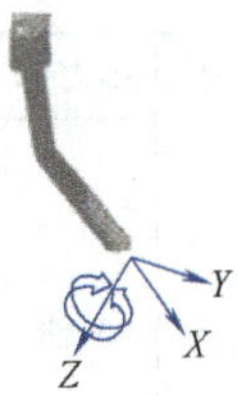

（4）用户坐标系

为作业示教方便，用户自行定义的坐标系，如工作台坐标系和工件坐标系，且可根据需要定义多个用户坐标系，如图 1-2-25 所示。当机器人配备多个工作台时，选择用户坐标系可使操作更为简单。在用户坐标系中 TCP 点沿用户自定义的坐标轴方向运动。各轴动作可参照表 1-2-9。

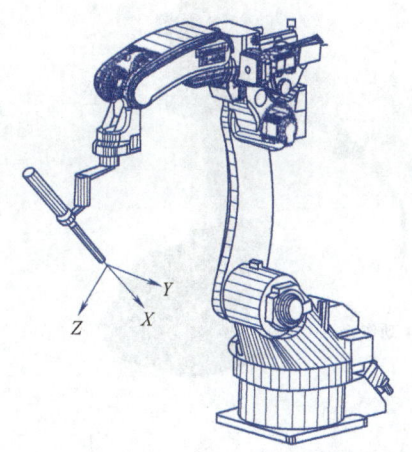

图 1-2-24　工具坐标系原点

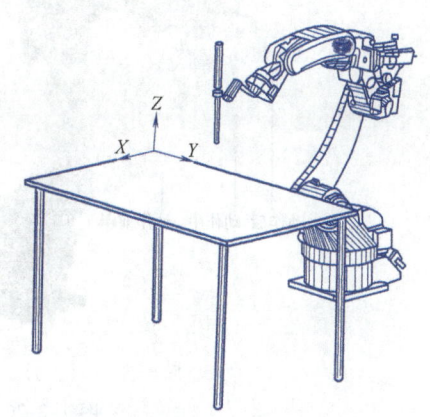

图 1-2-25　用户坐标系原点

表 1-2-9　工业机器人在用户坐标系下的各轴动作

轴类型	轴名称	动作说明	动作图示	轴类型	轴名称	动作说明	动作图示
主轴 （基本轴）	X 轴	沿 X 轴 平行移动		次轴 （腕部轴）	Rx 轴	绕 X 轴 旋转	
	Y 轴	沿 Y 轴 平行移动			Ry 轴	绕 Y 轴 旋转	
	Z 轴	沿 Z 轴 平行移动			Rz 轴	绕 Z 轴 旋转	

📝 **提示**

1）不同的机器人坐标系功能等同，即机器人在关节坐标系下完成的动作，同样可在直角坐标系下实现。

2）机器人在关节坐标系下的动作是单轴运动，而在直角坐标系下则是多轴协调运动，如图 1-2-26 所示。除关节坐标系以外，其他坐标系均可实现控制点不变动作（只改变工具姿态而不改变 TCP 位置），在进行机器人 TCP 标定时经常用到。

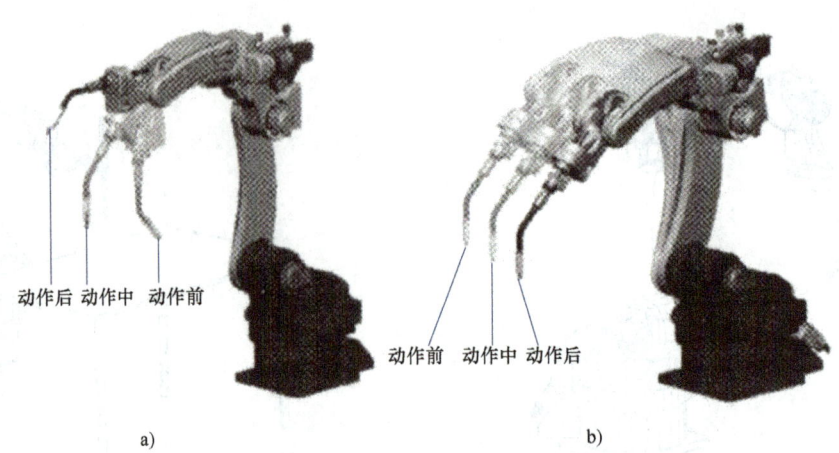

动作后 动作中 动作前

动作前 动作中 动作后

a)   b)

图 1-2-26　机器人单轴和多轴协调运动

a）关节坐标系下单轴运动　b）直角坐标系下多轴协调运动

任务实施

一、任务准备

实施本任务教学所使用的实训设备及工具材料可参考表 1-2-10。

表 1-2-10　实训设备及工具材料

序号	分类	名　称	型 号 规 格	数量	单位	备注
1	工具	电工常用工具		1	套	
2		六轴机器人本体	ABB	1	台	
3		控制柜	IRC5	1	套	
4	设备 器材	示教器		1	套	
5		示教器电缆		1	条	
6		机器人动力电缆		1	条	
7		机器人编码器电缆		1	条	

二、认识机器人控制柜

本任务采用的是 ABB 公司生产的 IRC5 控制柜，如图 1-2-27 所示。IRC5 以先进动态建模技术为基础，对机器人性能实施自动优化，大幅提升了 ABB 机器人执行任务的效率。IRC5 控制柜包括机器人电源开关、自动/手动钥匙按钮、I/O 板、机器人动力电缆、机器人编码器电缆、机器人示教器电缆等，部件功能说明见表 1-2-11。机器人的运动算法全

图 1-2-27　IRC5 控制柜

部集成在控制柜里面，实现强大的数据运算和各种运行逻辑的控制。

表 1-2-11　IRC5 控制柜部件的功能说明

标号	部 件 名 称	说　　明
1	机器人示教器电缆	示教器与机器人控制柜的通信连接
2	机器人 I/O 板	机器人 I/O（输入/输出）接口，与外部进行 I/O 通信
3	自动/手动钥匙旋钮	用于切换机器人自动运行与手动运行
4	机器人急停按钮	机器人的紧急制动
5	机器人抱闸按钮	按下按钮后机器人的所有关节失去抱闸功能，便于拖动示教机器人或拖动机器人离开碰撞点，避免二次碰撞，损坏机器人
6	机器人伺服上电按钮	机器人伺服上电（主要应用于自动模式）
7	机器人电源开关	控制机器人设备电源的通断
8	机器人编码器电缆	机器人六轴伺服电动机编码器的数据传输
9	机器人动力电缆	机器人伺服电动机的动力供应

三、工业机器人系统的启动

1. 工业机器人系统的连接

按照如图 1-2-28 所示的工业机器人系统的接线图进行工业机器人系统的连接。

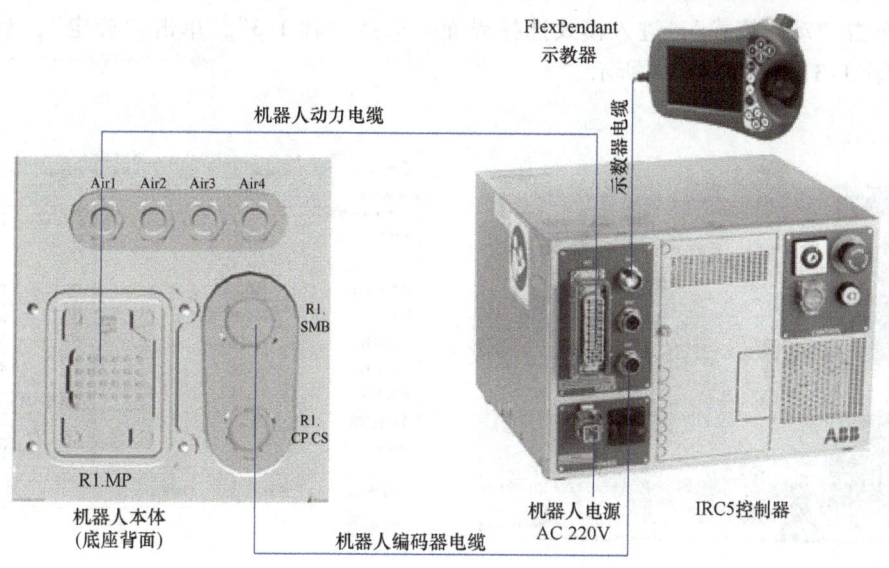

图 1-2-28　工业机器人系统的接线图

2. 系统的启动

1）系统接线无误后，在指导教师的许可下接通系统电源，如图 1-2-29 所示。

2）将操作控制柜的"4P 断路器"往上推，合闸，开启电源，控制柜的两个散热风扇转动，再将控制柜的"关机/开机"旋钮旋转至右边开机状态，控制柜电源已经启动完毕，如图 1-2-30 所示。

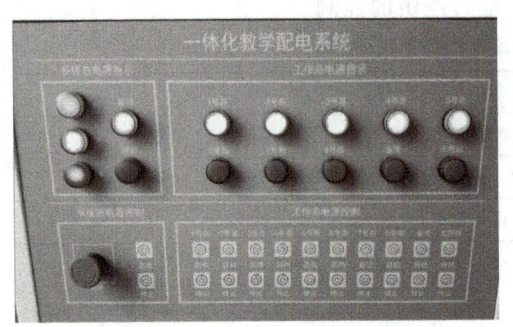

图 1-2-29　配电系统电源操作面板

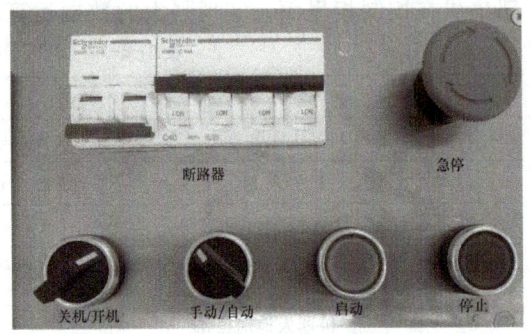

图 1-2-30　操作控制柜电源操作面板

3）将机器人控制柜背面的电源开关从水平旋转到垂直状态（即从 OFF 旋转到 ON），机器人系统开机完成。将"自动/手动钥匙旋钮"旋转到与手形图案，机器人切换至手动模式。如图 1-2-31 所示。

四、手动操纵工业机器人

1. 单轴运动控制

1）左手持机器人示教器，右手单击示教器界面左上角的"≡∨"来打开 ABB 菜单栏；单击"手动操纵"，进入手动操纵界面；如图 1-2-32 所示。

2）单击"动作模式"，进入模式选择界面。选择"轴 1-3"，单击"确定"，动作模式设置成了轴 1-3，如图 1-2-33 所示。

图 1-2-31　控制柜电源操作面板（背面）

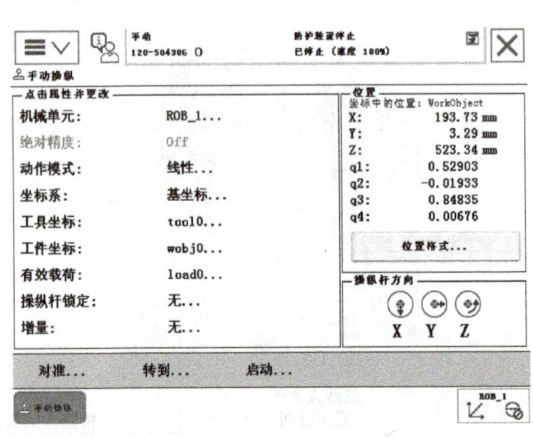

图 1-2-32　进入手动操纵界面

3）移动操纵杆，发现左右摇杆控制 1 轴左右运动，前后摇杆控制 2 轴上下运动，逆时针或顺时针旋转摇杆控制 3 轴上下运动。

4）单击"动作模式"，进入模式选择界面。选择"轴 4-6"，单击"确定"，动作模式设置成了轴 4-6，如图 1-2-34 所示。

5）移动操纵杆，发现左右摇杆控制 4 轴左右运动，前后摇杆控制 5 轴上下运动，逆时针或顺时针旋转摇杆控制 6 轴逆或顺时针运动。

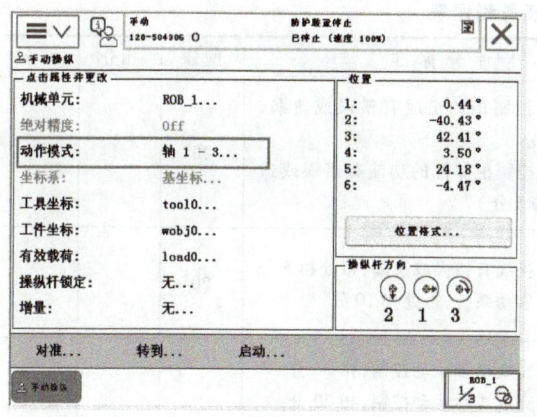

图 1-2-33 模式选择界面

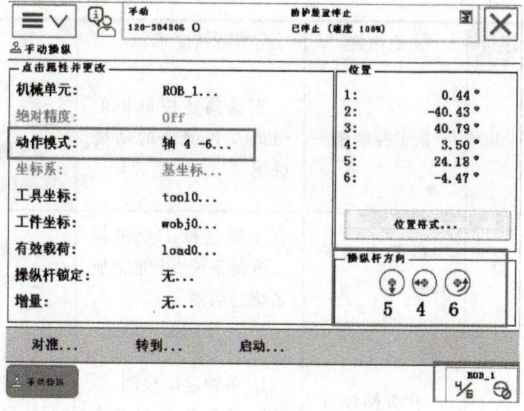

图 1-2-34 "动作模式"的选择

提示

轴切换技巧：示教器上的 🔘 按键能够完成"轴1-3"和"轴4-6"的切换。

2. 线性运动与重定位运动控制

1）单击"动作模式"，进入模式选择界面。选择"线性"，单击"确定"，动作模式设置成了线性运动，如图 1-2-35 所示。

2）移动操纵杆，发现左右摇杆控制机器人法兰中心左右运动，前后摇杆控制机器人法兰中心前后运动，逆时针或顺时针旋转摇杆控制机器人法兰中心上下运动。

3）单击"动作模式"，进入模式选择界面。选择"重定位"，单击"确定"，动作模式设置成了重定位运动，如图 1-2-36 所示。

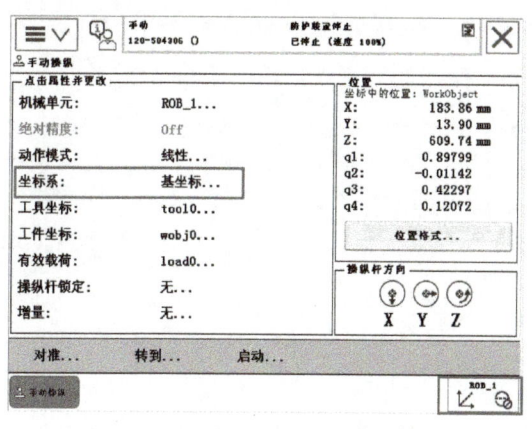

图 1-2-35 线性运动模式操纵界面

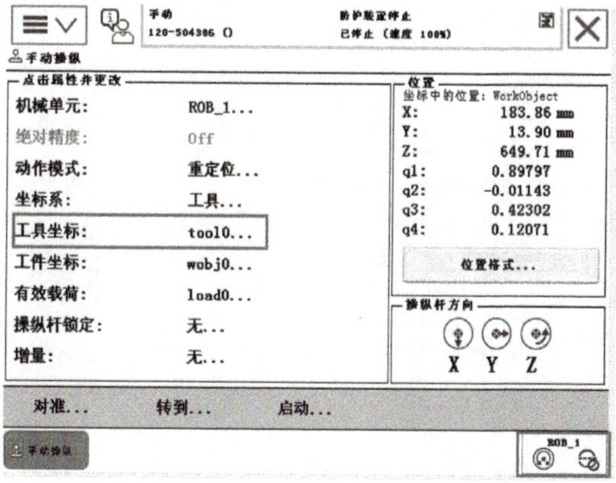

图 1-2-36 "重定位"动作模式的选择

4）移动操纵杆，发现机器人围绕着法兰中心运动。

检查测评

对任务实施的完成情况进行检查，并将结果填入表 1-2-12。

表 1-2-12 任务测评表

序号	主要内容	考核要求	评 分 标 准	配分	扣分	得分
1	认识控制柜	正确描述控制柜的组成及各部件的功能说明	1. 说出控制柜的组成有错误或遗漏,每处扣 5 分 2. 描述控制柜部件的功能有错误或遗漏,每处扣 5 分	20		
2	机器人系统启动	正确连接工业机器人控制系统,并能完成系统的启动	1. 系统接线有错误或遗漏,每处扣 5 分 2. 未能启动系统,每处扣 10 分	20		
3	手动操纵工业机器人	1. 单轴运动控制 2. 线性运动与重定位运动控制	1. 不能完成单轴运动控制,扣 20 分 2. 不能完成线性运动控制,扣 20 分 3. 不能完成重定位运动控制,扣 20 分 4. 不能根据控制要求,完成工业机器人手动操纵操作,扣 50 分	50		
4	安全文明生产	劳动保护用品穿戴整齐,遵守操作规程,讲文明礼貌,操作结束要清理现场	1. 操作中,违反安全文明生产考核要求的任何一项扣 5 分,扣完为止 2. 当发现学生有重大事故隐患时,要立即予以制止,并每次扣安全文明生产总分 5 分	10		
合 计						
开始时间:			结束时间:			

模块二

工业机器人的编程与操作

学习目标

知识目标：1. 熟悉 ABB 机器人 TCP 的建立方法。

2. 掌握 ABB 机器人重定位测试方法。

3. 掌握 ABB 机器人 LoadIdentity 功能。

能力目标：1. 能够熟练调节机器人位置与姿态。

2. 能完成绘图笔夹具的 TCP 设定。

3. 会进行绘图笔重定位测试。

4. 会自动测量工具的重量和重心。

工作任务

图 2-1-1 所示为某工业机器人 TCP 单元工作站，其 TCP 单元结构示意图如图 2-1-2 所示。本任务采用示教编程方法，操作机器人实现 TCP 单元中 A4 纸运动轨迹的示教。

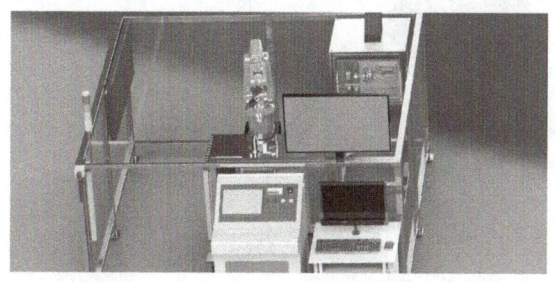

图 2-1-1　工业机器人 TCP 单元工作站

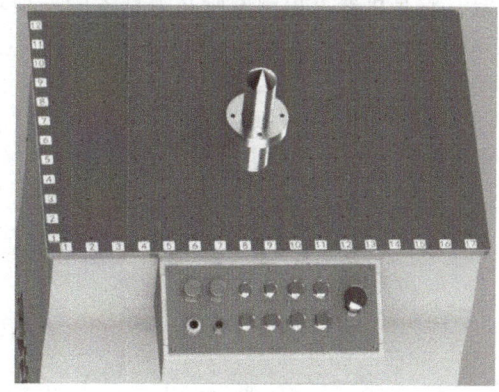

图 2-1-2　TCP 单元结构示意图

具体控制要求如下：

1）利用 TCP 定位工具建立绘图笔的工具中心点。

2）使用重定位功能实现绘图笔 TCP 的姿态变化。

3）调用 LoadIdentity 例行程序自动识别工具重量和重心。

相关知识

一、工具数据的定义

工具数据（TOOLDATA）是用于描述安装在机器人第六轴上的工具的 TCP、重量、重心等参数的数据。执行程序时，机器人就是将 TCP 移至编程位置，程序中所描述的速度与位置就是 TCP 点在对应工件坐标系的速度与位置。所有机器人在手腕都有一个预定义工具坐标系，该坐标系被称为 tool0。这样就能将一个或多个新工具坐标系定义为 tool0 的偏移值。如图 2-1-3 所示是常见工具的 TCP 点。

二、机器人 TCP（工具中心点）标定

工业机器人是通过末端安装不同的工具完成各种作业任务。要想让机器人正常作业，就要让机器人末端工具能够精确地达到某一确定位姿，并能够始终保持这一状态。从机器人运动学角度理解，就是在工具中心点（TCP）固定一个坐标系，控制其相对于机器人坐标系或世界坐标系的姿态，此坐标系称为末端执行器坐标系（Tool/Terminal Control Frame，TCF），也就是工具坐标系。因此，工具坐标系的准确度直接影响机器人的轨迹精度。默认工具坐标系的原点位于机器人安装法兰的中心，当接装不同的工具（如焊枪）时，工具需获得一个用户定义的直接坐标系，其原点

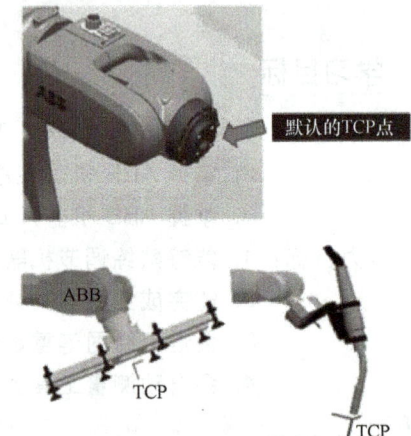

图 2-1-3　常见工具的 TCP 点

在用户定义的参考点（TCP）上，如图 2-1-4b 所示，这一过程的实现就是工具坐标系的标定，它是机器人控制器所必需具备的一项功能。

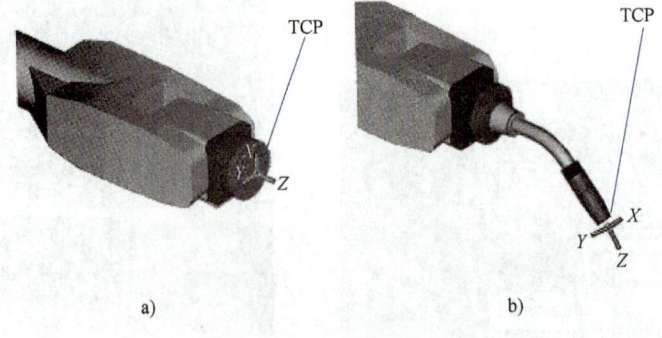

a)　　　　　　　　　　　　b)

图 2-1-4　机器人工具坐标系的标定

a）未进行 TCP 标定　b）TCP 标定

机器人工具坐标系的标定是指将工具中心点（TCP）的位置和姿态告诉机器人，指出它们与机器人末端关节坐标系的关系。目前，机器人工具坐标系的标定方法主要有外部基准标定法和多点标定法。

1. 外部基准标定法

只需要使工具对准某一测定好的外部基准点，便可完成标定，标定过程快捷简便。但这类标定方法依赖于机器人外部基准。

2. 多点标定法

大多数工业机器人都具备工具坐标系多点标定功能。这类标定包含工具中心点（TCP）位置多点标定和工具坐标系（TCF）姿态多点标定。TCP 位置标定是使几个标定点 TCP 位置重合，从而计算出 TCP，即工具坐标系原点相对于末端关节坐标系的位置，如四点法；而 TCF 姿态标定是使几个标定点之间具有特殊的方位关系，从而计算出工具坐标系相对于末端关节坐标系的状态，如五点法（在四点法的基础上，除能确定工具坐标系的位置外还能确定工具坐标系的 Z 轴方向）、六点法（在四点、五点的基础上，能确定工具坐标系的位置和工具坐标系 X、Y、Z 三轴的姿态）。

为获得准确的 TCP，下面以六点法为例进行操作。

1）在机器人动作范围内找一个非常精确的固定点作为参考点。

2）在工具上确定一个参考点（最好是工具中心 TCP）。

3）按模块一介绍的手动操纵机器人的方法移动工具参考点，以 4 种不同的工具姿态尽可能与固定点刚好碰上。第四点是用工具的参考点垂直于固定点，第五点是工具参考点从固定点向将要设定的 TCP 的 X 方向移动，第六点是工具参考点从固定点向将要设定的 TCP 的 Z 轴方向移动，如图 2-1-5 所示。

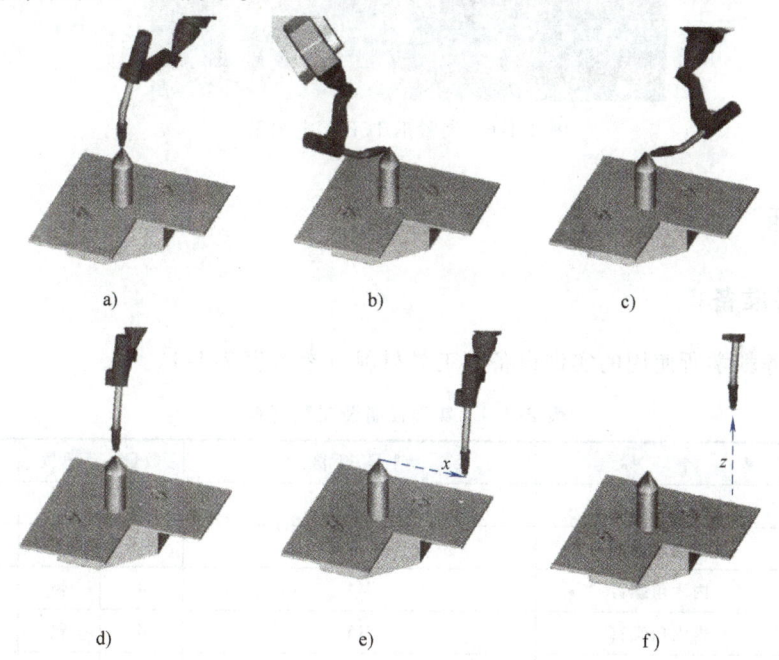

图 2-1-5　TCP 标定过程图示

a）位置点一　b）位置点二　c）位置点三　d）位置点四　e）沿 X 轴方向移动　f）沿 Z 轴方向移动

4）机器人控制柜通过前 4 个点的位置数据即可计算出 TCP 的位置，通过后 2 个点即可确定 TCP 的姿态。

5）根据实际情况设定工具的质量和重心位置数据。

提示

（1）TCP 标定操作要以次轴（腕部轴）为主。

（2）在参考点附近要降低速度，以免相撞。

（3）TCP 标定后，可通过在关节坐标系以外的坐标系中，进行控制点不变动的作业，来检验标定效果。如果 TCP 设定精度的话，可以看到工具参考点与固定点始终保持接触，而机器人仅改变工具参考点姿态。

如果使用搬运类的夹具，一般 TCP 设定的方法为：以如图 2-1-6 所示的搬运物料袋的夹紧爪为例，其结构对称，仅重心在默认工具坐标系的 Z 方向偏移一定距离，此时可以在设置页面直接手动输入偏移量、质量数据即可。

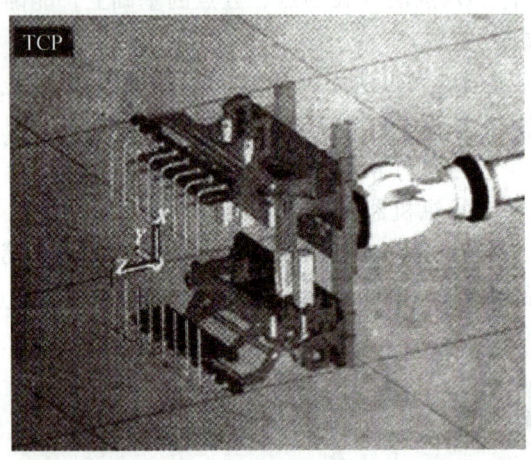

图 2-1-6 夹紧爪 TCP 标定图示

任务实施

一、任务准备

实施本任务教学所使用的实训设备及工具材料可参考表 2-1-1。

表 2-1-1 实训设备及工具材料

序号	分类	名 称	型 号 规 格	数量	单位	备注
1	工具	内六角扳手	3.0mm	1	个	工具墙
2		内六角扳手	4.0mm	1	个	工具墙
3	设备器材	内六角螺钉	M4	4	颗	工具墙红色盒
4		内六角螺钉	M5	4	颗	工具墙红色盒
5		TCP 定位器		1	个	物料间领料
6		绘图笔夹具		1	个	物料间领料

二、TCP 单元的安装

在 TCP 单元四个方向有用于安装固定的螺钉孔，把 TCP 模块放置到模块承载平台上，用 M4 内六角螺钉将其固定锁紧，保证模型紧固牢靠，整体布局与固定位置如图 2-1-7 所示。

三、绘图笔夹具的安装

本单元训练采用绘图笔夹具，机器人 J6 轴连接法兰上有 4 个 M5 螺钉安装孔，把夹具调整到合适位置，然后用螺钉将其紧固到机器人 J6 轴上，如图 2-1-8 所示。

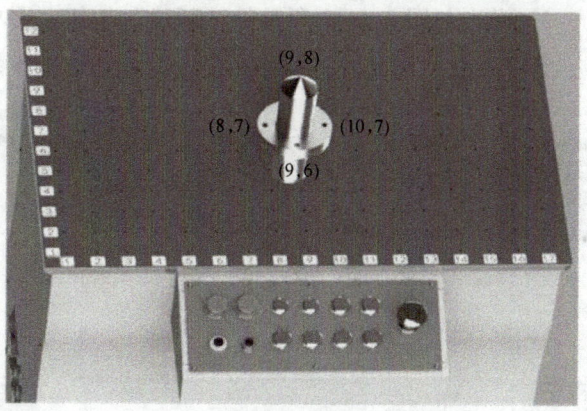

图 2-1-7　TCP 单元整体布局

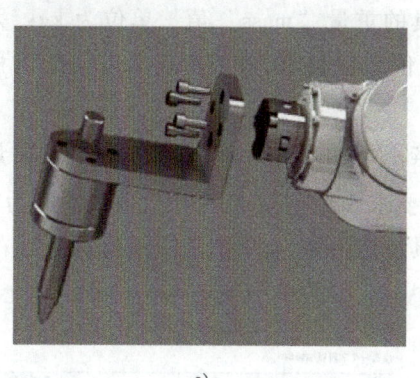
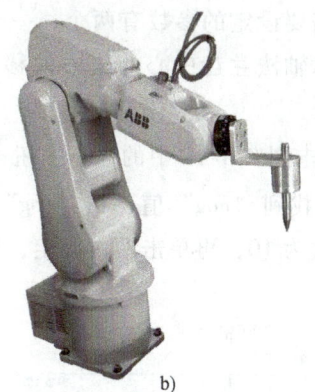

a)　　　　　　　　　　　　b)

图 2-1-8　绘图笔夹具的安装

四、四点法设定 TCP

用四点法设定 TCP 的方法及步骤如下：

1）单击示教器功能菜单按钮 ☰∨，再单击工具坐标，进入工具设定界面，如图 2-1-9 所示。

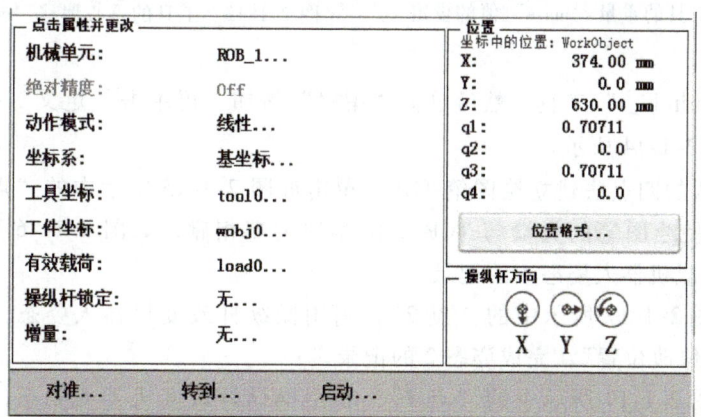

图 2-1-9　工具设定界面

2）单击如图 2-1-10 所示的"新建"按钮，再单击按钮 $\boxed{\cdots}$ 设置工具名称为"huitubi_t"，然后单击"初始值"按钮，进入工具初始值参数设置界面，如图 2-1-11 所示。

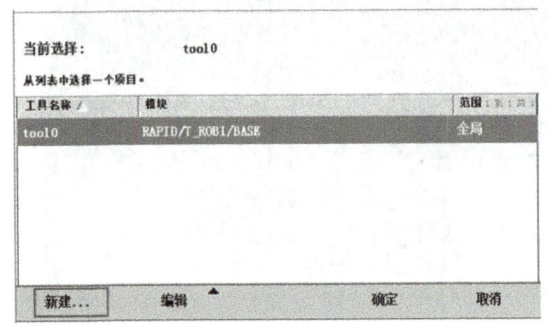

图 2-1-10　新建工具名称界面

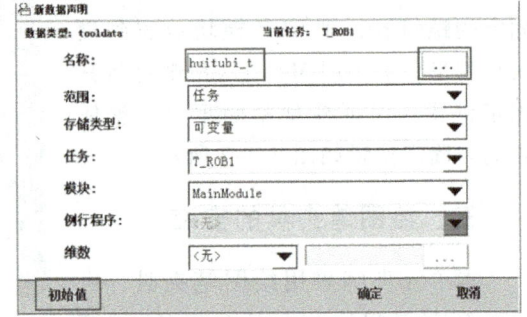

图 2-1-11　工具初始值参数设置界面

这里需要设定的参数有两个，一个是工具的重量"mass"值，单位为 kg；另一个是工具相对于六轴法兰盘中心的重心偏移"cog"值，包括 X、Y、Z 三个方向的偏移值，单位为 mm。

3）单击图 2-1-12 中的往下按钮 $\bigtriangledown$，找到"mass"值，单击修改成工具重量值，这里修改为 1。找到"cog"值，在"cog"值中，要求 X、Y、Z 的三个数值不同时为零，这里 X 偏移值修改为 10，再单击两次确定，回到工具设定界面，如图 2-1-13 所示。

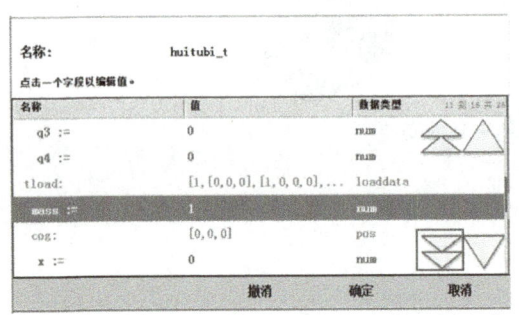

图 2-1-12　工具的重量"mass"值的设定

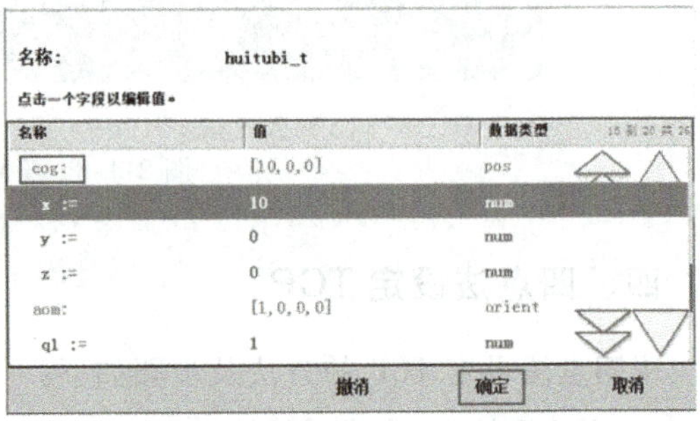

图 2-1-13　工具的重心偏移"cog"值的设定

4）选中"huitubi_t"工具，然后单击"编辑"按钮，再单击"定义"按钮，进入工具定义界面，如图 2-1-14 所示。

5）采用默认的四点法建立绘图笔 TCP。单击如图 2-1-15 所示中的"点 1"，利用操纵杆运行机器人，使绘图笔的尖端与 TCP 定位器的尖端相碰，如图 2-1-16 所示。然后单击"修改位置"，完成机器人姿态 1 的记录。

6）单击如图 2-1-17 所示中的"点 2"，利用操纵杆改变机器人姿态，如图 2-1-18 所示。然后单击"修改位置"，完成姿态 2 的记录。

7）单击如图 2-1-19 所示中的"点 3"，利用操纵杆改变机器人姿态，如图 2-1-20 所示。然后单击"修改位置"，完成姿态 3 的记录。

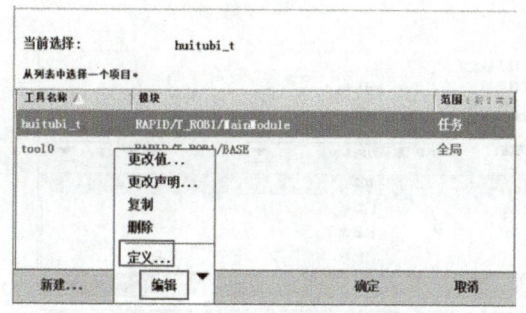

图 2-1-14　进入工具定义界面

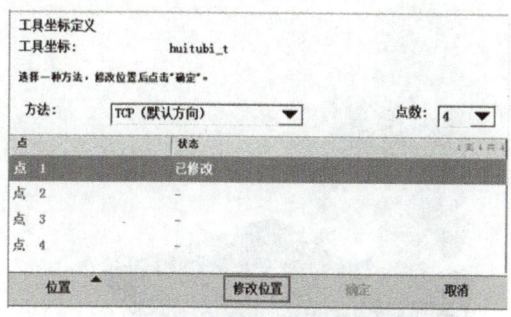

图 2-1-15　"点 1"修改位置界面

图 2-1-16　机器人姿态 1 画面

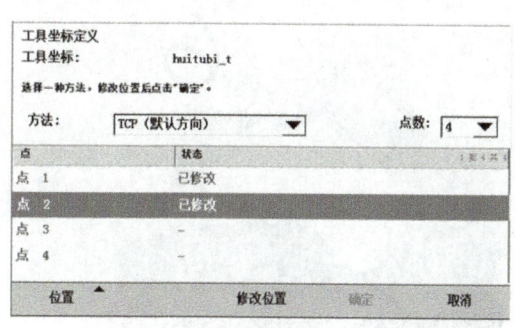

图 2-1-17　"点 2"修改位置界面

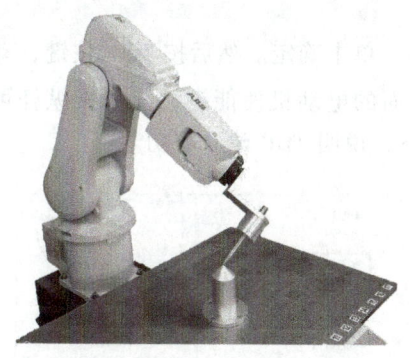

图 2-1-18　机器人姿态 2 画面

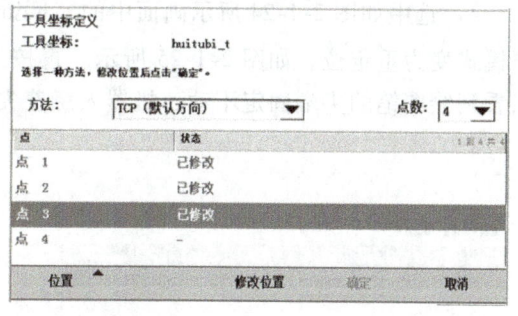

图 2-1-19　"点 3"修改位置界面

8）单击如图 2-1-21 所示中的"点 4"，利用操纵杆改变机器人姿态，如图 2-1-22 所示。然后单击"修改位置"，完成姿态 4 的记录。

9）单击确定并保存修改好的四个点，完成绘图笔 TCP 的建立。

五、重定位测试工具中心点

重定位测试工具中心点的方法及步骤如下：

1）单击示教器功能菜单按钮 ≡∨ ，再单击工具坐标，进入工具设定界面，如图 2-1-23 所示。

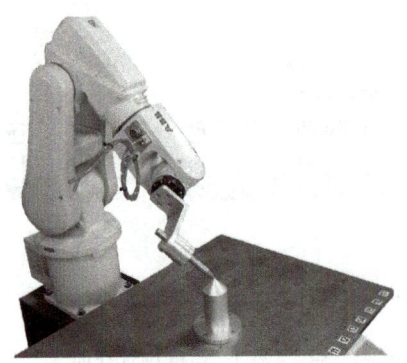

图 2-1-20　机器人姿态 3 画面

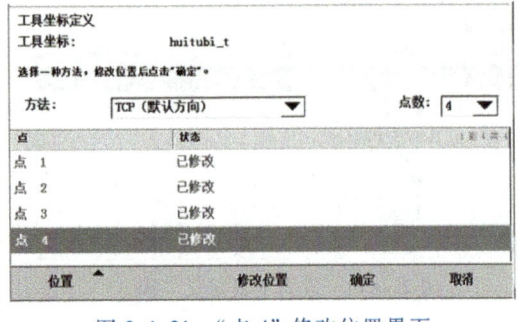

图 2-1-21　"点 4"修改位置界面

图 2-1-22　机器人姿态 4 画面

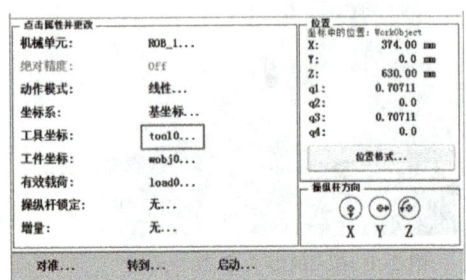

图 2-1-23　进入工具设定界面

2）选中如图 2-1-24 所示画面中的"huitubi_t"工具，单击确定。然后按下  按键，动作模式变为重定位，如图 2-1-25 所示。再按下示教器后面的电动机使能键，操作操纵杆可以看到绘图笔的尖端固定不动，机器人绕着尖端改变姿态，说明 TCP 建立成功。

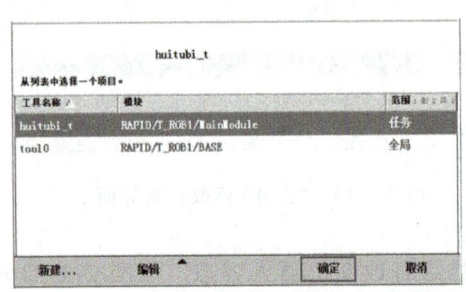

图 2-1-24　选择"huitubi_t"工具画面

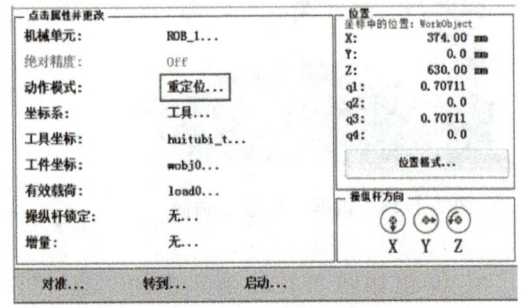

图 2-1-25　重定位模式选择画面

六、自动识别工具的重量和重心

ABB 机器人提供了自动识别工具的重量和重心的功能，通过调用 LoadIdentity 程序即可实现。具体操作步骤如下：

1）安装好绘图笔工具并新建完"huitubi_t"工具后，在工具坐标中选中该工具，按下按键，机器人进入单轴运动模式，利用操纵杆将机器人 6 个轴运动到接近 0°的位置，准备工作完成，如图 2-1-26 所示。

2）在主菜单页面，单击"程序编辑器"，进入主程序编辑界面，单击"调试"按钮，再单击调用例行程序，如图 2-1-27 所示。

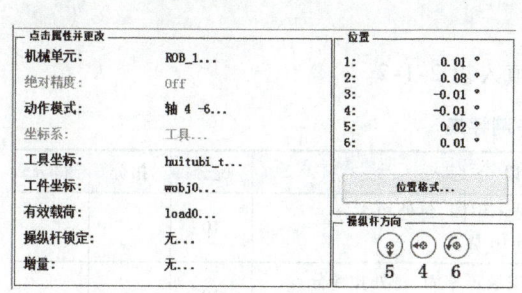

图 2-1-26　进入单轴运动模式界面

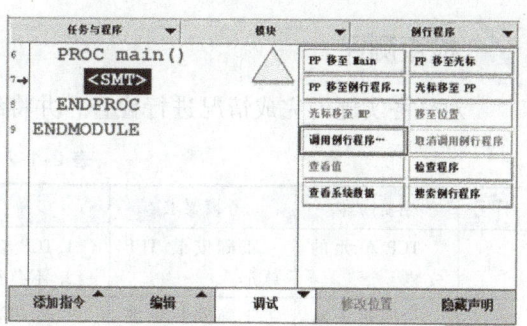

图 2-1-27　进入主程序编辑界面

3）单击选中如图 2-1-28 所示中的"LoadIdentity"例行程序，单击"转到"按钮，打开该程序，如图 2-1-29 所示。

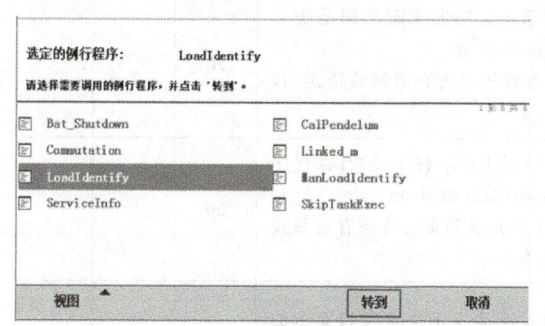

图 2-1-28　选定的例行程序界面

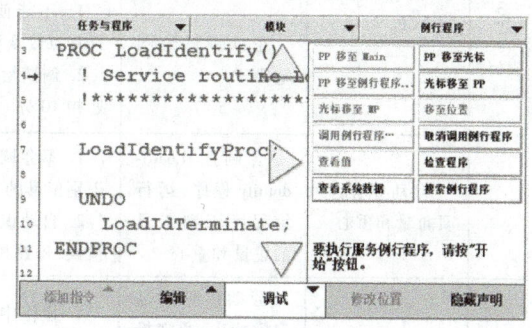

图 2-1-29　例行程序打开后界面

4）按下示教器后面的电动机使能键，然后按下程序运行按键 ，程序自动运行，然后按照英文提示依次单击"OK"→"Tool"→"OK"→"OK"。在载荷确认界面中，输入数字 2，单击"确定"。如图 2-1-30 所示。

5）单击"-90"或者"+90"，再单击"YES"→"MOVE"，示教器自动运行到改变运行模块界面，如图 2-1-31 所示。此时，将机器人控制柜上面模式切换钥匙拨到自动状态，按下伺服电动机上电按钮，再按下程序运行按钮，机器人自动运行，直至完成工

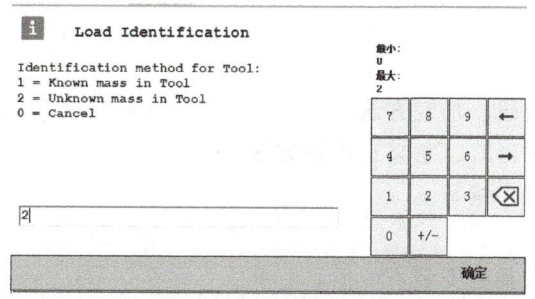

图 2-1-30　载荷确认界面

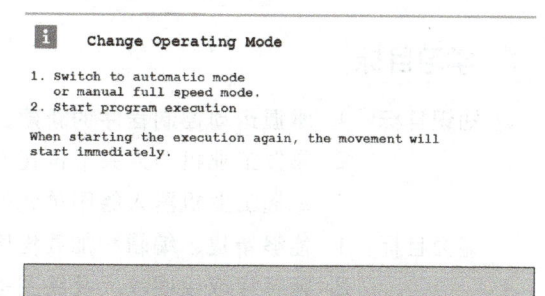

图 2-1-31　改变运行模块界面

具重量和重心的测量，再将机器人运行模式改回手动运行，单击"OK"，按下程序运行按钮，可以在示教器上看到工具重量数据和重心数据，单击"YES"，工具重量和重心将自动更新。

检查测评

对任务实施的完成情况进行检查，并将结果填入表2-1-2。

表2-1-2　任务测评表

序号	主要内容	考核要求	评 分 标 准	配分	扣分	得分
1	TCP 单元的安装	正确安装 TCP 单元	1. TCP 单元安装不牢固，每处扣5分 2. 不会安装，扣10分	10		
2	绘图笔夹具的安装	正确安装绘图笔夹具	1. 绘图笔夹具安装不牢固，每处扣5分 2. 不会安装，扣10分	10		
3	四点法设定 TCP	正确新建绘图笔的 TCP	1. 不能使用四点法新建绘图笔的 TCP，扣30分 2. 设定 TCP 有遗漏或错误，每处扣10分	30		
		正确调试绘图笔 TCP	1. 不能使用重定位功能实现绘图笔绕着 TCP 点改变姿态，扣20分 2. 调试绘图笔 TCP 方法有遗漏或错误，每处扣10分	20		
4	自动识别工具重量和重心	会调用 LoadIdentity 程序，运行该程序识别工具的重量和重心	1. 不会调用 LoadIdentity 程序，运行该程序识别工具的重量和重心，扣20分 2. 自动识别工具重量和重心方法有遗漏或错误，每处扣10分	20		
5	安全文明生产	劳动保护用品穿戴整齐，遵守操作规程，讲文明礼貌，操作结束要清理现场	1. 操作中，违反安全文明生产考核要求的任何一项扣5分，扣完为止 2. 当发现学生有重大事故隐患时，要立即予以制止，并每次扣安全文明生产总分5分	10		
合　计						
开始时间：		结束时间：				

任务二　工业机器人绘图单元的编程与操作

学习目标

知识目标：1. 掌握运动控制程序的新建、编辑、加载方法。
2. 掌握工业机器人关节位置数据形式、意义及记录方法。
3. 掌握工业机器人绘图单元的程序编写。

能力目标：1. 能够新建、编辑和加载程序。
2. 能够完成绘图单元及绘图笔夹具的安装。
3. 能够完成绘图单元机器人程序编写。

工作任务

图 2-2-1 所示为某工业机器人绘图单元工作站，其绘图单元结构示意图如图 2-2-2 所示。本任务采用示教编程方法，操作机器人描绘绘图模块中 A4 纸的运动轨迹。

具体控制要求如下：

1）调出绘图单元主程序 main。左手持机器人示教器，右手单击示教器界面左上角的"≡∨"来打开 ABB 菜单栏；单击"程序编辑器"，进入程序编辑界面；单击"调试"，弹出调试界面；单击"PP 移至例行程序"，进入例行程序选择界面；选择例行程序"main"，然后单击"确定"，进入程序编辑界面。

2）手动运行绘图单元程序。手压示教器的使能器按钮，单击示教器" ▶ "，运行绘图单元程序，机器人依次完成画等边三角形、方形、圆形和五角星的轨迹运动，最后机器人回到 ht_home，并停止运动。

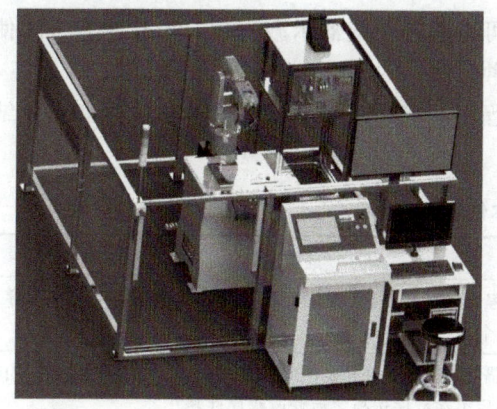

图 2-2-1　工业机器人绘图单元工作站

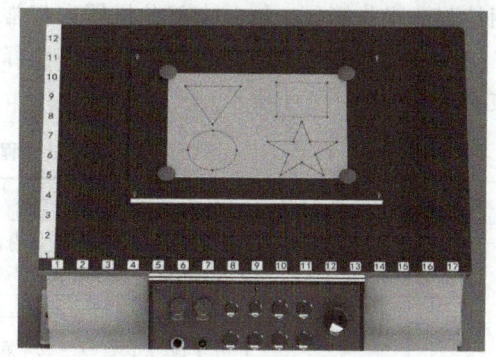

图 2-2-2　绘图单元结构示意图

相关知识

一、工业机器人绘图单元工作站

工业机器人绘图单元工作站是为了进行机器人轨迹数据示教编程而建立的，其主要由机器人本体、机器人控制器、绘图模块、A4 纸（已绘等边三角形、方形、圆、五角星）、绘图笔夹具、操作控制柜、模块承载平台、透明安全护栏、光幕安全门、零件箱和工具墙、编程电脑桌等组成，如图 2-2-3 所示。本工作站主要学习使用示教器编写机器人程序，并且进行手动调试和自动运行。

二、机器人程序的基本认识

常见的程序编程方法有两种——示教编程方法和离线编程方法。示教编程方法是由操作人员引导，控制机器人运动，记录机器人作业的程序点，并插入所需的机器人命令来完成程序的编写。离线编程方法是操作人员不对实际作业的机器人直接进行示教，而是在离线编程系统中进行编程或在模拟环境中进行仿真，生成示教数据，通过 PC 间接对机器人进行示

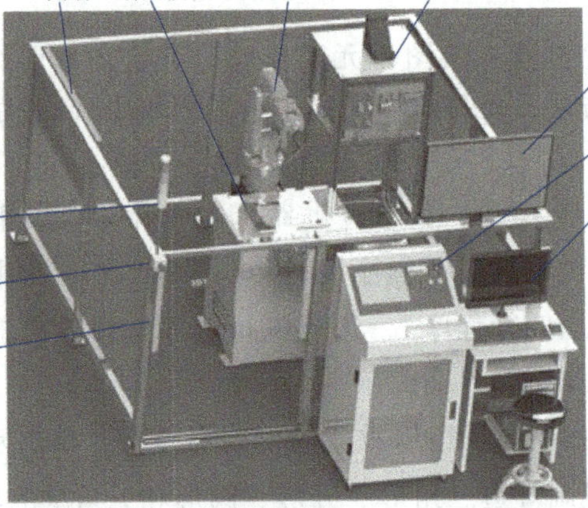

工具墙　绘图模块　机器人本体　机器人控制器

32寸液晶电视

操作控制柜

编程电脑桌

三色灯

急停按钮盒

光幕安全门

图 2-2-3　工业机器人绘图单元工作站的组成

教。示教编程方法包括示教、编辑和轨迹再现，可以通过示教器示教再现，由于示教方式使用性强，操作简便，因此大部分机器人都常用这种方法。

程序的基本信息包括程序名、程序注释、子程序、程序指令、工具坐标、速度和程序结束标志，如表 2-2-1 所示。

表 2-2-1　程序基本信息及功能

序号	程序基本信息	功　能
1	程序名	用以识别存入控制器内存中的程序，在同一目录下不能出现两个或更多拥有相同程序名的程序。程序名长度不超过 32 个字符，由字母、数字、下划线组成
2	程序注释	程序注释连同程序名一起用来描述、选择界面上显示的附加信息。最长 16 个字符，由字母、数字及符号组成。新建程序后可在程序选择之后修改程序注释
3	子程序	用于设置程序文件的类型
4	程序指令	包括运动指令、逻辑指令等示教中所涉及的所有指令
5	工具坐标	工具坐标系是把机器人腕部法兰盘所握工具的有效方向定为 Z 轴，把坐标定义在工具尖端，所以工具坐标的方向随腕部的移动而发生变化
6	速度	机器人可以设置不同的运动速度
7	程序结束标志	程序结束标志(END)自动显示在程序的最后一条指令的下一行。只要有新的指令添加到程序中，程序结束标志就会在屏幕上向下移动，所以程序结束标志总放在最后一行，当系统执行完最后一条程序指令后，执行程序结束标志时，就会自动返回到程序的第一行并终止

三、常用运动指令

1. 线性运动指令（MoveL）

线性运动指令也称直线运动指令。工具的 TCP 按照设定的姿态从起点匀速移动到目标位置点，TCP 运动路径是三维空间中 p1 点到 p2 点的直线运动，如图 2-2-4 所示。直线运动的起始点是前一运动指令的示教点，结束点是当前指令的示教点。运动特点：运动路径可预见，且在指定的坐标系中实现插补运动。

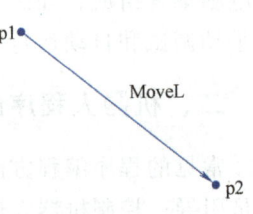

图 2-2-4　直线运动指令示例图

（1）指令格式

MoveL[\Conc,]ToPoint,Speed[\V][\T],Zone[\Z][\Inpos],Tool[\Wobj][\Corr];

指令格式说明：

1）[\Conc,]：协作运动开关。

2）ToPoint：目标点，默认为*。

3）Speed：运行速度数据。

4）[\V]：特殊运行速度，单位为 mm/s。

5）[\T]：运行时间控制，单位为 s。

6）Zone：运行转角数据。

7）[\Z]：特殊运行转角，单位为 mm。

8）[\Inpos]：运行停止点数据。

9）Tool：工具中心点（TCP）。

10）[\Wobj]：工件坐标系。

11）[\Corr]：修正目标点开关。

例如：

MoveL p1,v2000,fine,grip1;

MoveL \Conc,p1,v2000,fine,grip1;

MoveL p1,v2000\V:=2200,z40\z:45,grip1;

MoveL p1,v2000,z40,grip1\Wobj:=wobjTable;

MoveL p1,v2000,fine\Inpos:=inpos50,grip1;

MoveL p1,v2000,z40,grip1\corr;

（2）应用

机器人以线性方式运动至目标点，当前点与目标点两点决定一条直线，机器人运动状态可控，运动路径保持唯一，可能出现死点，常用于机器人在工作状态移动。

2. 关节运动指令（MoveJ）

程序一般起始点使用 MoveJ 指令。机器人将 TCP 沿最快速轨迹送到目标点，机器人的姿态会随意改变，TCP 路径不可预测。机器人最快速的运动轨迹通常不是最短的轨迹，因而关节轴运动不是直线。由于机器人轴的旋转运动，弧形轨迹会比直线轨迹更快。运动指令示意图如图 2-2-5 所示。运动特点：1）运动的具体过程是不可预见的。2）六个轴同时启动并且同时停止。使用 MoveJ 指令可以使机器人的运动更加高效快速，也可以是机器人的运动更加柔和，但是关节轴运动轨迹是不可预见的，所以使用该指令务必确认机器人与周边设备不会发生碰撞。

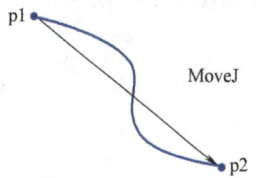

图 2-2-5　运动指令示意图

（1）指令格式

MoveJ[\Conc,]ToPoint,Speed[\V][\T],Zone[\Z][\Inpos],Tool[\Wobj];

指令格式说明：

1）[\Conc,]：协作运动开关。

2）ToPoint：目标点默认为*。

3）Speed：运行速度数据。

4）[\ V]：特殊运行速度，单位为 mm/s。

5）[\ T]：运行时间控制，单位为 s。

6）Zone：运行转角数据。

7）[\ Z]：特殊运行转角，单位为 mm。

8）[\ Inpos]：运行停止点数据。

9）Tool：工具中心点（TCP）。

10）[\ Wobj]：工件坐标系。

例如：

MoveJ p1，v2000，fine，grip1；

MoveJ\Conc，p1，v2000，fine，grip1；

MoveJ p1，v2000\V：2200，z40\z：45，grip1；

MoveJ p1，v2000，z40，grip1\Wobj：=wobjTable；

MoveJ\Conc，p1，v2000，fine\ Inpos：=inpos50，grip1；

（2）应用

机器人以最快捷的方式运动至目标点，机器人运动状态不完全可控，但运动路径保持唯一，常用于机器人在空间内大范围移动。

（3）编程实例

根据如图 2-2-6 所示的运动轨迹，写出其关节指令程序。

图 2-2-6 所示的运动轨迹的指令程序如下：

MoveL p1，v200，z10，tool1；

MoveL p2，v100，fine，tool1；

MoveJ p3，v500，fine，tool1；

3．圆弧运动指令（MoveC）

圆弧运动指令也称为圆弧插补运动指令。三点确定唯一圆弧，因此，圆弧运动需要示教三个圆弧运动点，起始点 p1 是上一条运动指令的末端点，p2 是中间辅助点，p3 是圆弧终点，如图 2-2-7 所示。

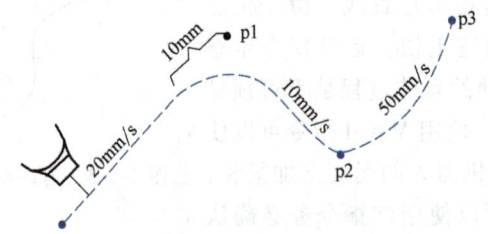

图 2-2-6　运动轨迹

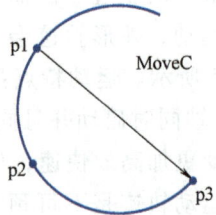

图 2-2-7　圆弧运动轨迹

（1）指令格式

MoveC[\Conc,] CirPoint,ToPoint,Speed[\V] [\T],Zone[\Z] [\Inpos],Tool[\Wobj] [\Corr]；

指令格式说明：

1）[\ Conc，]：协作运动开关。

2）CirPoin：中间点，默认为 ∗ 。

3）ToPoint：目标点，默认为 ∗ 。

4）Speed：运行速度数据。

5）[\ V]：特殊运行速度，单位为 mm/s。

6）[\ T]：运行时间控制，单位为 s。

7）Zone：运行转角数据。

8）[\ Z]：特殊运行转角，单位为 mm。

9）[\ Inpos]：运行停止点数据。

10）Tool：工具中心点（TCP）。

11）[\ Wobj]：工件坐标系。

12）[\ Corr]：修正目标点开关。

例如：

MoveC p1,p2,v2000,fine,grip1；

MoveC \Conc,p1,p2,v200,\V：= 500,z1\zz：= 5,grip1；

MoveC p1,p2,v2000,z40,grip1\Wobj：= wobjTable；

MoveC p1,p2,v2000,fine\ Inpos：= 50,grip1；

MoveC p1,p2,v2000,fine,grip1\corr；

（2）应用

机器人通过中心点以圆弧移动方式运动至目标点，当前点、中间点与目标点三点决定一段圆弧，机器人运动状态可控，运动路径保持唯一，常用于机器人在工作状态移动。

（3）限制

不可能通过一个 MoveC 指令完成一个圆，如图 2-2-8 所示。

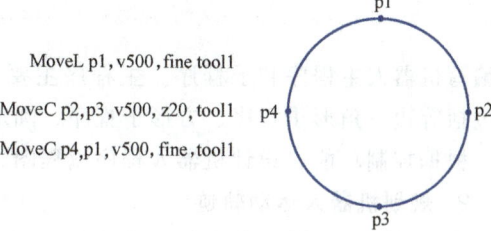

图 2-2-8　MoveC 指令的限制

 **任务实施**

一、任务准备

实施本任务教学所使用的实训设备及工具材料可参考表 2-2-2。

二、绘图单元的安装

在绘图单元 4 个角有用于安装固定的螺钉孔，把绘图模块放置到模块承载平台上，用 M4 内六角螺钉将其固定锁紧，保证模型紧固牢靠，整体布局与固定位置如图 2-2-9 所示。绘图笔夹具的安装参考模块二任务一。

三、机器人程序设计与编写

1. 机器人程序流程图设计

根据机器人运动轨迹编写机器人程序时，首先根据控制要求绘制机器人程序流程图，然

表 2-2-2 实训设备及工具材料

序号	分类	名　称	型 号 规 格	数量	单位	备注
1	工具	内六角扳手	3.0mm	1	个	工具墙
2		内六角扳手	4.0mm	1	个	工具墙
3	设备器材	内六角螺钉	M4	4	颗	工具墙红色盒
4		内六角螺钉	M5	4	颗	工具墙红色盒
5		绘图模块	含 4 个磁石	1	个	物料间领料
6		绘图笔夹具		1	个	物料间领料
7		A4 纸		1	个	物料间领料

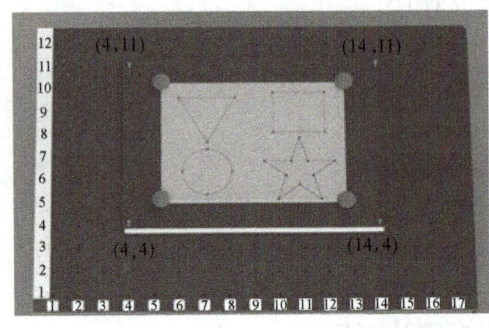

图 2-2-9 绘图单元整体布局

后编写机器人主程序和子程序。主程序主要是调用子程序和回原点（ht_home）。子程序主要包括等边三角形子程序、方形子程序、圆形子程序和五角星子程序。

根据控制功能，设计机器人程序流程图，如图 2-2-10 所示。

2. 规划机器人运动轨迹

绘图单元上的图案分布如图 2-2-11 所示。根据机器人的运行轨迹可确定其运动所需的示教点见表 2-2-3。

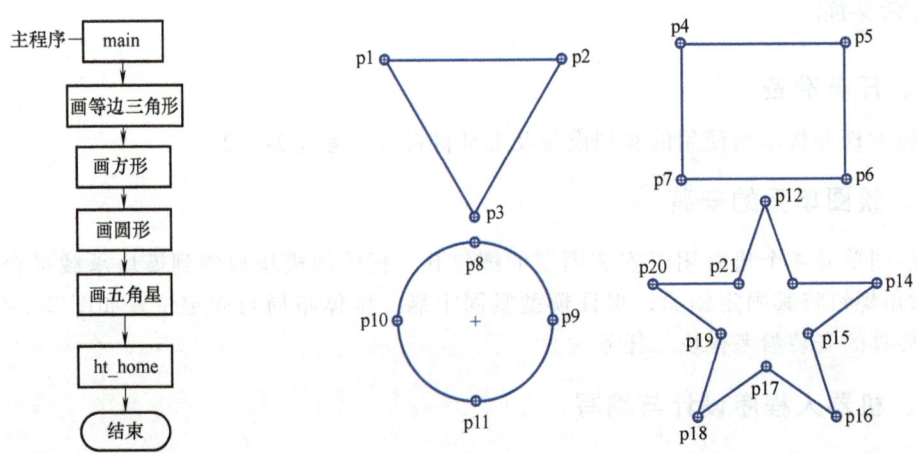

图 2-2-10 机器人程序流程图   图 2-2-11 绘图单元图案分布

表 2-2-3   机器人运动轨迹示教点

序号	点 序 号	注 释	备 注
1	ht_home	机器人绘图初始位置	需示教
2	p1~p3	等边三角形轨迹点	需示教
3	p4~p7	方形轨迹点	需示教
4	p8~p11	圆形轨迹点	需示教
5	p12~p21	五角星轨迹点	需示教

3. 编写机器人程序

（1）新建模块与例行程序

1）左手持机器人示教器，右手单击示教器界面左上角的"≡∨"，打开 ABB 菜单栏；单击"程序编辑器"，进入程序编辑界面；单击"模块"，进入模块界面，如图 2-2-12 所示。

2）单击左下角的"文件"，单击"新建模块"，选择"是"来新建模块。模块命名"huitu"，其他默认，单击"确定"，再单击"确定"，模块 huitu 新建完成，如图 2-2-13 所示。

3）选择"huitu"，单击"显示模块"，进入 huitu 模块的程序编辑器界面，如图 2-2-14 所示。图中 MODULE 指令用于新建模块程序。

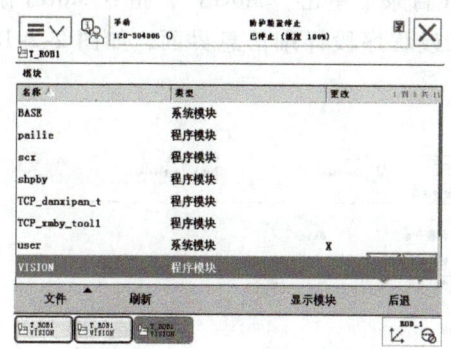

图 2-2-12   示教器模块界面

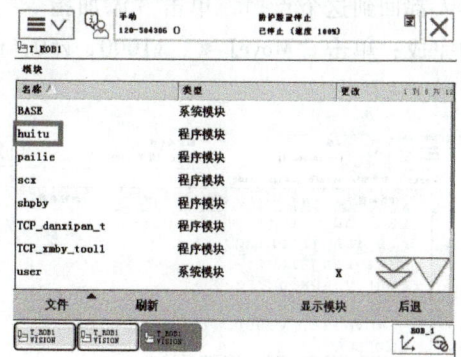

图 2-2-13   新建模块画面

4）单击"例行程序"，进入 huitu 模块的例行程序界面。单击"文件"，单击"新建例行程序"；例行程序命名"main"（注：符号"_"需要先在软键盘点击"shift"才会出现），其他默认，单击"确定"，再单击"确定"，完成了 main 绘图单元主程序的新建。同理，新建出例行程序"ht_sanjiaoxing"、"ht_fangxing"、"ht_yuanxing"、"ht_wujiaoxing"四个绘图单元子程序，如图 2-2-15 所示。

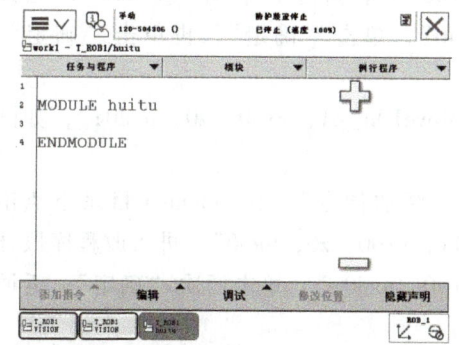

图 2-2-14   进入 huitu 模块的程序编辑器界面

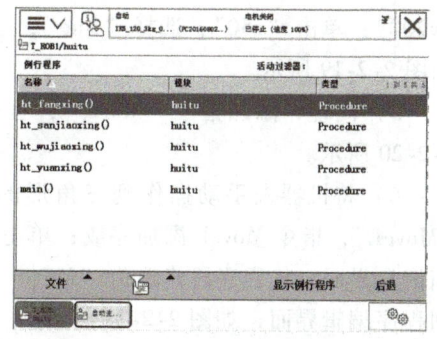

图 2-2-15   例行程序界面

（2）编写三角形子程序

1）根据控制要求和如图 2-2-16 所示的三角形示教点图形，编写三角形子程序；然后示教点 p1~p3；最后使用示教器手动调试三角形子程序，检查该程序。

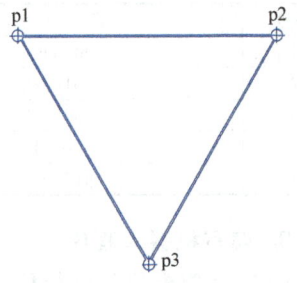

三角形子程序参考：

PROC ht_sanjiaoxing( )

MoveJ ht_home，v200，fine，tool0；

    MoveJ ht_p1，v100，z0，tool0；

    MoveL ht_p2，v100，z0，tool0；

图 2-2-16 三角形示教点图形

    MoveL ht_p3，v100，z0，tool0；

  ENDPROC

2）单击 ht_sanjiaoxing 子程序中的"<SMT>"，光标跳到 ht_ sanjiaoxing 子程序位置。如图 2-2-17 所示。

3）编写画等边三角形子程序。先编写 ht_home 点（ht_home 点，每画完一个图形，机器人都回到这个点。），单击"添加指令"，在 common 目录下单击"MoveJ"，指令 MoveJ 添加完成；单击"MoveJ ＊，v1000，z50，tool0"，进入改程序段详细信息界面，如图 2-2-18 所示。

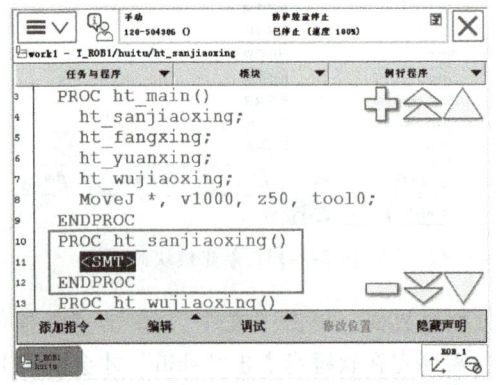

图 2-2-17 进入子程序位置

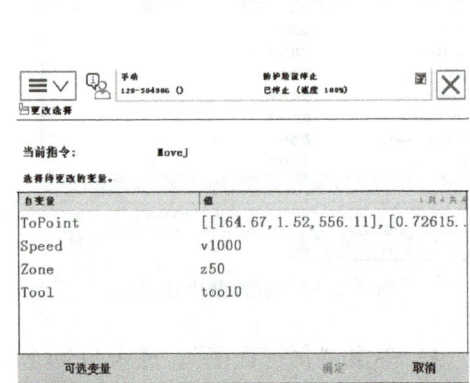

图 2-2-18 进入改程序段详细信息界面

4）单击"ToPoint"，进入自变量选择界面。单击"新建"，名称命名为"ht_home"，单击"确定"，再单击"确定"，完成示教点 ht_home 变量新建。单击"v1000"，选择"v200"；单击"z50"，选择"fine"，工具默认"tool0"，单击"确定"，再单击"确定"。如图 2-2-19 所示。

5）同理，添加指令"MoveJ"，程序段设置为"MoveJ ht_p1，v100，z0，tool0;"，如图 2-2-20 所示。

6）将机器人手动操作到三角形的 p2 点，单击"添加指令"，在 common 目录下点击"MoveL"，指令 MoveL 添加完成；单击"MoveJ ht_p11，v100，z0，tool0"，进入改程序段详细信息界面，将程序段修改为"MoveL ht_p2，v100，tool0;"，单击两次"确定"，返回到程序编辑界面，如图 2-2-21 所示。

7）程序段复制与粘贴。光标全部选中"MoveL ht_p2，v100，z0，tool0;"程序段，单

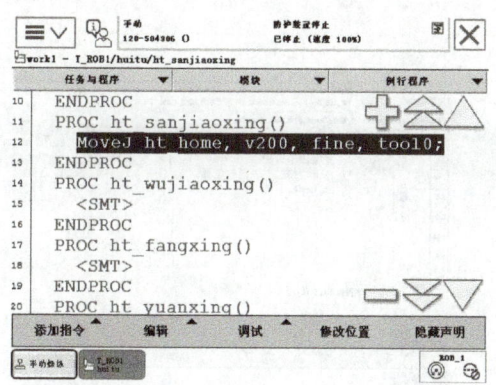

图 2-2-19 自变量选择界面

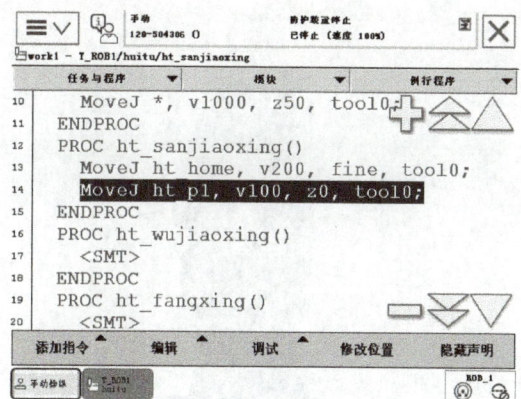

图 2-2-20 添加程序段界面

击"编辑",单击"复制",再单击"粘贴"。程序段"MoveL ht_p2, v100, z0, tool0;"被复制到下方,如图 2-2-22 所示。

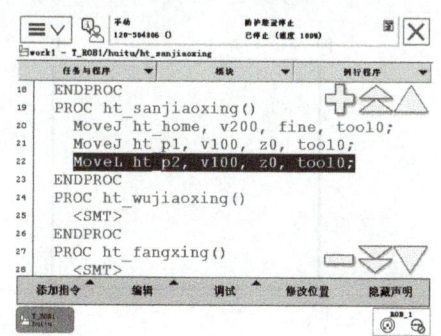

图 2-2-21 进入改程序段详细信息界面

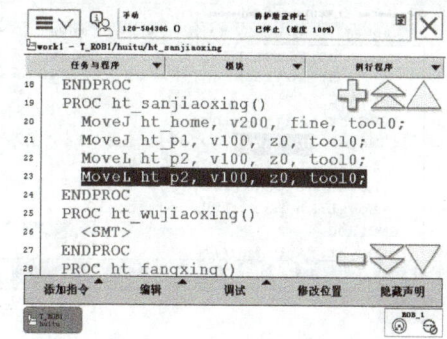

图 2-2-22 程序段复制与粘贴后的画面

8)将复制的程序段"MoveL ht_p2, v100, z0, tool0;"修改为"MoveL ht_p3, v100, z0, tool0;",如图 2-2-23 所示。

9)三角形子程序的示教。三角形子程序编写完成后,手动示教 ht_home、ht_p1、ht_p2 和 ht_p3 三个点。使用示教器控制机器人移动到合适的位置与姿态(如图 2-2-24 所示),将其当作绘图单元的初始位置 ht_home。选中"ht_home",单击"修改位置",单击"修改",ht_home 示教完成,如图 2-2-25 所示。同理控制机器人分别移动到三角形 p1~p3 点,分别示教 ht_p1、ht_p2 和 ht_p3 三个点,完成三角形子程序的示教。

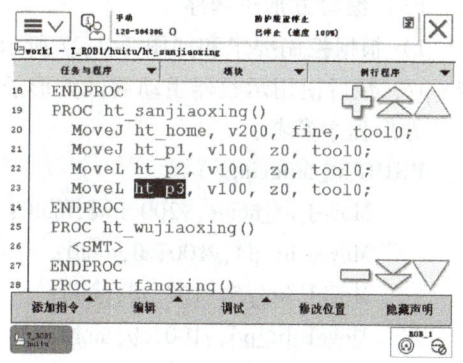

图 2-2-23 复制的程序段修改后的画面

10)手动调试三角形子程序。单击"调试",单击"PP 移至例行...";选择"ht_sanjiaoxing",单击"确定";看到 PP 箭头移动到三角形子程序的第一段程序上,如图 2-2-26 所示。最后,手压示教器的使能器按钮,单击示教器"⏵",运行三角形子程序,机器人

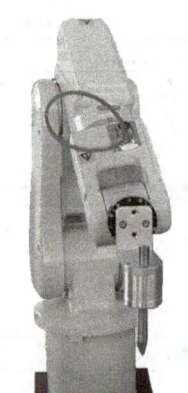

图 2-2-24 机器人移动到合适的位置与姿态

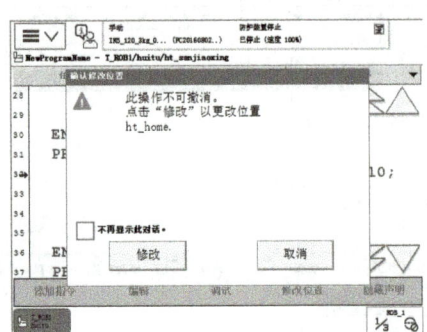

图 2-2-25 确认修改位置对话框

完成画等边三角形的轨迹运动。

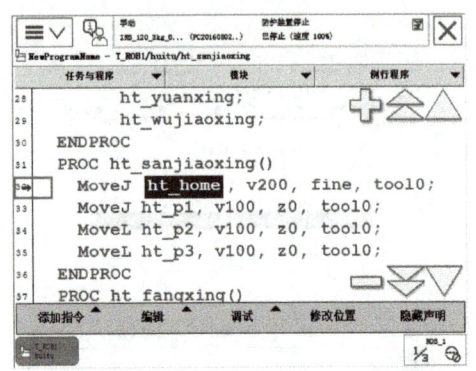

图 2-2-26 手动调试三角形子程序界面

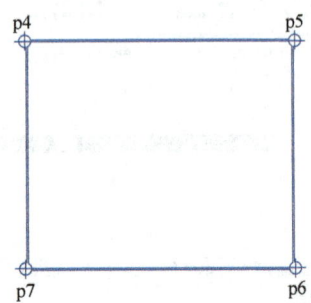

图 2-2-27 方形示教点图形

（3）编写方形子程序

1）根据控制要求和如图 2-2-27 所示的方形示教点图形，编写方形子程序；然后示教点 p4~p7；最后使用示教器手动调试方形子程序，检查该程序。

方形程序参考：

PROC ht_fangxing( )

    MoveJ ht_home, v200, fine, tool0;

    MoveJ ht_p4, v100, z0, tool0;

    MoveL ht_p5, v100, z0, tool0;

    MoveL ht_p6, v100, z0, tool0;

    MoveL ht_p7, v100, z0, tool0;

ENDPROC

2）单击 ht_ fangxing 子程序中的"<SMT>"，光标跳到 ht_ fangxing 子程序位置。参考方形子程序与前面程序编写操作来完成方形子程序的编写。

3）参考上面三角形子程序示教与调试方式，示教方形轨迹点和手动调试方形例行程序。

（4）编写圆形子程序

1）根据控制要求和如图 2-2-28 所示的圆形示教点图形，编写圆形子程序；然后示教点 p8～p11；最后使用示教器手动调试圆形子程序，检查该程序。

圆形子程序参考：

```
PROC ht_yuanxing( )
    MoveJ ht_home,v200,fine,tool0;
    MoveJ ht_p8,v100,z0,tool0;
    MoveC ht_p9,ht_p11,v100,z0,tool0;
    MoveC ht_p10,ht_p8,v100,z0,tool0;
ENDPROC
```

2）单击 ht_yuanxing 子程序中的 "<SMT>"，光标跳到 ht_yuanxing 子程序位置。添加程序段 "MoveJ ht_home，v200，fine，tool0；"；接着添加程序段 "MoveJ ht_p8，v100，z0，tool0；"；单击 "添加指令"，在 common 目录下单击 "MoveC"，指令 MoveC 添加完成；单击 "MoveC ht_p10，htVp20，v100，z0，tool0；"，进入改程序段详细信息界面，将程序段修改为 "MoveC ht_p9，ht_p11，v100，z0，tool0；"，单击两次 "确定"，返回到程序编辑界面；同理，添加程序段 "MoveC ht_p10，ht_p8，v100，z0，tool0；"。

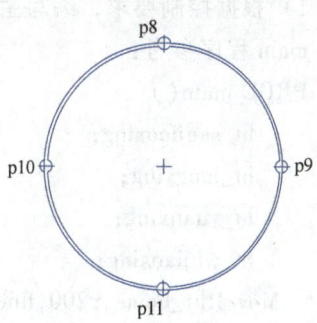

图 2-2-28 圆形示教点图形

3）参考前面三角形子程序示教与调试方式，示教圆形轨迹点和手动调试圆形例行程序。

（5）编写五角星子程序

1）根据控制要求和如图 2-2-29 所示的五角星示教点图形，编写五角星子程序；然后示教点 p12～p21；最后使用示教器手动调试五角星子程序，检查该程序。

五角星子程序参考：

```
PROC ht_wujiaoxing( )
    MoveJ ht_home,v200,fine,tool0;
    MoveL ht_p12,v100,z0,tool0;
    MoveL ht_p13,v100,z0,tool0;
    MoveL ht_p14,v100,z0,tool0;
    MoveL ht_p15,v100,z0,tool0;
    MoveL ht_p16,v100,z0,tool0;
    MoveL ht_p17,v100,z0,tool0;
    MoveL ht_p18,v100,z0,tool0;
    MoveL ht_p19,v100,z0,tool0;
    MoveL ht_p20,v100,z0,tool0;
    MoveL ht_p21,v100,z0,tool0;
    MoveL ht_p12,v100,z0,tool0;
ENDPROC
```

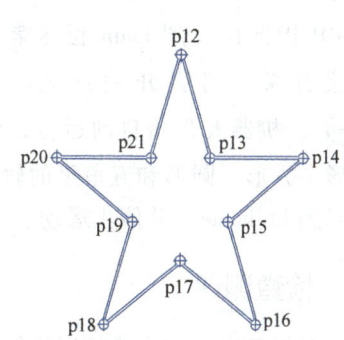

图 2-2-29 五角星示教点图形

2）单击 ht_wujiaoxing 子程序中的 "<SMT>"，光标跳到 ht_wujiaoxing 子程序位置。参考五角星子程序与前面程序编写操作来完成五角星子程序的编写。

3）参考前面三角形子程序示教与调试方式，示教圆形轨迹点和手动调试五角星例行程序。

（6）编写机器人主程序

1）根据控制要求，编写主程序 main。

main 程序参考：

```
PROC main( )
        ht_sanjiaoxing;
        ht_fangxing;
        ht_yuanxing;
        ht_wujiaoxing;
        MoveJ ht_home, v200, fine, tool0;
ENDPROC
```

2）选择例行程序"main"，单击"显示例行程序"，进入程序编辑器界面，如图 2-2-30 所示。（提示：PROC 是新建例行程序的指令。）

3）单击"添加指令"，在 common 目录下寻找并单击指令"ProcCall"，进入子程序调用界面，选择子程序"ht_sanjiaoxing"，单击"确定"，成功调用 ht_sanjiaoxing 子程序。同理，调用剩下三个子程序"ht_fangxing"、"ht_yuanxing"和"ht_wujiaoxing"；最后编写程序段"MoveJ ht_home, v200, fine, tool0;"，让机器人回到绘图初始位置。

4）最后，手动调试主程序 main。

四、手动机器人自动运行

将机器人控制柜的钥匙旋钮打到左边这个图标
"⟳"，在示教器上单击"确定"，允许机器人自动
允许；再单击"PP 移至 main"，最后单击"是"，
使 PP 指针移动到 main 程序第一行；单击"▣"
伺服开关，伺服开关灯亮。单击操作器上的
"▶"，机器人开始自动运行，依次完成画等边三
角形、方形、圆形和五角星的轨迹运动，最后机器
人回到 ht_home，并停止运动。

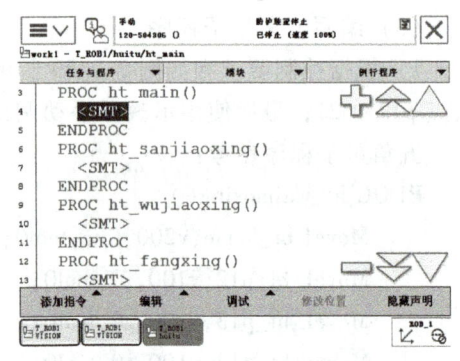

图 2-2-30　程序编辑器界面

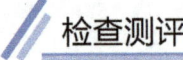 检查测评

对任务实施的完成情况进行检查，并将结果填入表 2-2-4。

表 2-2-4　任务测评表

序号	主要内容	考核要求	评分标准	配分	扣分	得分
1	机械安装	夹具与模块固定牢紧，不缺少螺钉	1. 夹具与模块安装位置不合适，扣 5 分 2. 夹具或模块松动，扣 5 分 3. 损坏夹具或模块，扣 10 分	10		

（续）

序号	主要内容	考核要求	评 分 标 准	配分	扣分	得分
2	机器人程序设计与示教操作	IO 配置完整,程序设计正确,机器人示教正确	1. 操作机器人动作不规范,扣 5 分 2. 机器人不能完成描绘图形,每个图形轨迹扣 10 分 3. 不会手动调试,扣 10 分 4. 不会手动示教器自动运行,扣 15 分 5. 机器人程序编写错误,每个扣 5 分 6. 不会机器人示教,扣 40 分	80		
3	安全文明生产	劳动保护用品穿戴整齐,遵守操作规程,讲文明礼貌,操作结束要清理现场	1. 操作中,违反安全文明生产考核要求的任何一项扣 5 分,扣完为止 2. 当发现学生有重大事故隐患时,要立即予以制止,并每次扣安全文明生产总分 5 分	10		
合 计						

开始时间：　　　　　　　　　　结束时间：

任务三　　工业机器人轨迹描图单元的编程与操作

 学习目标

知识目标：1. 掌握轨迹描图单元工件坐标系的定义与应用。

2. 掌握 reset、set 指令应用。

3. 掌握轨迹描图单元的机器人程序编写。

4. 掌握轨迹描图单元 PLC 程序编写。

能力目标：1. 能够新建工件坐标系。

2. 能够完成轨迹描图单元的机器人程序编写。

3. 能够完成轨迹描图单元触摸屏程序编写。

工作任务

图 2-3-1 所示为某工业机器人轨迹描图单元工作站,其轨迹描图单元结构示意图如图 2-3-2 所示。本任务采用示教编程方法,操作机器人实现轨迹描图单元运动轨迹的示教。

具体控制要求如下：

1）单击触摸屏上的"上电"按钮,机器人伺服上电；单击触摸屏上"启动"按钮或操作控制台面板上的"启动"按钮,系统启动,机器人自动运行；逐步完成圆环、六边形、正三角形、斜三角形、斜面矩形和斜面三角形 6 个运动轨迹,并且显示相应的触摸屏指示灯。

2）单击触摸屏上的"停止"按钮,系统进入停止状态,所有气动机构均保持状态不变。

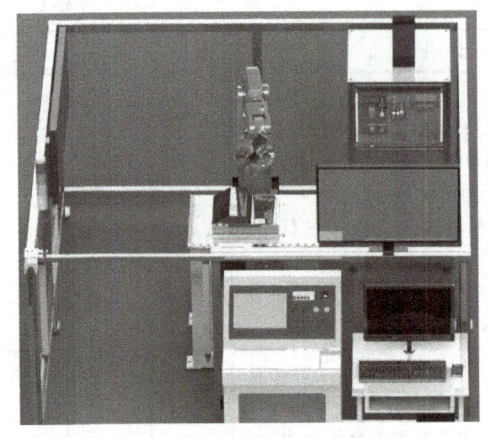

图 2-3-1　工业机器人轨迹描图单元工作站

图 2-3-2　轨迹描图单元结构示意图

相关知识

一、工业机器人轨迹描图单元工作站

　　工业机器人轨迹描图单元工作站是为了进行机器人轨迹数据示教编程而建立的，其主要由机器人本体、机器人控制器、轨迹描图单元、绘图笔夹具、操作控制柜、模块承载平台、透明安全护栏、光幕安全门、零件箱和工具墙、编程电脑桌等组成，如图2-3-3所示。

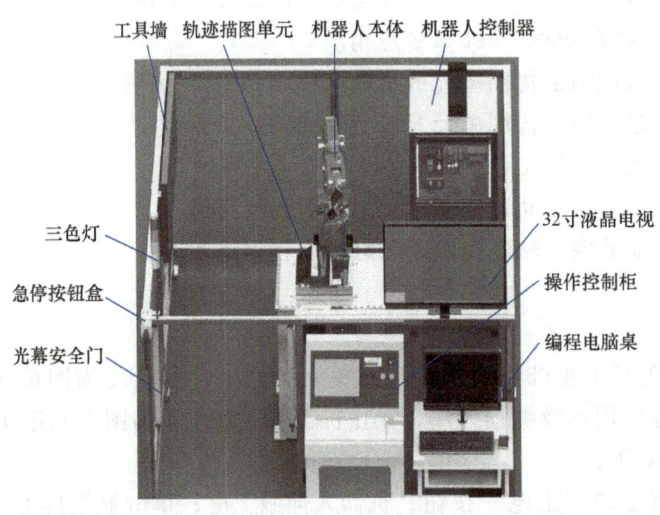

图 2-3-3　工业机器人轨迹描图单元工作站的组成

二、控制柜 I/O 线路设计原理图

　　控制柜 I/O 线路原理图如图 2-3-4 所示，图中元器件的作用见表 2-3-1。

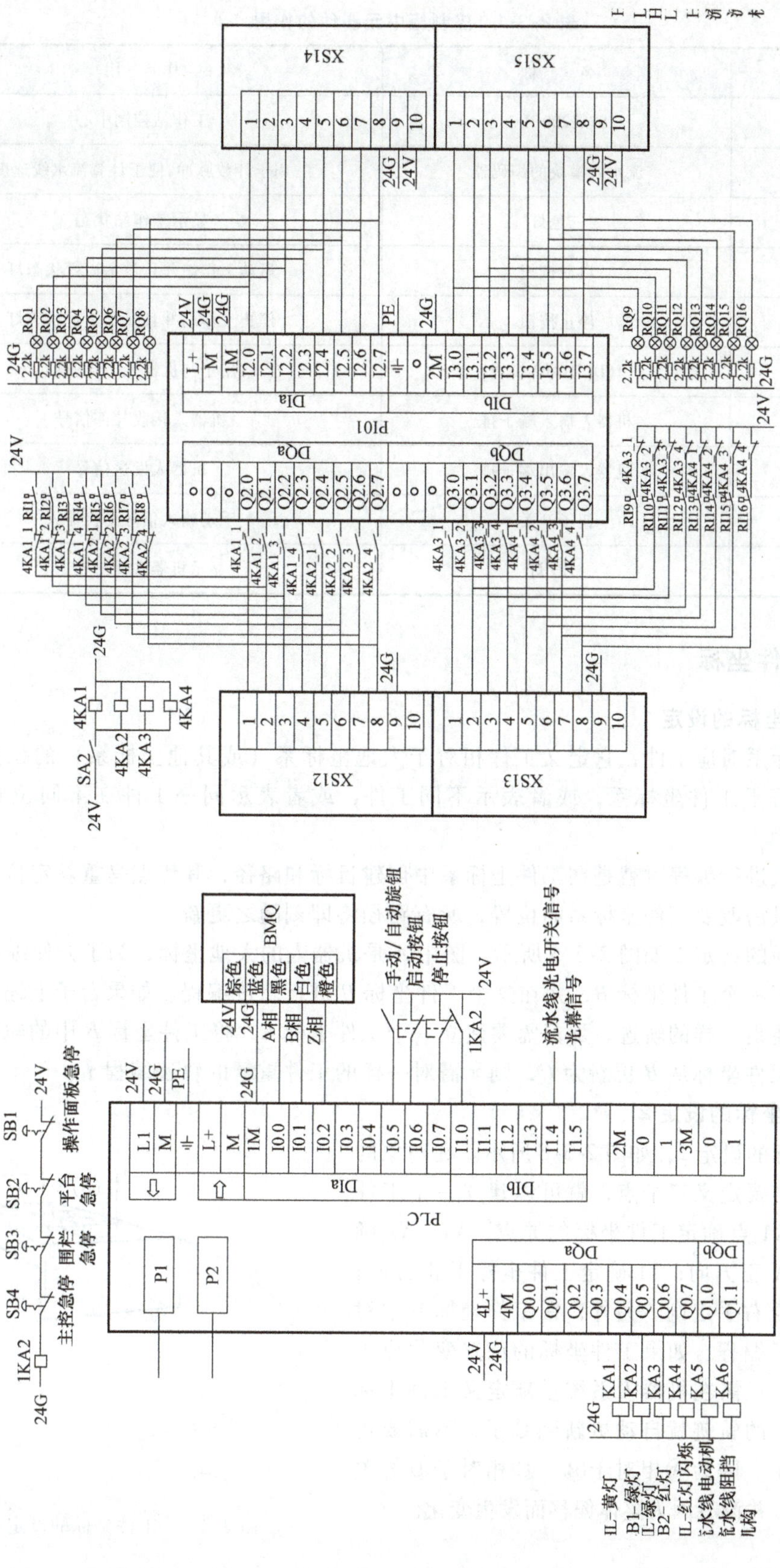

图 2-3-4　控制柜 I/O 线路原理图

表 2-3-1　控制柜中元器件的作用

符　号	名　称	作　用
PLC	S7-1200PLC	工作站控制中心
BMQ	流水线模块的编码器	用于计数脉冲,便于计算流水线速度
HL	三色灯	显示工作站状态
LB1	启动按钮	启动工作站并且显示运行状态灯
LB2	停止按钮	停止工作站并且显示运行状态灯
PI01	16DI/16DO 模块	用于与机器人 I/O 通信
X12、X13	机器人输入端子排	机器人接收外部信号
X14、X15	机器人输出端子排	机器人发送信号
PI1~PI16	钮子开关	手动输入信号给机器人
RQ1~RQ16	LED 灯	显示机器人输出状态

三、工件坐标

1. 工作坐标的设定 1

工件坐标系对应工件,它定义工件相对于大地坐标系（或其他坐标系）的位置。机器人可以拥有若干工件坐标系,或者表示不同工件,或者表示同一工件在不同位置的若干副本。

对机器人进行编程时就是在工件坐标系中创建目标和路径,其优点是重新定位工作站中的工件时,只需改变工件坐标系的位置,所有路径将即刻随之更新。

工件坐标的设定 1 如图 2-3-5 所示。图中 A 是机器人的大地坐标,为了方便编程为第一个工件建立了一个工件坐标 B,并在这个工件坐标 B 进行轨迹编程。如果台子上还有一个一样的工件需要走一样的轨迹,那只需要建立一个工件坐标 C,将工件坐标 B 中的轨迹复制一份,然后将工件坐标从 B 更新为 C,则无需对一样的工件重复的轨迹编程了。

2. 工作坐标的设定 2

工件坐标的设定 2,如图 2-3-6 所示。在对象的平面上,只需要定义三个点,就可以建立一个工件坐标;图中 $X1$ 点确定工件坐标的原点,$X1$、$X2$ 确定工件坐标 X 正方向;$Y1$ 确定工件坐标 Y 正方向;工件坐标符合右手定则。另外,在工件坐标Ⓑ中对Ⓐ对象进行了编程。如果工件坐标的位置变化成工件坐标Ⓓ后,只需在机器人系统重新定义工件坐标Ⓓ,则机器人的轨迹就自动更新到Ⓒ了,不需要再次轨迹编程了。因为Ⓐ相对于Ⓑ,Ⓒ相对于Ⓓ的关系是一样的,并没有因为整体偏移而发生变化。

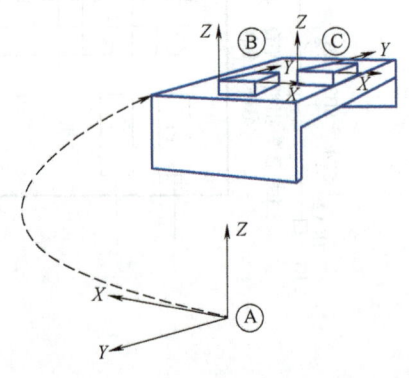

图 2-3-5　工件坐标的设定 1

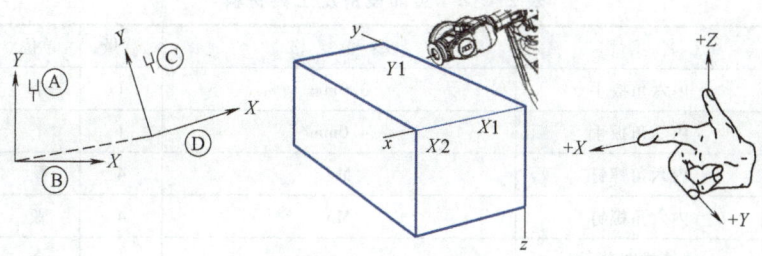

图 2-3-6　工件坐标的设定 2

四、常用语句

1. 注释行"!"

在语句前面加上"!"，则整行语句作为注释行不被程序执行。

例如：

! Goto the Pick Position;

MoveL Pick,v1000,fine,tool1\wobj：=wobj1;

2. Set 指令

Set 指令的功能是将数字输出信号置 1。

例如：

Set　Do1

将数字输出信号 Do1 置 1。

3. Reset 指令

Reset 指令的功能是将数字输出信号置 0。

例如：

Reset　Do1

将数字输出信号 Do1 置 0。

> **提示**
>
> （1）Set　do1；等同于 SetDO　do1，1；
>
> （2）Reset　do1；等同于 SetDO　do1，0；另外 SetDO 还可设置延迟时间：SetDO \ SDelay：=0.2，do1，1；则延迟 0.2s 后将 do1 置 1。

任务实施

一、任务准备

实施本任务教学所使用的实训设备及工具材料可参考表 2-3-2。

二、轨迹描图单元的安装

在轨迹描图单元的 4 个角有用于安装固定的螺钉孔，把轨迹描图单元放置到模块承载平

表 2-3-2　实训设备及工具材料

序号	分类	名　称	型号规格	数量	单位	备注
1	工具	内六角扳手	3.0mm	1	个	工具墙
2		内六角扳手	4.0mm	1	个	工具墙
3	设备器材	内六角螺钉	M4	4	颗	工具墙蓝色盒
4		内六角螺钉	M5	4	颗	工具墙黄色盒
5		轨迹描图单元		1	个	物料间领料
6		绘图笔夹具		1	个	物料间领料

台上，用 M4 内六角螺钉将其固定锁紧，保证模型紧固牢靠，整体布局与固定位置如图 2-3-7 所示。绘图笔夹具的安装参考模块二任务一。

三、绘制机器人运行轨迹图

轨迹描图单元上的图案分布如图 2-3-7 所示。规划机器人运行轨迹，并绘制出机器人运行轨迹图，如图 2-3-8a～图 2-3-8f 所示。

根据机器人的运行轨迹可确定其运动所需的示教点见表 2-3-3。

四、机器人程序的编写

根据机器人运动轨迹编写机器人程序时，首先根据控制要求绘制机器人程序流程图，然后编写机器人主程序和子程序。编写子程序前要先设计好机器人的运行轨迹及定义好机器人的程序点。

图 2-3-7　轨迹描图单元的整体布局

表 2-3-3　机器人运动轨迹示教点

序号	点序号	注　释	备　注
1	Home	机器人初始位置	需示教
2	p1～p12	圆环轨迹点	需示教
3	p13～p18	六边形轨迹点	需示教
4	p19～p21	正三角形轨迹点	需示教
5	mt_wobj1	正三角形工件坐标	建立工件坐标
6	mt_wobj2	斜三角形工件坐标	建立工件坐标
7	p22～p25	斜面矩形轨迹点	需示教
8	p26～p28	斜面三角形轨迹点	需示教

1. 设计机器人程序流程图

根据控制要求，机器人有 1 个 main 主程序和 7 个子程序（initial、圆环、六边形、正三角形、斜三角形、斜面矩形和斜面三角形 7 个子程序），设计机器人程序流程图，如图 2-3-9 所示。

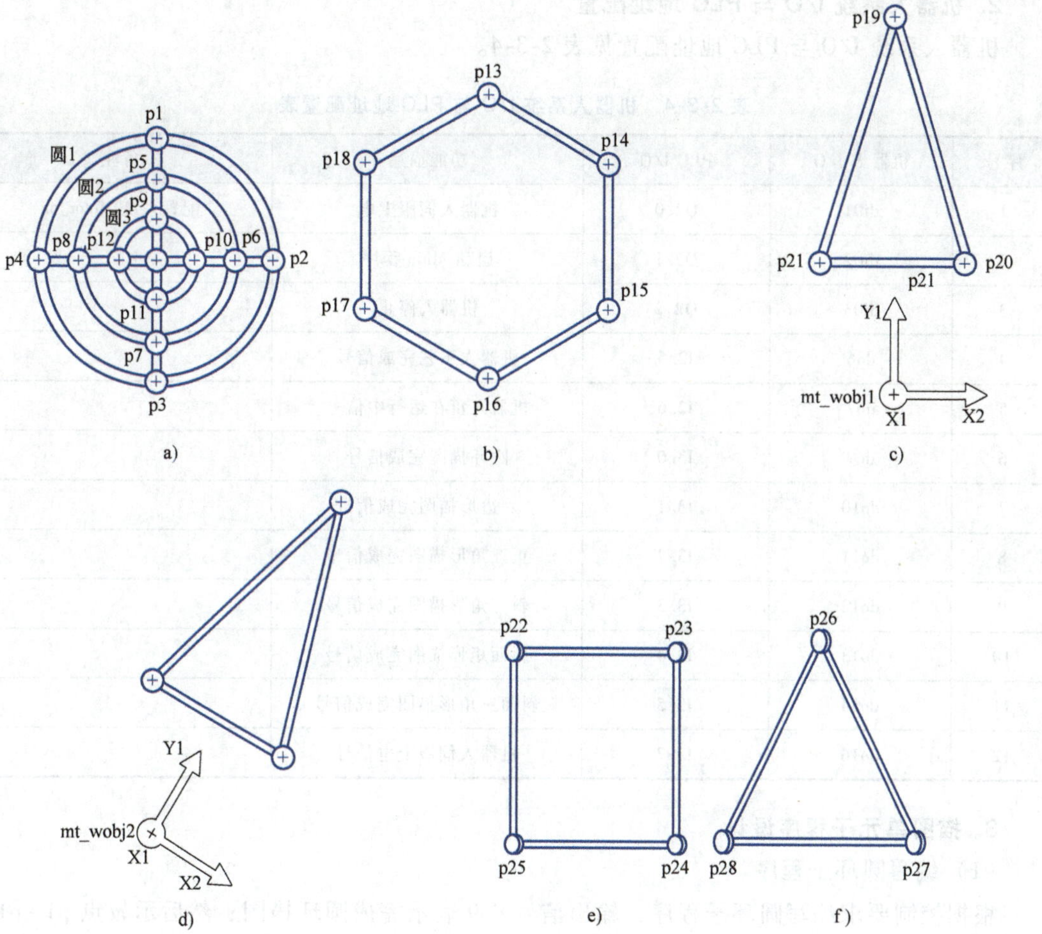

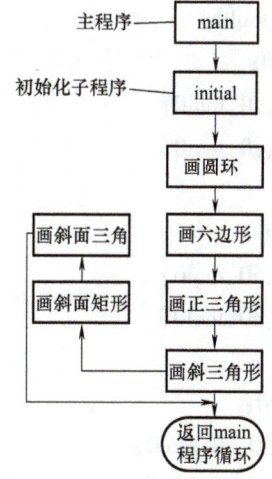

图 2-3-8　机器人运行轨迹图

图 2-3-9　机器人程序流程图

2. 机器人系统 I/O 与 PLC 地址配置

机器人系统 I/O 与 PLC 地址配置见表 2-3-4。

表 2-3-4　机器人系统 I/O 与 PLC 地址配置表

序号	机器人 I/O	PLC I/O	功能描述	备注
1	di01	Q2.0	机器人伺服上电	配置系统 Motor_on
2	di02	Q2.1	启动 Main 程序	
3	di03	Q2.2	机器人停止	
4	do6	I2.5	机器人工艺完成信号	
5	do7	I2.6	机器人正在运行中信号	
6	do9	I3.0	圆环描图完成信号	
7	do10	I3.1	六边形描图完成信号	
8	do11	I3.2	正三角形描图完成信号	
9	do12	I3.3	斜三角形描图完成信号	
10	do13	I3.4	斜面矩形描图完成信号	
11	do14	I3.5	斜面三角形描图完成信号	
12	do16	I3.7	机器人伺服上电信号	

3. 描图单元子程序设计

（1）编写圆环子程序

根据控制要求编写圆环子程序，输出信号 do9 表示完成圆环描图；然后示教点 p1～p12；最后使用示教器手动调试圆环子程序，检查该程序。

```
PROC mt_yuanhuan()
    ! 圆 1
    MoveJ mt_home,v200,fine,tool0;
    MoveJ mt_p1,v200,z0,tool0;
    MoveC mt_p2,mt_p3,v100,z0,tool0;
    MoveC mt_p4,mt_p1,v100,z0,tool0;
    ! 圆 2
    MoveL mt_p5,v100,z0,tool0;
    MoveC mt_p6,mt_p7,v100,z0,tool0;
    MoveC mt_p8,mt_p5,v100,z0,tool0;
    ! 圆 3
    MoveL mt_p9,v100,z0,tool0;
    MoveC mt_p10,mt_p11,v100,z0,tool0;
    MoveC mt_p12,mt_p9,v100,z0,tool0;
    set do9;
```

```
      WaitTime 1;
      ENDPROC
```

（2）编写六边形子程序

根据控制要求编写六边形子程序，输出信号 do10 表示完成六边形描图；然后示教点 p13～p18；最后使用示教器手动调试六边形子程序，检查该程序。

```
PROC mt_liubianxing( )
      MoveJ mt_home,v200,fine,tool0;
      MoveJ mt_p13,v100,z0,tool0;
      MoveL mt_p14,v100,z0,tool0;
      MoveL mt_p15,v100,z0,tool0;
      MoveL mt_p16,v100,z0,tool0;
      MoveL mt_p17,v100,z0,tool0;
      MoveL mt_p18,v100,z0,tool0;
      MoveL mt_p13,v100,z0,tool0;
         set do10;
         WaitTime 1;
      ENDPROC
```

（3）编写正三角形子程序

根据控制要求编写正三角形子程序，输出信号 do11 表示完成正三角形描图；修改工件坐标系为"wboj：=wobj1"；然后示教点 p19～p21；最后使用示教器手动调试正三角形子程序，检查该程序。

```
PROC mt_zsjx( )
      MoveJ mt_home,v200,fine,tool0;
      MoveJ mt_p19,v100,z0,tool0\ wboj:=wobj1;
      MoveL mt_p20,v100,z0,tool0\ wboj:=wobj1;
      MoveL mt_p21,v100,z0,tool0\ wboj:=wobj1;
      MoveL mt_p19,v100,z0,tool0\ wboj:=wobj1;
         set do11;
         WaitTime 1;
      ENDPROC
```

（4）编写斜三角形子程序

根据控制要求编写斜三角形子程序，输出信号 do12 表示完成斜三角形描图；修改工件坐标系为"wboj：=wobj2"；最后使用示教器手动调试斜三角形子程序，检查该程序。

```
PROC mt_xsjx( )
      MoveJ mt_home,v200,fine,tool0 ;
      MoveJ mt_p19,v100,z0,tool0\ wboj:=wobj1;
      MoveL mt_p21,v100,z0,tool0\ wboj:=wobj1;
      MoveL mt_p20,v100,z0,tool0\ wboj:=wobj1;
      MoveL mt_p19,v100,z0,tool0\ wboj:=wobj1;
```

```
        set do12；
        WaitTime 1；
    ENDPROC
```

（5）编写斜面矩形子程序

根据控制要求编写斜面矩形子程序，输出信号 do13 表示完成斜面矩形描图；然后示教点 p22~p25；最后使用示教器手动调试斜面矩形子程序，检查该程序。

```
    PROC mt_xmjx( )
        MoveJ mt_home，v200，fine，tool0；
        MoveJ mt_p22，v100，z0，tool0；
        MoveL mt_p23，v100，z0，tool0；
        MoveL mt_p24，v100，z0，tool0；
        MoveL mt_p25，v100，z0，tool0；
        MoveL mt_p22，v100，z0，tool0；
        set do13；
        WaitTime 1；
    ENDPROC
```

（6）编写斜面三角形子程序

根据控制要求编写斜面三角形子程序，输出信号 do14 表示完成斜面三角形描图；然后示教点 p26~p28；最后使用示教器手动调试斜面三角形子程序，检查该程序。

```
    PROC mt_xmsjx( )
        MoveJ mt_home，v200，fine，tool0；
        MoveJ mt_p26，v100，z0，tool0；
        MoveL mt_p27，v100，z0，tool0；
        MoveL mt_p28，v100，z0，tool0；
        set do14；
        WaitTime 1；
    ENDPROC
```

4. 编写描图单元主程序与初始化程序

（1）初始化程序 mt_initial 编写

机器人回 mt_home 点与复位机器人输出信号 do6、do7 和 do9~do14。

```
PROC mt_initial( )
        MoveJ mt_home，v50，fine，tool0；
        Reset do6；
        Reset do7；
        Reset do9；
        Reset do10；
        Reset do11；
        Reset do12；
        Reset do13；
```

```
        Reset do14；
        WaitTime 0.6；
ENDPROC
```

（2）主程序的编写

根据控制要求编写主程序来调用 6 个子程序，并且编写机器人完成信号 do6 和机器人自动运行信号 do7。

```
PROC main（ ）
        initial；！程序初始化
        Set do7；
        Reset do6；
        WaitTime 0.5；
        mt_yuanhuan；！圆环子程序
        mt_liubianxing；！六边形子程序
        mt_zsjx；！正三角形子程序
        mt_xsjx；！斜三角形子程序
        mt_xmjx；！斜面矩形子程序
        mt_xmsjx；！斜面三角形子程序
        WaitTime 0.5；
        Set do6；
        Reset do7；
        WaitTime 0.5；
ENDPROC
```

五、触摸屏的设计

1. 触摸屏界面设计

根据控制要求设计触摸屏界面，如图 2-3-10 所示。

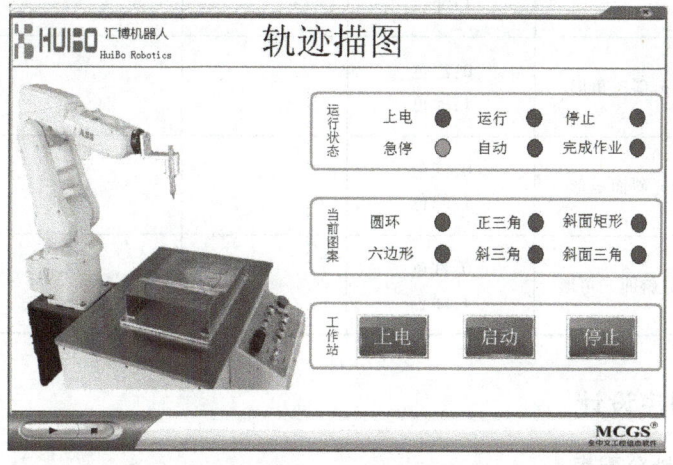

图 2-3-10　触摸屏界面

2. 触摸屏变量连接

按照表 2-3-5 中的触摸屏界面指示灯和按钮配置连接变量，完成触摸屏设计。

表 2-3-5　触摸屏界面指示灯和按钮配置

指示灯配置			按钮配置		
灯名	表达式	灯颜色说明	按钮名	数据对象	操作方式
上电	RB_DO16	0:红色 1:绿色	上电	RB_power	按 1 松 0
运行	start_sta	0:红色 1:绿色	启动	tcp_start	按 1 松 0
停止	stop_sta	0:红色 1:绿色	停止	tcp_stop	按 1 松 0
急停	all_emg	0:绿色 1:红色			
自动	M_A	0:红色 1:绿色			
完成作业	RB_finish	0:红色 1:绿色			
圆环	tcp_圆环	0:红色 1:绿色			
六边形	tcp_六边形	0:红色 1:绿色			
正三角	tcp_正三角形	0:红色 1:绿色			
斜三角	tcp_斜三角形	0:红色 1:绿色			
斜面矩形	tcp_斜面矩形	0:红色 1:绿色			
斜面三角	tcp_斜面三角形	0:红色 1:绿色			

六、PLC 程序设计

1. PLC 的地址分配表

PLC 的 I/O 地址分配见表 2-3-6，辅助继电器 M 配置见表 2-3-7。

表 2-3-6　PLC 的 I/O 地址分配表

PLC 输入信号			PLC 输出信号		
地址	变量名	功能说明	地址	变量名	功能说明
I0.5	M/A	手动/自动切换信号	Q0.4	ready_sta	控制三色灯的黄灯
I0.6	start	系统启动信号	Q0.5	start_sta	控制启动按钮的绿灯和三色灯的绿灯
I0.7	stop	系统停止信号	Q0.6	stop_sta	控制停止按钮的红灯
I1.0	all_emg	总急停信号	Q0.7	alarm_sta	控制三色灯的红灯
I2.0	RB_alarm	机器人报警信号	Q2.0	RB_power	控制机器人伺服上电
I2.4	RB_ready	机器人 ready 信号	Q2.1	RB_start	控制机器人启动程序
I2.5	RB_finish	机器人单元完成信号	Q2.2	RB_stop	控制机器人停止运动
I2.6	RB_run	机器人正在运行中状态信号	Q2.3	RB_reset	控制机器人复位回原点运动
I3.0	RB_DO9	接收机器人描圆环完成信号	Q3.0	轨迹描图单元	控制机器人执行轨迹描图单元子程序
I3.1	RB_DO10	接收机器人描六边形完成信号			
I3.2	RB_DO11	接收机器人描正三角形完成信号			
I3.3	RB_DO12	接收机器人描斜三角形完成信号			
I3.4	RB_DO13	接收机器人描斜面三角形完成信号			
I3.5	RB_DO14	接收机器人描斜面矩形完成信号			
I3.7	RB_DO14	接收机器人伺服上电信号			

表 2-3-7　辅助继电器 M 配置表

序号	地　址	变　量　名	功能说明
1	M100.1	tcp_圆环	控制触摸屏圆环指示灯
2	M100.2	tcp_六边形	控制触摸屏六边形指示灯
3	M100.3	tcp_正三角形	控制触摸屏正三角形指示灯
4	M100.4	tcp_斜三角形	控制触摸屏斜三角形指示灯
5	M100.5	tcp_斜面矩形	控制触摸屏斜面矩形指示灯
6	M100.6	tcp_斜面三角形	控制触摸屏斜面三角形指示灯
7	M1000.0	tcp_启动	控制程序启动按键
8	M1000.1	tcp_停止	控制程序停止按键

2. 程序设计及说明

程序段 1：启动与停止，如图 2-3-11 所示，用于空盒子系统状态显示和机器人启动或停止。

程序段 2：轨迹描图信号状态显示在触摸屏上的程序，如图 2-3-12 所示。机器人每完成一个图形描绘，触摸屏指示灯都会显示。

程序段 1: 启动与停止

注释

```
      %I1.0                    %I0.6                                                    %Q0.5
    "all_emg"                 "start"                                                 "start_sta"
  ───┤├──────┬──────────────────┤├────────────┬──────────────────────────────────────( S )──────
              │                                │
              │               %M1000.0         │                                      %Q0.6
              │               "tcp_启动"        │                                     "stop_sta"
              │            ─────┤├──────────────┤                                     ──( R )──────
              │                                │
              │                                │                                      %Q2.1
              │                                │                                     "RB_start"
              │                                └──────────────────────────────────────(  )──────
```

```
      %I0.7                                                                           %Q0.6
     "stop"                                                                          "stop_sta"
  ───┤/├─────┬───────────────────────────────────────────────────────────────────────( S )──────
             │
   %M1000.1  │                                                                         %Q0.5
   "tcp_停止" │                                                                        "start_sta"
  ───┤├──────┤                                                                        ──( R )──────
             │
      %I1.0  │                                                                         %Q2.2
    "all_emg"│                                                                        "RB_stop"
  ───┤/├─────┘                                                                        ──(  )──────
```

图 2-3-11　启动与停止控制程序

程序段 2: 轨迹描图信号状态显示在触摸屏上

注释

```
      %Q0.5                    %I3.0                                                   %M100.1
   "start_sta"                "RB_DO9"                                               "tcp_圆环"
  ───┤├──────┬──────────────────┤├──────────────────────────────────────────────────(  )──────
             │
             │                  %I3.1                                                  %M100.2
             │               "RB_DO10"                                              "tcp_六边形"
             ├──────────────────┤├──────────────────────────────────────────────────(  )──────
             │
             │                  %I3.2                                                  %M100.3
             │               "RB_DO11"                                              "tcp_正三角形"
             ├──────────────────┤├──────────────────────────────────────────────────(  )──────
             │
             │                  %I3.3                                                  %M100.4
             │               "RB_DO12"                                             "tcp_斜面三角形"
             ├──────────────────┤├──────────────────────────────────────────────────(  )──────
             │
             │                  %I3.4                                                  %M100.5
             │               "RB_DO13"                                              "tcp_斜面矩形"
             ├──────────────────┤├──────────────────────────────────────────────────(  )──────
             │
             │                  %I3.5                                                  %M100.6
             │               "RB_DO14"                                             "tcp_斜面三角形"
             └──────────────────┤├──────────────────────────────────────────────────(  )──────
```

图 2-3-12　轨迹描图信号状态显示在触摸屏上的程序

七、工作站还原

工作站的还原主要包括以下内容：

1）机器人姿态还原。

2）系统程序还原。

3）断路器与机械按钮还原。

4）夹具与模块还原。

5）工具墙的还原。

 检查测评

对任务实施的完成情况进行检查，并将结果填入表2-3-8。

表 2-3-8　任务测评表

序号	主要内容	考核要求	评分标准	配分	扣分	得分
1	机械安装	夹具与模块固定牢紧，不缺少螺钉	1. 夹具与模块安装位置不合适，扣5分 2. 夹具或模块松动，扣5分 3. 损坏夹具或模块，扣10分	10		
2	机器人程序设计与示教操作	I/O 配置完整，程序设计正确，机器人示教正确	1. 操作机器人动作不规范，扣5分 2. 机器人不能完成轨迹描图，每个图形轨迹扣10分 3. 缺少 I/O 配置，每个扣1分 4. 程序缺少输出信号设计，每个扣1分 5. 工具坐标系定义错误或缺失，每个扣5分	50		
3	触摸屏设计	界面设计完整，连接变量配置完整，按钮与灯配置正确	1. 触摸屏功能缺失，视情况严重性扣3~10分 2. 系统配置错误，扣5分 3. 按钮或等配置错误，每个扣1分	15		
4	PLC 程序设计	PLC 程序组态正确；I/O 配置完整；PLC 程序完整	1. PLC 组态出错，扣3分 2. PLC 配置不完整，每个扣1分 3. PLC 程序缺失，视情况严重性扣3~10分	15		
5	安全文明生产	劳动保护用品穿戴整齐，遵守操作规程，讲文明礼貌，操作结束要清理现场	1. 操作中，违反安全文明生产考核要求的任何一项扣5分，扣完为止 2. 当发现学生有重大事故隐患时，要立即予以制止，并每次扣安全文明生产总分5分 3. 穿戴不整洁，扣2分；设备不还原，扣5分；现场不清理，扣5分	10		
			合　计			
	开始时间：		结束时间：			

任务四　工业机器人水平搬运单元的编程与操作

学习目标

知识目标：1. 掌握六轴工业机器人 offs、for、waittime、"!""：="；指令的编程与示教。
2. 掌握水平搬运单元的机器人程序编写。
3. 掌握工业机器人点对点搬运路径的设计方法。
4. 掌握工业机器人水平搬运路径的设计方法。

能力目标：1. 能够完成水平搬运模块及单吸盘夹具的安装。
2. 能够完成水平搬运单元的机器人程序编写。
3. 能够完成水平搬运单元 PLC 程序编写。
4. 能够完成水平搬运单元触摸屏程序编写。

工作任务

图 2-4-1 所示为某工业机器人水平搬运单元工作站，其水平搬运单元结构示意图如图 2-4-2 所示。本任务采用示教编程方法，操作机器人实现水平搬运单元运动轨迹的示教。

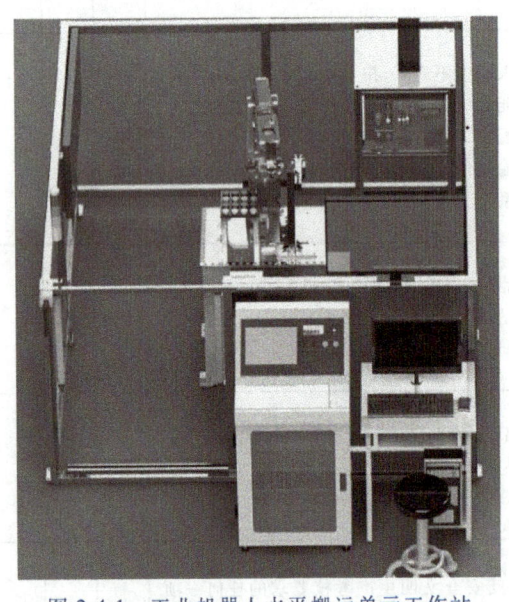

图 2-4-1　工业机器人水平搬运单元工作站

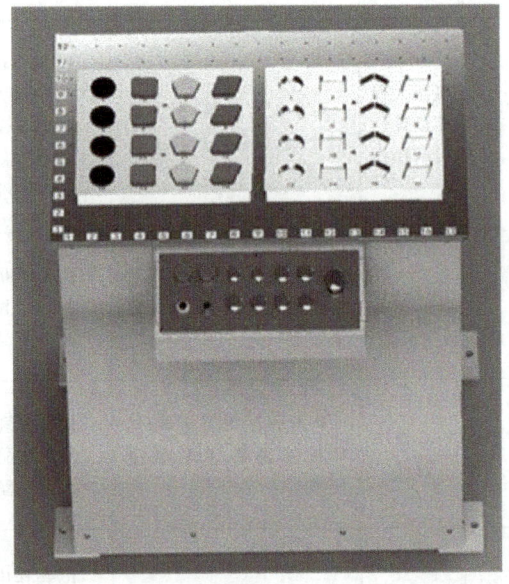

图 2-4-2　水平搬运单元结构示意图

具体控制要求如下：

1）单击触摸屏上的"上电"按钮，机器人伺服上电；单击触摸屏上"启动"按钮或操作控制台面板上的"启动"按钮，机器人进入主程序；单击触摸屏上机器人的"复位"按钮，机器人回到 HOME 点，系统进入等待状态；单击触摸屏上工作站的"启动"按钮，系统进入运行状态，水平搬运开始，机器人把图块搬运物料托盘 1 上的图块依次搬运到图块搬运物料托盘 2 上。

2）单击触摸屏上的停止按钮，系统进入停止状态，所有气动机构均保持状态不变。

相关知识

一、工业机器人水平搬运单元工作站

工业机器人水平搬运单元工作站是通过单吸盘吸取不同形状的图块，依次将图块从一个图块搬运物料托盘搬运到另一个图块搬运物料托盘；其主要由机器人本体、机器人控制器、水平搬运单元、单吸盘夹具、操作控制柜、模块承载平台、透明安全护栏、光幕安全门、零件箱和工具墙、编程电脑桌等组成，如图 2-4-3 所示。

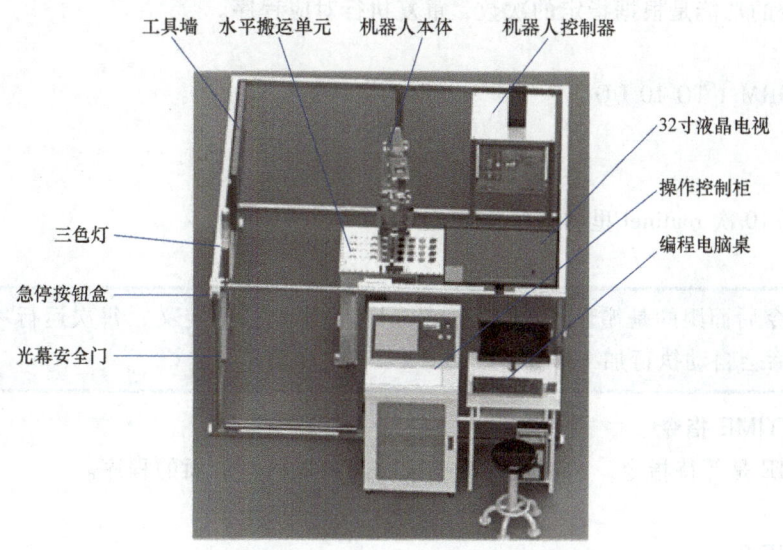

图 2-4-3　工业机器人水平搬运单元工作站的组成

二、水平搬运单元

水平搬运模型结构示意图如图 2-4-4 所示，其主要部件组成见表 2-4-1。

三、控制柜 I/O 线路设计原理图

控制柜 I/O 线路原理图如图 2-3-4 所示，图中元器件的作用见表 2-3-1。

四、常用指令

1. IF 指令

IF 指令的功能是满足不同条件，执行对应程序。

例如：

IF regl>5THEN

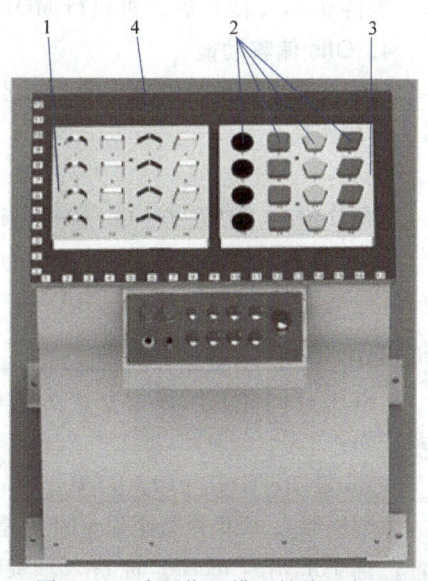

图 2-4-4　水平搬运模型结构示意图

表 2-4-1　图块搬运训练模型组成部件

序号	名称	序号	名称
1	图块搬运物料托盘 1	3	图块搬运物料托盘 2
2	图块	4	模块承载平台

Set dol；

ENDIF

如果 regl>5 条件满足，则执行 Set Dol 指令。

2. FOR 指令

FOR 指令的功能是根据指定的次数，重复执行对应程序。

例如：

FOR i FORM 1 TO 10 DO

routinel；

ENDFOR

重复执行 10 次 routinel 里的程序。

> **提示**
>
> FOR 指令后面跟的是循环计数值，其不用在程序数据中定义，每次运行一遍 FOR 循环中的指令后会自动执行加 1 操作。

3. WAITTIME 指令

WAITTIME 是等待指令，功能是等待一段时间后再执行后面的程序。

例如：

WAITTIME 0.5；

MOVJ P1；

等待 0.5s（秒）后，再执行 MOVJ P1 这条指令。

4. Offs 偏移功能

Offs 偏移功能是指以选定的目标点为基准，沿着选定工件坐标系的 X、Y、Z 轴方向偏移一定的距离。

例如：

MoveL Offs（p10, 0, 0, 10），v1000，z50，tool1 \ WObj：=wobj1；

将机器人 TCP 移动至以 p10 为基准点，沿着 wobj1 的 Z 轴正方向偏移 10mm 的位置。

> **提示**
>
> RelTool 同样为偏移指令，而且可以设置角度偏移，但其参考的坐标系为工具坐标系，如：
>
> MoveL RelTool（p10, 0, 0, 10 \ Rx：=0 \ Ry：=0 \ Rz=45），v1000，z50，tool1；
>
> 则机器人 TCP 移动至以 p10 为基准点，沿着 tool1 坐标系 Z 轴正方向偏移 10mm 的位置，且 TCP 沿着 tool1 坐标系 Z 轴旋转 45°。

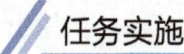任务实施

一、任务准备

实施本任务教学所使用的实训设备及工具材料可参考表 2-4-2。

表 2-4-2 实训设备及工具材料

序号	分类	名称	型号规格	数量	单位	备注
1	工具	内六角扳手	3.0mm	1	个	工具墙
2		内六角扳手	4.0mm	1	个	工具墙
3	设备器材	内六角螺钉	M4	4	颗	工具墙蓝色盒
4		内六角螺钉	M5	4	颗	工具墙黄色盒
5		水平搬运单元		1	个	物料间领料
6		单吸盘夹具		1	个	物料间领料

二、水平搬运单元的安装

在水平搬运单元的每个凹槽板中间有两个用于安装固定的螺钉孔，把水平搬运单元放置到模块承载平台上，用 M4 内六角螺钉将其固定锁紧，保证模型紧固牢靠，整体布局与固定位置如图 2-4-5 所示。

三、单吸盘夹具的安装

本单元训练采用单吸盘夹具，该夹具在与机器人 J6 轴连接法兰上有 4 个螺钉安装孔，把夹具调整到合适位置，然后用螺钉将其紧固到机器人 J6 轴上，如图 2-4-6 所示。

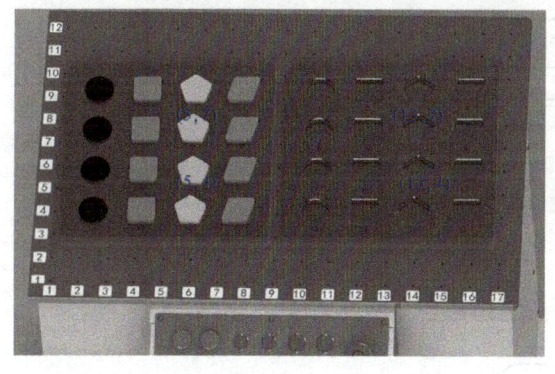

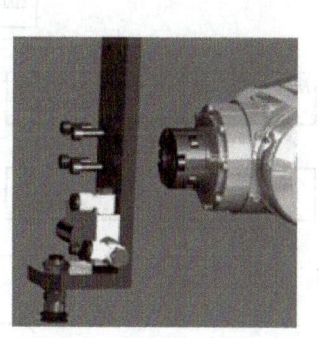

图 2-4-5 水平搬运单元整体布局　　　　　图 2-4-6 单吸盘夹具的安装

四、气路检查

水平搬运模块吸盘采用气动控制，实现水平搬运作业需要检查机器人背面底座的气动三联件，确认气路有气压，保证机器人能进行气动驱动，建议气压压力为 0.4MPa，气动三联件如图 2-4-7 所示。

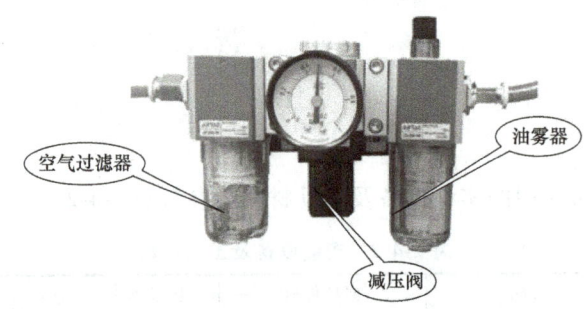

图 2-4-7　气动三联件

五、机器人程序设计与编写

根据机器人运动轨迹编写机器人程序时，首先根据控制要求绘制机器人程序流程图，然后编写机器人主程序和子程序。子程序主要包括复位程序、搬运程序、水平搬运子程序。编写子程序前要先设计好机器人的运行轨迹及定义好机器人的程序点。

1. 设计机器人程序流程图

根据控制功能，设计机器人程序流程图，如图 2-4-8 所示。

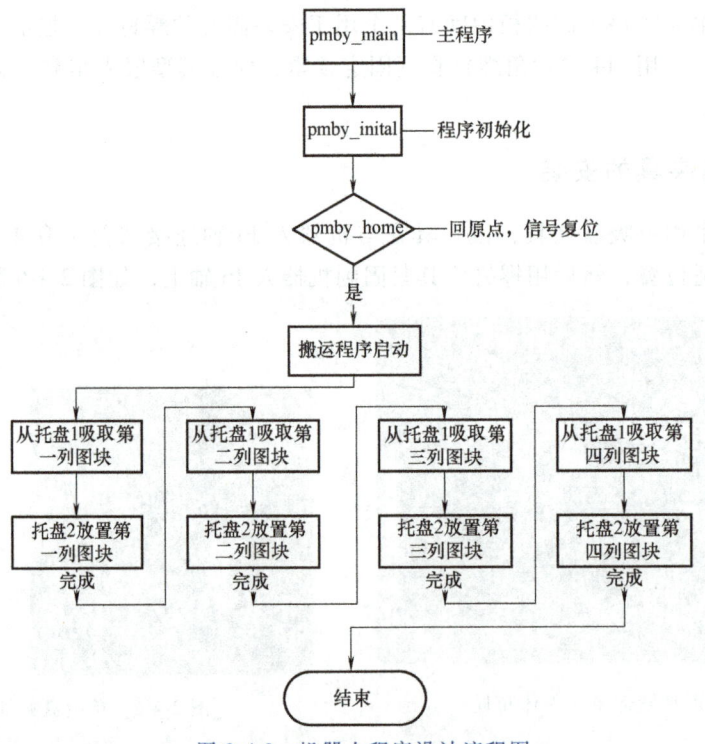

图 2-4-8　机器人程序设计流程图

2. 机器人运动工件坐标与示教点

图块搬运模型工件坐标点位图，如图 2-4-9 所示。

根据如图 2-4-10 所示的机器人的运行轨迹分布图，可确定其运动所需的示教点见表2-4-3。

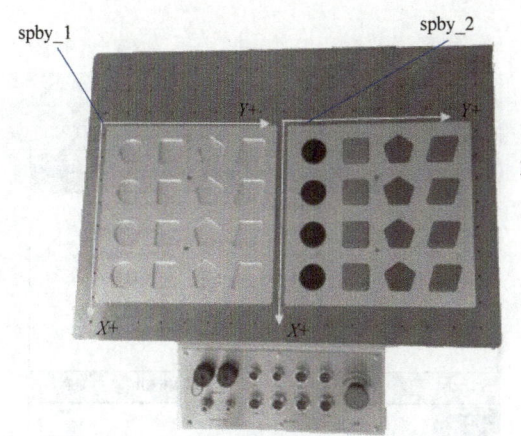

图 2-4-9　图块搬运模型工件坐标点位图

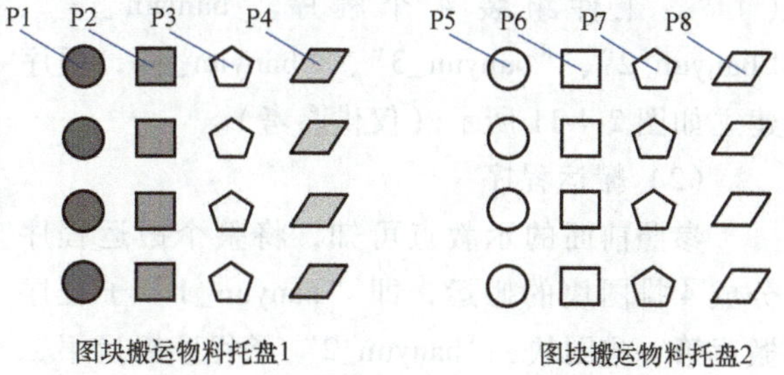

图 2-4-10　机器人的运行轨迹分布图

表 2-4-3　机器人运动轨迹示教点

序号	点序号	注释	备注
1	Home	机器人初始位置	需示教
2	P1	搬运吸取图块的第一列第一个点	需示教
3	P5	搬运放置图块的第一列第一个点	需示教
4	P2	搬运吸取图块的第二列第一个点	需示教
5	P6	搬运放置图块的第二列第一个点	需示教
6	P3	搬运吸取图块的第三列第一个点	需示教
7	P7	搬运放置图块的第三列第一个点	需示教
8	P4	搬运吸取图块的第四列第一个点	需示教
9	P8	搬运放置图块的第四列第一个点	需示教

3. 机器人系统 I/O 与 PLC 地址配置

机器人系统 I/O 与 PLC 地址配置见表 2-4-4。

表 2-4-4　机器人系统 I/O 与 PLC 地址配置表

序号	机器人 I/O	PLC I/O	功能描述	备注
1	di01	Q2.0	机器人伺服上电	配置系统 Motor_on
2	di02	Q2.1	启动 main 程序	配置系统 Start main
3	di03	Q2.2	机器人停止	配置系统 Stop
4	do6	I2.5	机器人工艺完成信号	
5	do7	I2.6	机器人正在运行中信号	
6	do9	I3.0	第一列搬运信号	
7	do10	I3.1	第二列搬运信号	
8	do11	I3.2	第三列搬运信号	
9	do12	I3.3	第四列搬运信号	
10	do16	I3.7	机器人伺服上电信号	

4. 机器人程序的编写

（1）程序组成

根据上述的内容，需要建立 1 个主程序及 5 个子程序，整个程序需要一个复位程序"fuwei（）"，工件组装 4 个程序"banyun_1"、"banyun_2"、"banyun_3"、"banyun_4"，程序建立如图 2-4-11 所示（仅供参考）。

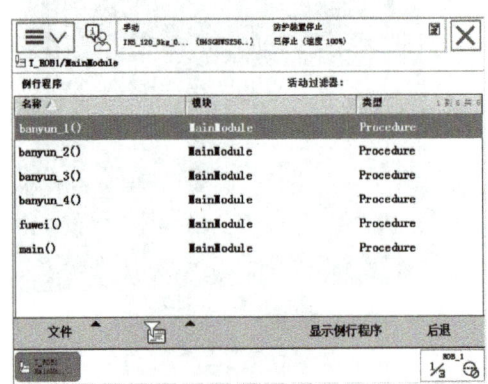

图 2-4-11　程序建立

（2）搬运程序

参照前面的示教点可知，将整个搬运程序分成 4 排图块的搬运，即"banyun_1"子程序搬运第一排图块，"banyun_2"子程序搬运第二排图块，以此类推。4 个子程序的设计思路差不多，以"banyun_1"子程序为例详细说明。机器人先移动到 p1 点，吸取图块，再移动到 p5 点，放置第一个图块；第二个图块的位置就是 p1 点 X 正方向偏移 70mm，利用机器人的偏移指令"offs"，将机器人移到第二个图块位置吸取图块，同理，放置的第二个点也是 p5 点 X 正方向偏移 70mm 的位置放置。第一列搬运程序如下（仅供参考）。

PROC banyun_1（）

FOR reg1 FROM 1 TO 4 DO! 有 4 个图块，所以要循环 4 次

! 吸取图块

MoveJ Offs（p1, 70 * (reg1 - 1), 0, 50), v100, z50, tool0 \ WObj：=pmby_1；! 根据变量"reg1"的值，偏移到对应图块吸取位置上方 50mm 处

MoveL Offs（p1, 70 * (reg1 - 1), 0, 0), v100, z50, tool0 \ WObj：=pmby_1；! 根据变量"reg1"的值，偏移到对应图块吸取位置处

Set do2；! 打开吸盘，吸取图块

WaitTime 0.5；! 等待 0.5s

MoveL Offs（p1, 70 * (reg1 - 1), 0, 50), v100, z50, tool0 \ WObj：=pmby_1；! 根据变量"reg1"的值，偏移到对应图块吸取位置上方 50mm 处

! 放置图块

MoveJ Offs（p5, 70 * (reg1 - 1), 0, 50), v100, z50, tool0 \ WObj：=pmby_2；! 根据变量"reg1"的值，偏移到对应图块放置位置上方 50mm 处

MoveL Offs（p5, 70 * (reg1 - 1), 0, 0), v100, z50, tool0 \ WObj：=pmby_2；! 根据变量"reg1"的值，偏移到对应图块放置位置处

Reset do2；! 关闭吸盘，放置图块

WaitTime 0.5；! 等待 0.5s

MoveL Offs（p5, 70 * (reg1 - 1), 0, 50), v100, z50, tool0 \ WObj：=pmby_2；! 根据变量"reg1"的值，偏移到对应图块放置位置上方 50mm 处

ENDFOR

（3）水平搬运最终程序

综上所述，剩下的三列搬运，程序设计思路一样只需要改变吸取第一个图块示教点和放置第一个图块示教点的位置，整个程序如下（仅供参考）。

```
MODULE MainModule
PROC main()
    fuwei;! 调用 fuwei 子程序
        banyun_1;! 第一列搬运程序
        banyun_2;! 第二列搬运程序
        banyun_3;! 第三列搬运程序
        banyun_4;! 第四列搬运程序
    ENDPROC
    PROC fuwei()
    MoveJ home, v100, z50, tool0;! 机器人回到原点
    reg1 := 1;! 变量初始值
    Reset do2;! 吸盘信号复位
    Reset do6;! 程序完成信号复位
    Reset do7;! 程序运行信号复位
    Reset do9;! 第一列信号复位
    Reset do10;! 第二列信号复位
    Reset do11;! 第三列信号复位
    Reset do12;! 第四列信号复位
    ENDPROC
! 第一列搬运程序
PROC banyun_1()
    Set do9;! 第一列搬运信号
    FOR reg1 FROM 1 TO 4 DO! 搬运 4 个图块,所以 for 循环 4 次
        ! 吸取图块
        MoveJ Offs(p1,70 * (reg1-1),0,50), v100, z0, tool0\WObj:=spby_1;
        MoveL Offs(p1,70 * (reg1-1),0,0), v100, fine, tool0\WObj:=spby_1;
        Set do2;! 吸盘打开
        WaitTime 0.5;
        MoveL Offs(p1,70 * (reg1-1),0,50), v100, z0, tool0\WObj:=spby_1;
        ! 放置图块
        MoveJ Offs(p5,70 * (reg1-1),0,50), v100, z0, tool0\WObj:=spby_2;
        MoveL Offs(p5,70 * (reg1-1),0,0), v100, fine, tool0\WObj:=spby_2;
        Reset do2;! 吸盘关闭
        WaitTime 0.5;
        MoveL Offs(p5,70 * (reg1-1),0,50), v100, z0, tool0\WObj:=spby_2;
    ENDFOR
    Reset do9;! 第一列信号复位
```

```
    ENDPROC
    ! 第二列搬运程序
    PROC banyun_2( )
        Set do10；! 第二列搬运信号
        FOR reg1 FROM 1 TO 4 DO！搬运四个图块，所以for循环四次
            ! 吸取图块
            MoveJ Offs( p2,70 * ( reg1-1) ,0,50) , v100, z0, tool0\WObj：= spby_1;
            MoveL Offs( p2,70 * ( reg1-1) ,0,0) , v100, fine, tool0\WObj：= spby_1;
            Set do2；! 吸盘打开
            WaitTime 0.5；
            MoveL Offs( p2,70 * ( reg1-1) ,0,50) , v100, z0, tool0\WObj：= spby_1;
            ! 放置图块
            MoveJ Offs( p6,70 * ( reg1-1) ,0,50) , v100, z0, tool0\WObj：= spby_2;
            MoveL Offs( p6,70 * ( reg1-1) ,0,0) , v100, fine, tool0\WObj：= spby_2;
            Reset do2；! 吸盘关闭
            WaitTime 0.5；
            MoveL Offs( p6,70 * ( reg1-1) ,0,50) , v100, z0, tool0\WObj：= spby_2;
        ENDFOR
        Reset do10；! 第二列信号复位
    ENDPROC
    ! 第三列搬运程序
    PROC banyun_3( )
        Set do11；! 第三列搬运信号
        FOR reg1 FROM 1 TO 4 DO
            ! 吸取图块
            MoveJ Offs( p3,70 * ( reg1-1) ,0,50) , v100, z0, tool0\WObj：= spby_1;
            MoveL Offs( p3,70 * ( reg1-1) ,0,0) , v100, fine, tool0\WObj：= spby_1;
            Set do2；
            WaitTime 0.5；
            MoveL Offs( p3,70 * ( reg1-1) ,0,50) , v100, z0, tool0\WObj：= spby_1;
            ! 放置图块
            MoveJ Offs( p7,70 * ( reg1-1) ,0,50) , v100, z0, tool0\WObj：= spby_2;
            MoveL Offs( p7,70 * ( reg1-1) ,0,0) , v100, fine, tool0\WObj：= spby_2;
            Reset do2；
            WaitTime 0.5；
            MoveL Offs( p7,70 * ( reg1-1) ,0,50) , v100, z0, tool0\WObj：= spby_2;
        ENDFOR
        Reset do11；! 第三列信号复位
    ENDPROC
```

```
! 第四列搬运程序
PROC banyun_4( )
    Set do12；！ 第四列搬运信号
    FOR reg1 FROM 1 TO 4 DO
        ! 吸取图块
        MoveJ Offs( p4,70 * ( reg1-1) ,0,50) , v100, z0, tool0\WObj:=spby_1；
        MoveL Offs( p4,70 * ( reg1-1) ,0,0) , v100, fine, tool0\WObj:=spby_1；
        Set do2；
        WaitTime 0.5；
        MoveL Offs( p4,70 * ( reg1-1) ,0,50) , v100, z0, tool0\WObj:=spby_1；
        ! 放置图块
        MoveJ Offs( p8,70 * ( reg1-1) ,0,50) , v100, z0, tool0\WObj:=spby_2；
        MoveL Offs( p8,70 * ( reg1-1) ,0,0) , v100, fine, tool0\WObj:=spby_2；
        Reset do2；
        WaitTime 0.5；
        MoveL Offs( p8,70 * ( reg1-1) ,0,50) , v100, z0, tool0\WObj:=spby_2；
    ENDFOR
    Reset do12；！ 第四列信号复位
    Set do6；！ 水平搬运完成信号
ENDPROC
ENDMODULE
```

5. 机器人程序调试

参照绘图模块建立水平搬运操作单元的主程序 main 和子程序，并确保所有指令的速度值不能超过 150mm/s。程序编写完成，调试机器人程序。单击"调试"按钮，单击"PP 移至例行程序……"，单击"fuwei"，单击"确定"，程序指针指在"fuwei"程序的第一条语句，如图 2-4-12 所示。

用正确的方法手握示教器，按下电动机使能按键，示教器上显示"电动机开启"，然后按下"单步向前按钮"，机器人程序按顺序往下执行。第一次运行程序务必单步运行，直至程序末尾，确定机器人运行每一条语句都没有错误，与工件不会发生碰撞，才可以按下"连续运行"按钮。需要停止程序时，先按下"停止"，再松开电动机使能按钮，如图 2-4-13 所示。

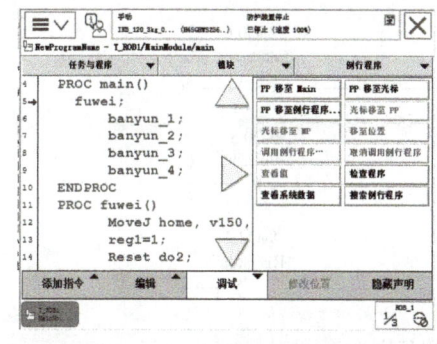

图 2-4-12 机器人调试界面

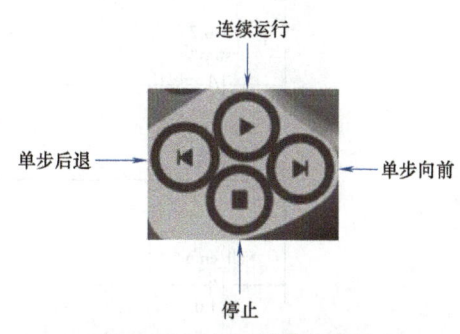

图 2-4-13 示教器操作按键

六、PLC 程序设计

1. PLC 的地址分配表

PLC 的 I/O 地址分配见表 2-4-5，辅助继电器 M 配置见表 2-4-6。

表 2-4-5　PLC 的 I/O 地址分配表

PLC 输入信号			PLC 输出信号		
地址	变量名	功能说明	地址	变量名	功能说明
I0.6	start	系统启动信号	Q0.5	start_sta	控制启动按钮的绿灯和三色灯的绿灯
I0.7	stop	系统停止信号	Q0.6	stop_sta	控制停止按钮的红灯
I1.0	all_emg	总急停信号	Q2.1	RB_start	控制机器人启动程序
I2.1	RB_DO2	机器人电磁阀气路 1	Q2.2	RB_stop	控制机器人停止运动
I3.0	RB_DO9	第一列搬运			
I3.1	RB_DO10	第二列搬运			
I3.2	RB_DO11	第三列搬运			
I3.3	RB_DO12	第四列搬运			

表 2-4-6　辅助继电器 M 配置表

序号	地址	变量名	功能说明
1	M100.0	tcp_吸盘开关	触摸屏吸盘打开/吸盘关闭指示灯
2	M100.1	tcp_第一列	触摸屏第一列指示灯
3	M100.2	tcp_第二列	触摸屏第二列指示灯
4	M100.3	tcp_第三列	触摸屏第三列指示灯
5	M100.4	tcp_第四列	触摸屏第四列指示灯
6	M1000.0	tcp_启动	控制程序启动按键
7	M1000.1	tcp_停止	控制程序停止按键

2. 程序设计及说明

程序段 1：启动与停止，如图 2-4-14 所示。用于空盒子系统状态显示和机器人启动或停止。

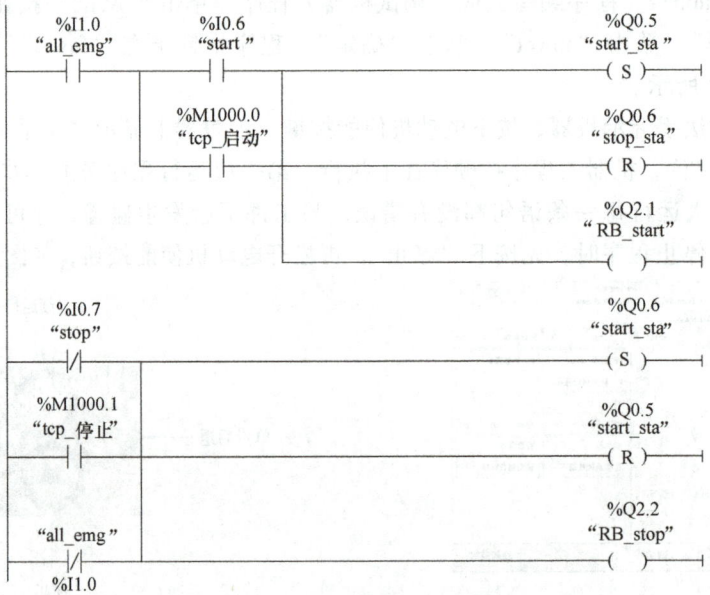

图 2-4-14　启动与停止控制程序

程序段 2：水平搬运信号状态显示在触摸屏上程序，如图 2-4-15 所示。机器人每完成一列搬运，触摸屏指示灯都会显示。

```
  %Q0.5            %I2.1                                    %M100.0
"start_sta"       "RB_YV1"                               "tcp_吸盘开关"
  ─┤ ├──────────────┤ ├─────────────────────────────────────( )──

                    %I3.0                                    %M100.1
                  "RB_DO9"                                 "tcp_第一列"
                    ─┤ ├─────────────────────────────────────( )──

                    %I3.1                                    %M100.2
                  "RB_DO10"                                "tcp_第二列"
                    ─┤ ├─────────────────────────────────────( )──

                    %I3.2                                    %M100.3
                  "RB_DO11"                                "tcp_第三列"
                    ─┤ ├─────────────────────────────────────( )──

                    %I3.3                                    %M100.4
                  "RB_DO12"                                "tcp_第四列"
                    ─┤ ├─────────────────────────────────────( )──
```

图 2-4-15　水平搬运信号状态显示在触摸屏上程序

七、触摸屏程序编写

1. 触摸屏界面设计

根据控制要求设计触摸屏界面，如图 2-4-16 所示。

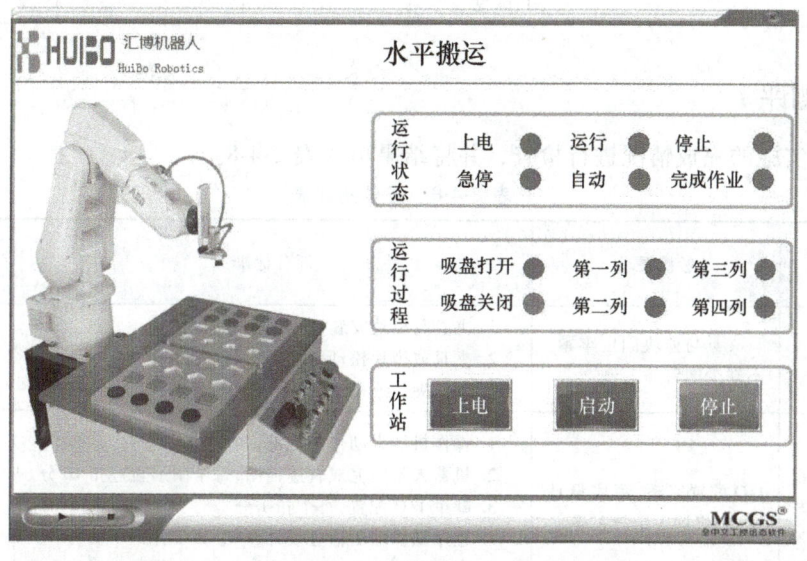

图 2-4-16　触摸屏界面

2. 触摸屏变量连接

按照表2-4-7中的触摸屏界面指示灯和按钮配置连接变量，完成触摸屏设计。

表2-4-7 触摸屏界面指示灯和按钮配置

指示灯配置			按钮配置		
灯名	表达式	灯颜色说明	按钮名	数据对象	操作方式
上电	RB_DO16	0：红色 1：绿色	上电	RB_power	按1松0
运行	start_sta	0：红色 1：绿色	启动	tcp_start	按1松0
停止	stop_sta	0：红色 1：绿色	停止	tcp_stop	按1松0
急停	all_emg	0：绿色 1：红色			
自动	M_A	0：红色 1：绿色			
完成作业	RB_finish	0：红色 1：绿色			
吸盘打开	tcp_吸盘开关	0：红色 1：绿色			
吸盘关闭	tcp_吸盘开关	0：红色 1：绿色			
第一列	tcp_第一列	0：红色 1：绿色			
第二列	tcp_第二列	0：红色 1：绿色			
第三列	tcp_第三列	0：红色 1：绿色			
第四列	tcp_第四列	0：红色 1：绿色			

 检查测评

对任务实施的完成情况进行检查，并将结果填入表2-4-8。

表2-4-8 任务测评表

序号	主要内容	考核要求	评分标准	配分	扣分	得分
1	机械安装	夹具与模块固定牢紧，不缺少螺钉	1. 夹具与模块安装位置不合适，扣5分 2. 夹具或模块松动，扣5分 3. 损坏夹具或模块，扣10分	10		
2	机器人程序设计与示教操作	I/O配置完整，程序设计正确，机器人示教正确	1. 操作机器人动作不规范，扣5分 2. 机器人不能完成轨迹描图，每个图形轨迹扣10分 3. 缺少I/O配置，每个扣1分 4. 程序缺少输出信号设计，每个扣1分 5. 工具坐标系定义错误或缺失，每个扣5分	50		

（续）

序号	主要内容	考核要求	评分标准	配分	扣分	得分
3	触摸屏设计	界面设计完整，连接变量配置完整，按钮与灯配置正确	1. 触摸屏功能缺失，视情况严重性扣 3~10 分 2. 系统配置错误，扣 5 分 3. 按钮或等配置错误，每个扣 1 分	15		
4	PLC 程序设计	PLC 程序组态正确；I/O 配置完整；PLC 程序完整	1. PLC 组态出错，扣 3 分 2. PLC 配置不完整，每个扣 1 分 3. PLC 程序缺失，视情况严重性扣 3~10 分	15		
5	安全文明生产	劳动保护用品穿戴整齐，遵守操作规程，讲文明礼貌，操作结束要清理现场	1. 操作中，违反安全文明生产考核要求的任何一项扣 5 分，扣完为止 2. 当发现学生有重大事故隐患时，要立即予以制止，并每次扣安全文明生产总分 5 分 3. 穿戴不整洁，扣 2 分；设备不还原，扣 5 分；现场不清理，扣 5 分	10		
合　计						
开始时间：			结束时间：			

任务五　工业机器人斜面搬运单元的编程与操作

学习目标

知识目标：1. 掌握六轴工业机器人 offs 指令的编程与示教。

　　　　　2. 掌握机器人坐标系的建立方法。

　　　　　3. 掌握斜面搬运单元的机器人程序编写。

　　　　　4. 掌握机器人斜面搬运工艺的设计方法。

能力目标：1. 能够完成斜面搬运模块及单吸盘夹具的安装。

　　　　　2. 能够完成斜面搬运单元的机器人程序编写。

　　　　　3. 能够完成斜面搬运单元 PLC 程序编写。

　　　　　4. 能够完成斜面搬运单元触摸屏程序编写。

工作任务

图 2-5-1 所示为某工业机器人斜面搬运单元工作站，其斜面搬运单元结构示意图如图 2-5-2所示。本任务采用示教编程方法，操作机器人实现斜面搬运单元运动轨迹的示教。

具体控制要求如下：

1）单击触摸屏上的"上电"按钮，机器人伺服上电；单击触摸屏上"启动"按钮或操作控制台面板上的"启动"按钮，机器人进入主程序，工作站执行斜面搬运作业。

2）单击触摸屏上的"停止"按钮，系统进入停止状态，所有气动机构均保持状态不变。

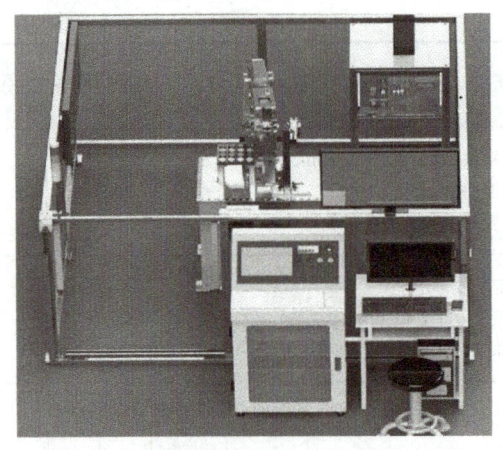

图 2-5-1　工业机器人斜面搬运单元工作站

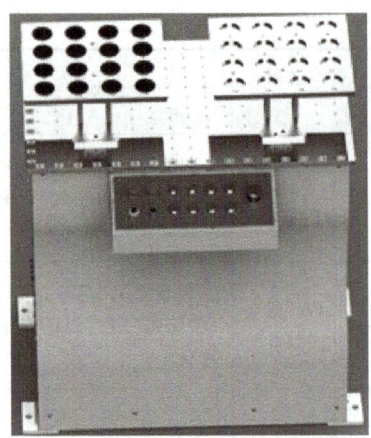

图 2-5-2　斜面搬运单元结构示意图

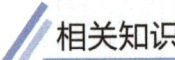 相关知识

一、工业机器人斜面搬运单元工作站

斜面搬运模块实现机器人的搬运作业，如图 2-5-3 所示，工作站由单吸盘夹具、物料托盘、图块、工作台组成。每块物料托盘上有 16 个凹槽，每个凹槽有唯一的编号，分别标识数字 1~16，相邻两个凹槽之间的距离为 70mm。机器人将图块从某一凹槽中取出，再将其搬运至另一物料托盘上相同编号的凹槽中，完成一个图块的搬运。斜面搬运模块最终实现 16 个图块的搬运动作，物料托盘可以倾斜，倾斜角度可以自行调整，并可以实现来回循环搬运功能。

二、单吸盘夹具

单吸盘夹具包括了一个吸盘和一个真空发生器，真空发生器上安装有消声器如图 2-5-4 所示。

三、控制柜 I/O 线路原理图

控制柜 I/O 线路原理图如图 2-3-4 所示，图中元器件的作用见表 2-3-1。

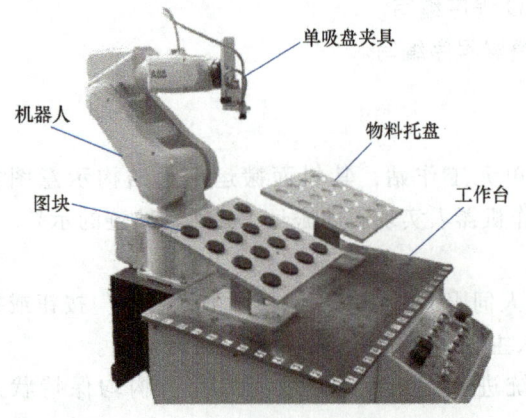

图 2-5-3　斜面般运单元工作站的组成

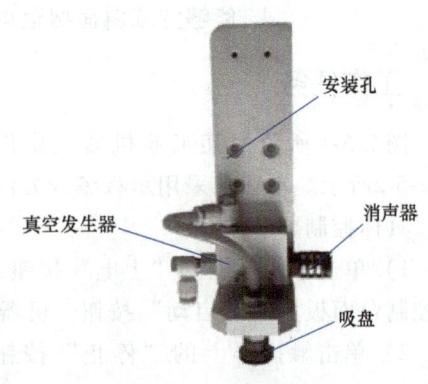

图 2-5-4　单吸盘夹具

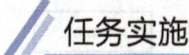 任务实施

一、任务准备

实施本任务教学所使用的实训设备及工具材料可参考表 2-5-1。

表 2-5-1 实训设备及工具材料

序号	分类	名称	型号规格	数量	单位	备注
1	工具	内六角扳手	3.0mm	1	个	工具墙
2		内六角扳手	4.0mm	1	个	工具墙
3		内六角螺钉	M4	4	颗	工具墙蓝色盒
4	设备器材	内六角螺钉	M5	4	颗	工具墙黄色盒
5		圆形图块		16	个	物料间领料
6		单吸盘夹具		1	个	物料间领料
7		物料托盘		2	个	物料间领料

二、斜面搬运单元的安装

在斜面搬运单元的每个凹槽板中间有两个用于安装固定的螺钉孔，把斜面搬运单元放置到模块承载平台上，用 M4 内六角螺钉将其固定锁紧，保证模型紧固牢靠，整体布局与固定位置如图 2-5-5 所示。

三、单吸盘夹具的安装

本单元训练采用单吸盘夹具，该夹具在与机器人 J6 轴连接法兰上有 4 个螺钉安装孔，把夹具调整到合适位置，然后用螺钉将其紧固到机器人 J6 轴上，把机器人上面 1 号气管接在夹具气管接头上，完成夹具的安装。

四、气路检查

斜面搬运模块吸盘采用气动控制，实现水平搬运作业需要检查机器人背面底座的气动三联件，确认

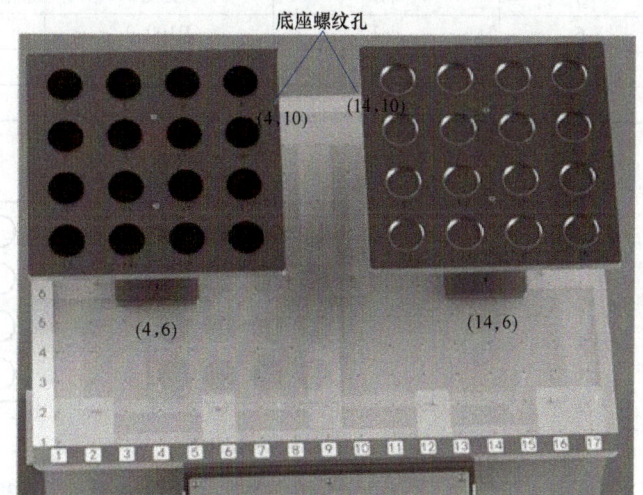

图 2-5-5 斜面搬运单元整体布局与固定位置

气路有气压，保证机器人能进行气压驱动，建议气压压力为 0.4MPa。

五、机器人程序设计与编写

根据机器人运动轨迹编写机器人程序时，首先根据控制要求绘制机器人程序流程图，然后编写机器人主程序和子程序。编写子程序前要先设计好机器人的运行轨迹及定义好机器人

的程序点。

1. 设计机器人程序流程图

根据控制功能，设计机器人程序流程图，如图 2-5-6 所示。

2. 机器人系统 I/O 与 PLC 地址配置

实现机器人系统和 PLC 控制器的通信，需要配置相关的信号端口，机器人系统 I/O 与 PLC 地址配置见表 2-5-2。

3. 机器人程序编写

斜面搬运使用单吸盘拾取和放置图块，需要建立吸盘 TCP，可以命名为 danxipan_t；搬运过程要求吸盘中能沿着物料托盘表面的 X、Y、Z 方向偏移，所以需要建立两个坐标系，分别为 xmby_wobj1、xmby_wobj2，如图 2-5-7 所示。根据机器人关键示教点和坐标系，可确定其运动所需的示教点和坐标系，见表 2-5-3。

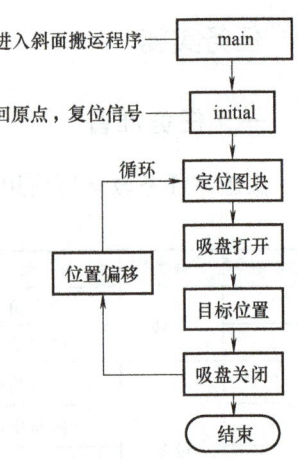

图 2-5-6　机器人程序设计流程图

表 2-5-2　机器人系统 I/O 与 PLC 地址配置表

序号	机器人 I/O	PLC I/O	功能描述	备注
1	di01	Q2.0	机器人伺服上电	配置系统 Motor_on
2	di02	Q2.1	启动 main 程序	配置系统 Start st main
3	di03	Q2.2	机器人停止	配置系统 Stop
4	do6	I2.5	机器人工艺完成信号	触摸屏指示灯
5	do7	I2.6	机器人正在运行中信号	触摸屏指示灯
6	do2	M100.0	吸盘开关	触摸屏指示灯
7	do9	M100.1	图块定位	触摸屏指示灯
8	do10	M100.2	目标位置	触摸屏指示灯

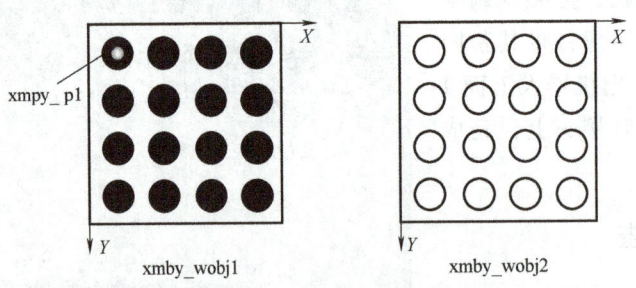

图 2-5-7　机器人关键示教点和坐标系

表 2-5-3　机器人关键示教点和坐标系

序号	点序号	注释	备注
1	xmby_home	机器人初始位置	需示教
2	xmby_p1	第一个图块的中心	需示教
3	xmby_wobj1	物料托盘 1 坐标系	需建立
4	xmby_wobj2	物料托盘 2 坐标系	需建立

（1）单个图块搬运的程序

实现所有图块搬运之前，首先完成一个图块的搬运，其方法及步骤如下：

1）使用示教器的操纵杆将吸盘定位到第一个图块上表面，将位置数据保存在 xmby_p1 示教点，要求吸盘下端面与图块上表面贴合。

2）打开吸盘电磁阀，吸盘吸住图块，然后吸盘上升 20mm。

3）将 xmby_wobj1 工件坐标系更换为 xmby_wobj2，吸盘到达目标位置上方。

4）吸盘下降 20mm，关闭吸盘电磁阀，第一个图块搬运完成。

参考程序如下：

```
PROC test1( )
        MoveJ xmby_home, v150, z5, danxipan_t；! 回原点
        MoveL xmby_p1, v150, z5, danxipan_t；! 第一个图块位置
        Set do3；! 打开吸盘
        xmby_p2：= Offs（xmby_p1, 0, 0, -20）；  ! 吸盘往上偏移 20mm
        MoveL xmby_p2, v20, fine, danxipan_t \ WObj：=xmby_wobj1；
        ! 更换坐标系，吸盘到达目标位置上方
        MoveL xmby_p2, v20, fine, danxipan_t \ WObj：=xmby_wobj2；
        xmby_p2：= Offs（xmby_p1, 0, 0, 20)；! 吸盘往下偏移 20mm
        MoveL xmby_p2, v20, fine, danxipan_t \ WObj：=xmby_wobj2；
        Reset do3；! 关闭吸盘
    ENDPROC
```

程序编写完成，并确保所有指令的速度值不能超过 150mm/s，可以调试机器人程序。单击"调试"按钮，单击"PP 移至例行程序…"，单击"test1（）"，单击"确定"，程序指针指在"test1（）"程序的第一条语句。

用正确的方法手握着示教器，按下电动机使能按键，示教器上显示"电动机开启"，然后按下"单步向前按钮"，机器人程序按顺序往下执行程序。第一次运行程序务必单步运行程序，直至程序末尾，确定机器人运行每一条语句都没有错误，与工件不会发生碰撞，才可以按下"连续运行"按钮。需要停止程序时，先按下"停止"，再松开电动机使能按钮。

（2）一行图块搬运的程序

完成单个图块的搬运流程后，需要进行一行图块的搬运，一行图块搬运的控制程序是在程序中使用一个 For 循环语句实现 4 个图块的搬运，搬运完一个图块后，吸盘定位图块位置沿 X 正方向偏移 70mm。参考程序如下：

```
PROC test2( )
        MoveJ xmby_home, v150, z5, danxipan_t；! 回原点
        MoveL xmby_p1, v150, z5, danxipan_t；! 第一个图块位置
        xmby_p2：= xmby_p1；
        FOR reg1 FROM 1 TO 4 DO
            Set do3；! 打开吸盘
            xmby_p2：= Offs（xmby_p2, 0, 0, -20）；  ! 吸盘往上偏移 20mm
            MoveL xmby_p2, v20, fine, danxipan_t \ WObj：=xmby_wobj1；
```

！更换坐标系,吸盘到达目标位置上方

MoveL xmby_p2, v20, fine, danxipan_t \ WObj: =xmby_wobj2;

xmby_p2 : = Offs (xmby_p2, 0, 0, 20);！吸盘往下偏移20mm

MoveL xmby_p2, v20, fine, danxipan_t \ WObj: =xmby_wobj2;

Reset do3；！关闭吸盘

xmby_p2 : = Offs (xmby_p2, 0, 0, 20);！吸盘往上偏移20mm

！第一个图块位置沿 X 方向偏移70mm

xmby_p2 : = Offs (xmby_p2, 70, 0, 0);

MoveL xmby_p2, v150, z1, danxipan_t \ WObj: =xmby_wobj1;

xmby_p2 : = Offs (xmby_p2, 0, 0, 20);！吸盘往下偏移20mm

ENDFOR

ENDPROC

(3) 所有图块搬运的程序

完成一行图块的搬运后,需要设计所有图块搬运的程序,这时只要使用双重 For 循环实现 16 个图块的搬运,在程序搬运完一行的图块后,图块定位位置沿 Y 正方向偏移 70mm。参考程序如下：

PROC main( )

initial；　　　　　　！程序初始化

Set do9；　　　　　　！图块定位信号

MoveL xmby_p1, v100, fine, danxipan_t \ WObj: =xmby_wobj1;

xmby_p2 : = xmby_p1;

FOR reg1 FROM 1 TO 4 DO　！使用双重 For 循环实现 16 个工件的搬运

FOR reg2 FROM 1 TO 4 DO

xmby_p2 : = Offs (xmby_p2, 0, 0, 20);　！吸盘往下偏移20mm

MoveL xmby_p2, v20, fine, danxipan_t \ WObj: =xmby_wobj1;

Reset do9;

Set do2；　　　　！打开吸盘

　WaitTime 0.2;

xmby_p2 : = Offs (xmby_p2, 0, 0, -20);！吸盘往上偏移20mm

MoveL xmby_p2, v20, z1, danxipan_t \ WObj: =xmby_wobj1;

Set do10;　　　！目标位置定位信号

xmby_p2 : = Offs (xmby_p2, 0, 0, -3);

MoveL xmby_p2, v150, z1, danxipan_t \ WObj: =xmby_wobj2;

xmby_p2 : = Offs (xmby_p2, 0, 0, 20);　！吸盘往下偏移20mm

MoveL xmby_p2, v20, fine, danxipan_t \ WObj: =xmby_wobj2;

Reset do10;

Reset do2；　　！关闭吸盘

xmby_p2 : = Offs (xmby_p2, 0, 0, -20);！吸盘往上偏移20mm

MoveL xmby_p2, v20, fine, danxipan_t \ WObj: =xmby_wobj2;

```
Set do10;       ! 图块定位信号
IF reg2 < 4 THEN   ! 同行偏移
    xmby_p2 : = Offs（xmby_p2, 70, 0, 3）;
    MoveL xmby_p2, v150, z1, danxipan_t \ WObj: =xmby_wobj1;
ENDIF
ENDFOR
IF reg1 < 4 THEN   ! 换行偏移
    xmby_p2 : = Offs（xmby_p1, 0, 70 * reg1, 0）;
    MoveL xmby_p2, v150, z1, danxipan_t \ WObj: =xmby_wobj1;
ENDIF
ENDFOR
ENDPROC
PROC initial( )   ! 初始化子程序
    MoveJ xmby_home, v150, z5, danxipan_t;! 回原点
    Reset do2;          ! 复位信号
    Reset do9;          ! 复位信号
    Reset do10;         ! 复位信号
ENDPROC
```

六、PLC 程序设计

1. PLC 的地址分配表

PLC 的 I/O 地址分配见表 2-5-4，辅助继电器 M 配置见表 2-5-5。

表 2-5-4　PLC 的 I/O 地址分配表

PLC 输入信号			PLC 输出信号		
地址	变量名	功能说明	地址	变量名	功能说明
I0.6	start	系统启动信号	Q0.5	start_sta	控制启动按钮的绿灯和三色灯的绿灯
I0.7	stop	系统停止信号	Q0.6	stop_sta	控制停止按钮的红灯
I1.0	all_emg	总急停信号	Q2.1	RB_start	控制机器人启动程序
I2.1	RB_DO2	机器人电磁阀气路1	Q2.2	RB_stop	控制机器人停止运动
I3.0	RB_DO9	机器人图块定位			
I3.1	RB_DO10	机器人目标位置			

表 2-5-5　辅助继电器 M 配置表

序号	地址	变量名	功能说明
1	M100.0	tcp_吸盘开关	触摸屏吸盘打开/吸盘关闭指示灯
2	M100.1	tcp_图块定位	触摸屏图块定位指示灯
3	M100.2	tcp_目标位置	触摸屏目标位置指示灯
4	M1000.0	tcp_启动	控制程序启动按键
5	M1000.1	tcp_停止	控制程序停止按键

2. 程序设计

（1）斜面搬运模块 PLC 启动和停止程序

斜面搬运模块 PLC 启动和停止程序如图 2-5-8 所示。在自动模式下，PLC 接收到触摸屏上的"启动"信号或者操作面板上的"start"信号后，工作站启动，"start_sta"信号置 1，该信号传送给机器人控制器，机器人开始运行"流水线"程序。"停止按钮"触摸屏上的"停止"按钮或者操作面板上"停止"信号触发后，机器人停止运行。当急停按钮被按下后，机器人也会马上停止运行。

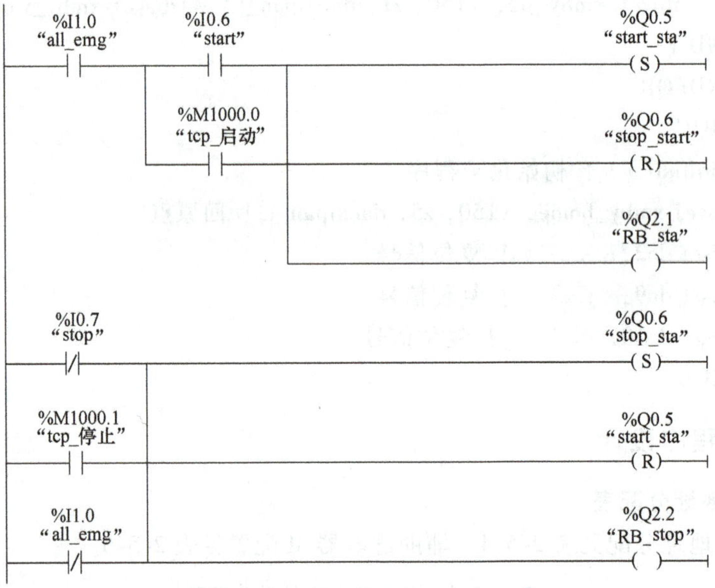

图 2-5-8 斜面搬运模块 PLC 启动和停止程序

（2）斜面搬运模块的信号监控程序

斜面搬运模块的信号监控程序如图 2-5-9 所示。机器人运行"流水线"程序时，PLC 可以通过读取机器人的信号并保存在中间寄存器 M，触摸屏读取后通过指示灯显示，从而对机器人的运行过程进行动态监控。

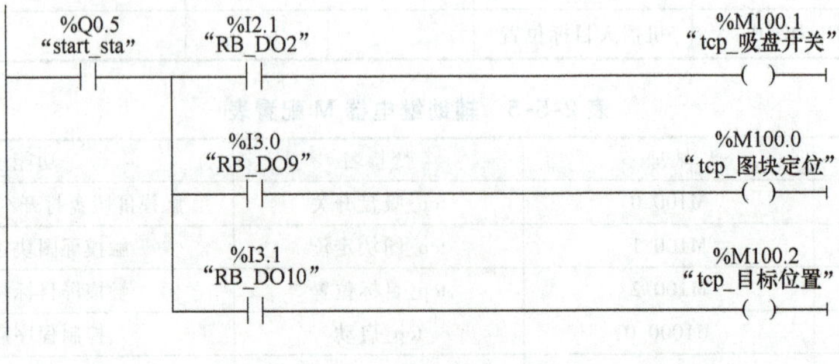

图 2-5-9 斜面搬运模块的信号监控程序

七、触摸屏程序编写

1. 触摸屏界面设计

根据控制要求设计触摸屏界面，如图 2-5-10 所示。

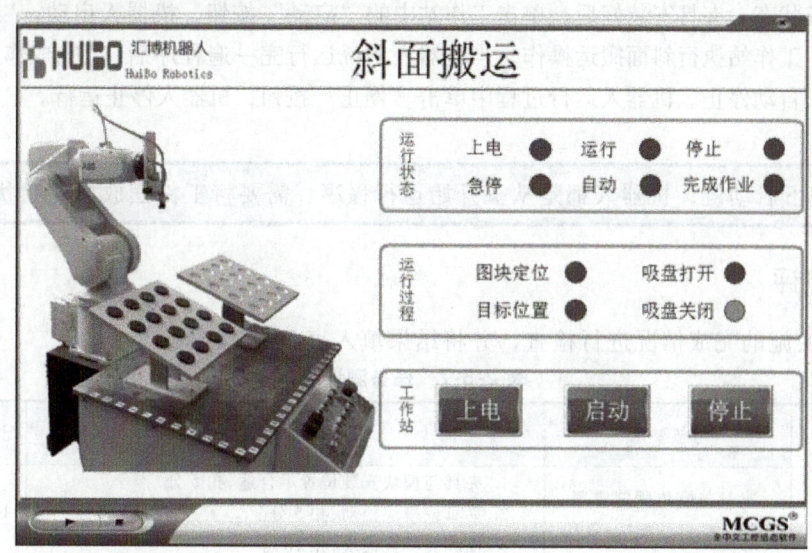

图 2-5-10 触摸屏界面

2. 触摸屏变量连接

按照表 2-5-6 中的触摸屏界面指示灯和按钮配置连接变量完成触摸屏设计。

表 2-5-6 触摸屏界面指示灯和按钮配置

指示灯配置			按钮配置		
灯名	表达式	灯颜色说明	按钮名	数据对象	操作方式
上电	RB_DO16	0：红色 1：绿色	上电	RB_power	按 1 松 0
运行	start_sta	0：红色 1：绿色	启动	tcp_start	按 1 松 0
停止	stop_sta	0：红色 1：绿色	停止	tcp_stop	按 1 松 0
急停	all_emg	0：绿色 1：红色			
自动	M_A	0：红色 1：绿色			
完成作业	RB_finish	0：红色 1：绿色			
吸盘打开	tcp_吸盘开关	0：红色 1：绿色			
吸盘关闭	tcp_吸盘开关	0：红色 1：绿色			
图块定位	tcp_图块定位	0：红色 1：绿色			
目标位置	tcp_目标位置	0：红色 1：绿色			

3. 系统调试

1）在操作面板上将"手动/自动"切换到自动模式，"自动"指示灯变为绿色。将机器人的手动/自动钥匙拨到自动状态，并在示教器上确认，准备工作完成。

2）在斜面搬运界面上，单击"上电"按钮，在运行状态中可看到"上电"指示灯变绿，机器人进入准备状态。夹具安装好后，单击工作站中的"启动"按钮，机器人启动，"运行"指示灯变为绿色，工作站执行斜面搬运操作。当机器人系统运行完一遍程序后，"完成作业"指示灯变绿，机器人自动停止。机器人运行过程中单击"停止"按钮，机器人停止运行。

提示

每次按下启动键，机器人都是从头开始运行程序，需要将工件摆放成初始状态。

检查测评

对任务实施的完成情况进行检查，并将结果填入表 2-5-7。

表 2-5-7　任务测评表

序号	主要内容	考核要求	评分标准	配分	扣分	得分
1	机械安装	夹具与模块固定牢紧，不缺少螺钉	1. 夹具与模块安装位置不合适，扣 5 分 2. 夹具或模块松动，扣 5 分 3. 损坏夹具或模块，扣 10 分	10		
2	机器人程序设计与示教操作	I/O 配置完整，程序设计正确，机器人示教正确	1. 操作机器人动作不规范，扣 5 分 2. 机器人不能完成轨迹描图，每个图形轨迹扣 10 分 3. 缺少 I/O 配置，每个扣 1 分 4. 程序缺少输出信号设计，每个扣 1 分 5. 工具坐标系定义错误或缺失，每个扣 5 分	50		
3	触摸屏设计	界面设计完整，连接变量配置完整，按钮与灯配置正确	1. 触摸屏功能缺失，视情况严重性扣 3~10 分 2. 系统配置错误，扣 5 分 3. 按钮或等配置错误，每个扣 1 分	15		
4	PLC 程序设计	PLC 程序组态正确；I/O 配置完整；PLC 程序完整	1. PLC 组态出错，扣 3 分 2. PLC 配置不完整，每个扣 1 分 3. PLC 程序缺失，视情况严重性扣 3~10 分	15		
5	安全文明生产	劳动保护用品穿戴整齐，遵守操作规程，讲文明礼貌，操作结束要清理现场	1. 操作中，违反安全文明生产考核要求的任何一项扣 5 分，扣完为止 2. 当发现学生有重大事故隐患时，要立即予以制止，并每次扣安全文明生产总分 5 分 3. 穿戴不整洁，扣 2 分；设备不还原，扣 5 分；现场不清理，扣 5 分	10		
合　　计						
开始时间：			结束时间：			

任务六　　工业机器人工件装配单元的编程与操作

学习目标

知识目标：1. 掌握工件装配单元的机器人程序编写。

2. 掌握业机器人点对点装配路径的设计方法。

    3. 掌握工业机器人工件装配路径的设计方法。

    4. 掌握工业机器人抓手吸盘的控制使用。

能力目标：1. 能够完成工件装配模块及抓手吸盘夹具的安装。

          2. 能够完成工件装配单元的机器人程序编写。

          3. 能够完成工件装配单元 PLC 程序编写。

          4. 能够完成工件装配单元触摸屏程序编写。

工作任务

    图 2-6-1 所示为某工业机器人工件装配单元工作站，其工件装配单元结构示意图如图 2-6-2 所示。本任务采用示教编程方法，操作机器人实现工件装配单元运动轨迹的示教。

    具体控制要求如下：

    1）单击触摸屏上的"上电"按钮，机器人伺服上电；单击触摸屏上机器人的"启动"按钮，机器人进入主程序；单击触摸屏上机器人的"复位"按钮，机器人回到 HOME 点，系统进入等待状态；单击触摸屏上工作站的"启动"按钮，系统进入运行状态，工件装配开始，直到工件装配完成后停止。

    2）单击触摸屏上的"停止"按钮，系统进入停止状态，所有气动机构均保持状态不变。

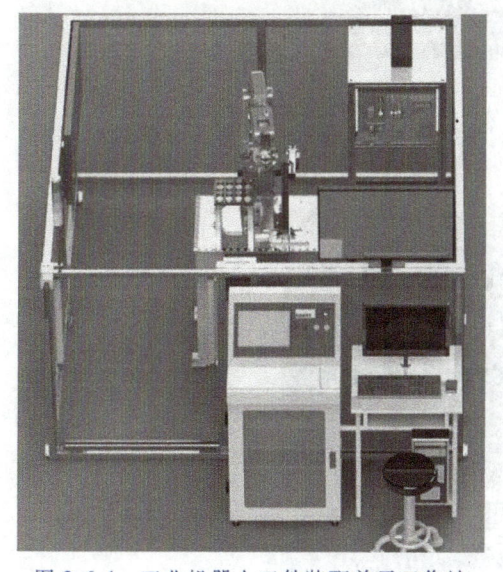

图 2-6-1　工业机器人工件装配单元工作站

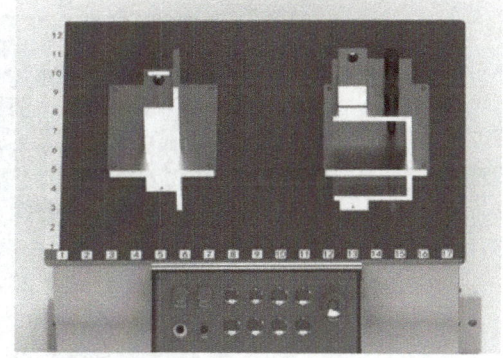

图 2-6-2　工件装配单元结构示意图

相关知识

一、工业机器人工件装配单元工作站

    工业机器人工件装配单元工作站是机器人通过抓手吸盘夹具拾取工件进行装配的结构单元。机器人需要完成的任务是把排列支架上的大小工件放到组装支架上，完成组装过程后，

机器人再把组装支架上的大小工件拆解，还原到排列支架上，完成拆解任务，其主要由机器人本体、机器人控制器、工件装配单元、抓手吸盘夹具、操作控制柜、模块承载平台、透明安全护栏、光幕安全门、零件箱和工具墙、编程电脑桌等组成，如图 2-6-3 所示。

二、工件装配单元

工件装配轨迹训练模型结构示意图如图 2-6-4 所示。其主要部件组成见表 2-6-1。

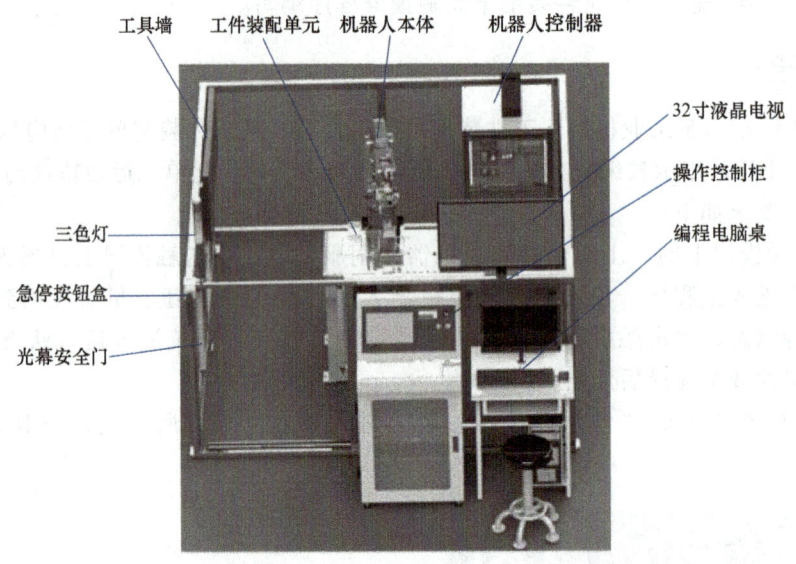

图 2-6-3　工件装配单元工作站的组成

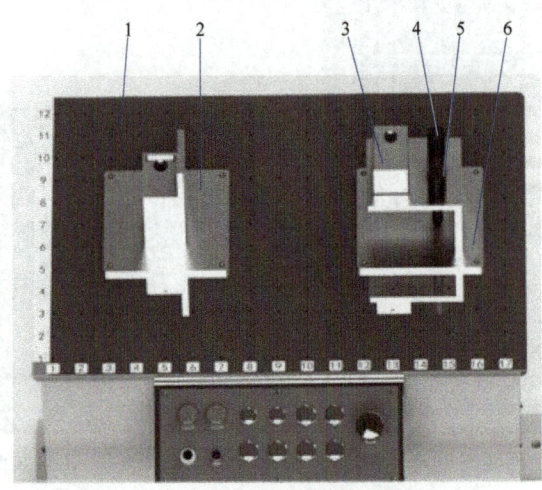

图 2-6-4　工件装配轨迹训练模型结构示意图

表 2-6-1　工件装配训练模型组成部件

序号	名　称	序号	名　称
1	模块承载平台	4	装配工件 2
2	组装支架	5	装配工件 3
3	装配工件 1	6	排列支架

三、抓手吸盘夹具

抓手吸盘夹具包括了一个吸盘和一个真空发生器，真空发生器上安装有消声器如图2-6-5所示。

四、控制柜I/O线路原理图

控制柜I/O线路原理图如图2-3-4所示。图中元器件的作用见表2-3-1。

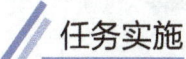 任务实施

一、任务准备

实施本任务教学所使用的实训设备及工具材料可参考表2-6-2。

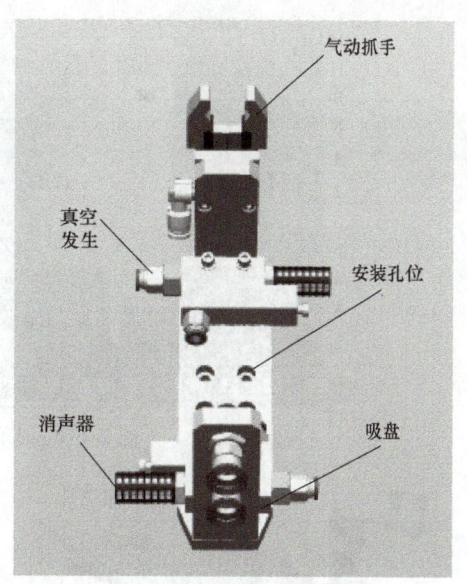

图 2-6-5　抓手吸盘夹具

表 2-6-2　实训设备及工具材料

序号	分类	名称	型号规格	数量	单位	备注
1	工具	内六角扳手	3.0mm	1	个	工具墙
2		内六角扳手	4.0mm	1	个	工具墙
3	设备器材	内六角螺钉	M4	4	颗	工具墙蓝色盒
4		内六角螺钉	M5	4	颗	工具墙黄色盒
5		工件装配模块		16	个	物料间领料
6		抓手吸盘夹具		1	个	物料间领料

二、工件装配单元的安装

在工件装配单元的每个凹槽板中间有两个用于安装固定的螺钉孔，把工件装配单元放置到模块承载平台上，用M4内六角螺钉将其固定锁紧，保证模型紧固牢靠，整体布局与固定位置如图2-6-6所示。

三、抓手吸盘夹具的安装

本单元训练采用抓手吸盘夹具，该夹具在与机器人J6轴连接法兰上有四个螺钉安装孔，把夹具调整到合适位置，然后用螺钉将其紧固到机器人J6轴上，如图2-6-7所示。

四、气路检查及气路接法

工件装配模块吸盘使用气动控制，实现工件装配作业需要检查机器人背面底座的气动三联件，确认气路有气压，保证机器人能进行气动驱动，建议气压压力为0.4MPa。如图2-6-8所示为机器人手臂上的气管图，夹具气管的接法见表2-6-3。

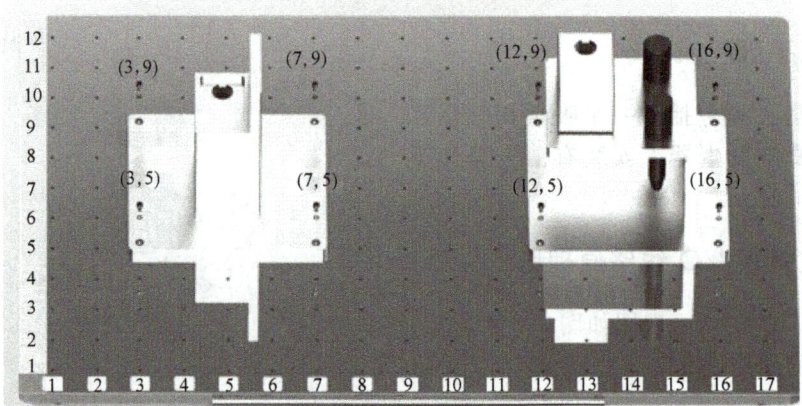

图 2-6-6　工件装配单元整体布局

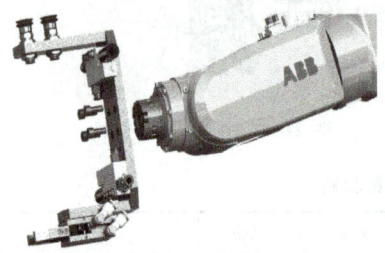

图 2-6-7　抓手吸盘夹具的安装

表 2-6-3　夹具气管的接法

机器人气管编号	连接对象
1	吸盘 1
2	吸盘 2
3	抓手"S"张开通气孔
4	抓手"O"闭合通气孔

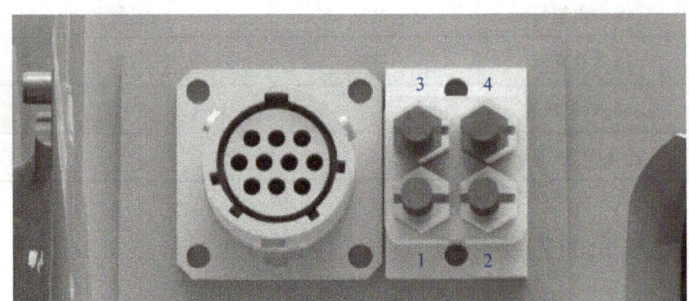

图 2-6-8　机器人手臂上的气管图

五、机器人程序设计与编写

根据机器人运动轨迹编写机器人程序时，首先根据控制要求绘制机器人程序流程图，然后编写机器人主程序和子程序。编写子程序前要先设计好机器人的运行轨迹及定义好机器人的程序点。

1. 机器人程序设计流程图

根据控制功能，设计机器人程序流程图，如图 2-6-9 所示。

2. 确定机器人运动示教点

工件装配单元上的图案分布如图 2-6-10 所示。规划机器人运行轨迹，并绘制出机器人运行轨迹图，如图 2-6-10a、2-6-10b、2-6-10c、2-6-10d 所示。

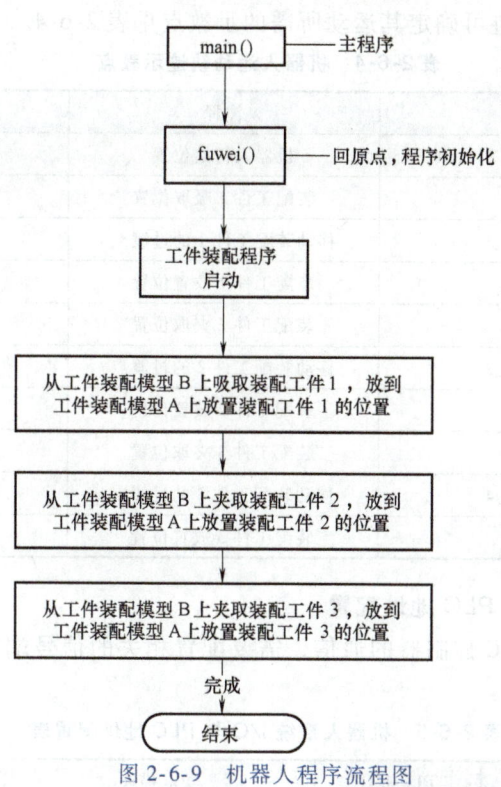

图 2-6-9　机器人程序流程图

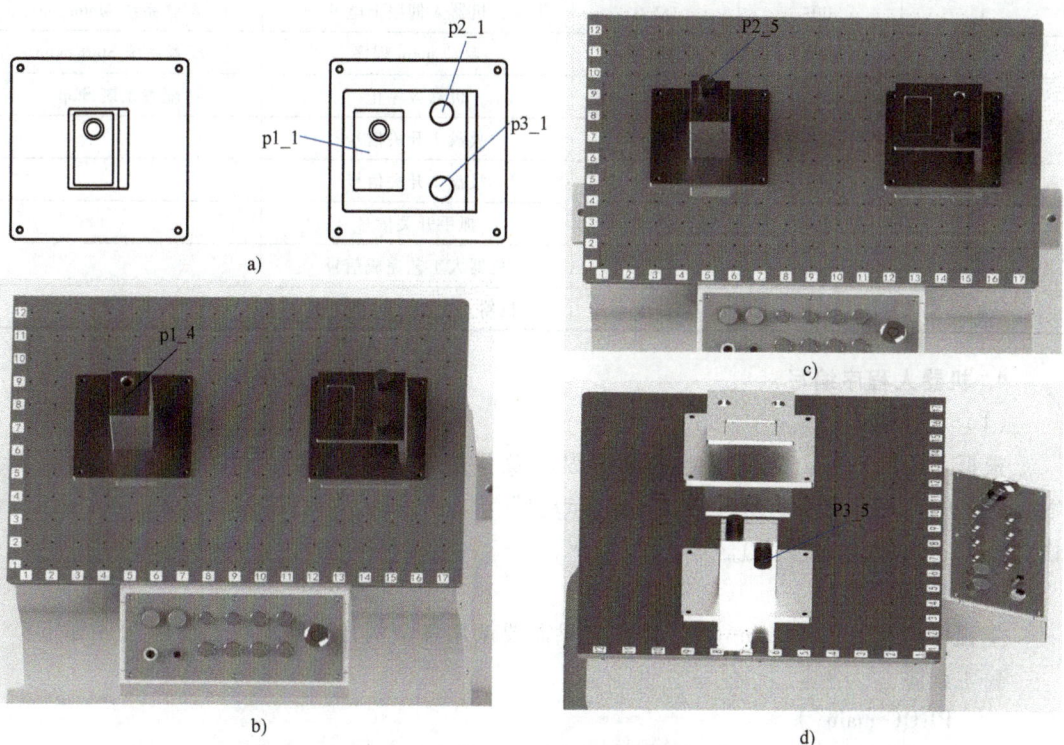

图 2-6-10　机器人运行轨迹图

a）工件取料点　b）工件 1 放置点　c）工件 2 放置点　d）工件 3 放置点

根据机器人的运行轨迹可确定其运动所需的示教点见表 2-6-4。

表 2-6-4　机器人运动轨迹示教点

序号	点序号	注释	备注
1	Home	机器人初始位置	程序中定义
2	p1_1	装配工件 1 吸取位置	需示教
3	p1_2～p1_3	移动装配工件 1 的过渡点	需示教
4	p1_4	装配工件 1 放置位置	需示教
5	p2_1	装配工件 2 夹取位置	需示教
6	p2_2～p2_3	移动装配工件 2 的过渡点	需示教
7	p2_4	装配工件 2 放置位置	需示教
8	p3_1	装配工件 3 夹取位置	需示教
9	p3_2～p3_4	移动装配工件 3 的过渡点	需示教
10	p3_5	装配工件 3 放置位置	需示教

3. 机器人系统 I/O 与 PLC 地址配置

实现机器人系统和 PLC 控制器的通信，需要配置相关的信号端口，机器人系统 I/O 与 PLC 地址配置见表 2-6-5。

表 2-6-5　机器人系统 I/O 与 PLC 地址配置表

序号	机器人 I/O	PLC I/O	功能描述	备注
1	di01	Q2.0	机器人伺服上电	配置系统 Motor_on
2	di02	Q2.1	启动 main 程序	配置系统 Start main
3	di03	Q2.2	机器人停止	配置系统 Stop
4	do2	I2.1	吸盘 1 开关信号	
5	do3	I2.2	吸盘 2 开关信号	
6	do4	I2.3	抓手开关信号	
7	do6	I2.5	机器人工艺完成信号	
8	do7	I2.6	机器人正在运行中信号	

4. 机器人程序编写

（1）程序建立

根据上述的内容，需要建立 1 个主程序及 4 个子程序，整个程序需要一个复位程序 "fuwei（）"，工件组装 3 个程序 "zuzhuang_1" "zuzhuang_2" "zuzhuang_3"，程序建立如图 2-6-11 所示（仅供参考）。

（2）主程序编写

主程序编写，在 "main（）" 程序中只需要调用各个例行程序即可，参考程序如下：

! 主程序
```
    PROC main()

        fuwei;              ! 机器人回到 home 点

        zuzhuang_1;         ! 装配工件 1 的组装
```

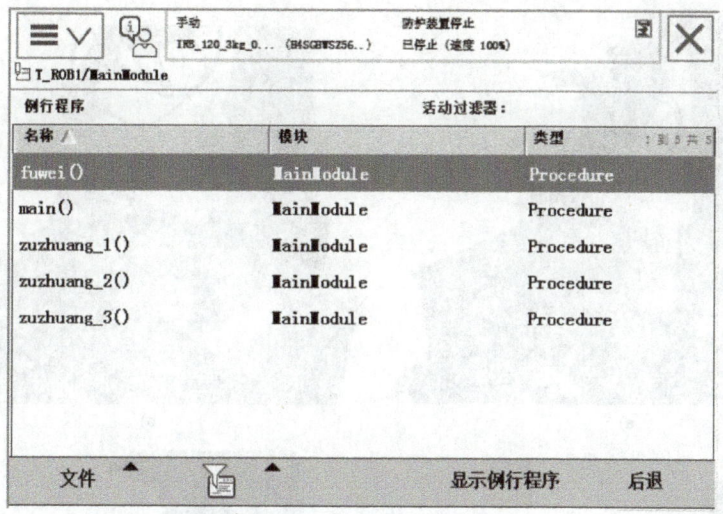

图 2-6-11 程序建立

```
        zuzhuang_2;           ! 装配工件 2 的组装
        zuzhuang_3;           ! 装配工件 3 的组装
        fuwei;                ! 机器人回到 home 点
ENDPROC
```

（3）复位程序编写

复位程序编写，在"fuwei（）"程序中，要将机器人回到 home 点（初始位置），所有信号复位。参考程序如下：

```
PROC fuwei( )
        MoveJ home, v150, fine, tool0;
        Reset do2;            ! 吸盘 1 松开
        Reset do3;            ! 吸盘 2 松开
        Reset do4;            ! 抓手松开
        Reset do6;            ! 程序完成信号关闭
        Reset do7;            ! 程序运行信号关闭
    ENDPROC
```

（4）工件 1 组装程序编写

"zuzhuang_1（）"程序中，先是吸取工件 1，接着将工件 1 提起到一个合适的高度，再移到组装位置的上方，最后将工件放置到组装的位置，具体流程如图 2-6-12 所示。

参考程序如下：

```
PROC zuzhuang_1 ( )
        MoveJ p1_2, v150, z10, tool0; ! 将吸盘工具移动到工件 1 的上方
        MoveL p1_1, v150, fine, tool0;  ! 吸盘与工件 1 接触
        Set do2;   ! 吸盘 1 吸取工件 1
        Set do3;   ! 吸盘 2 吸取工件 1
        WaitTime 0.5;   ! 等待 0.5s
```

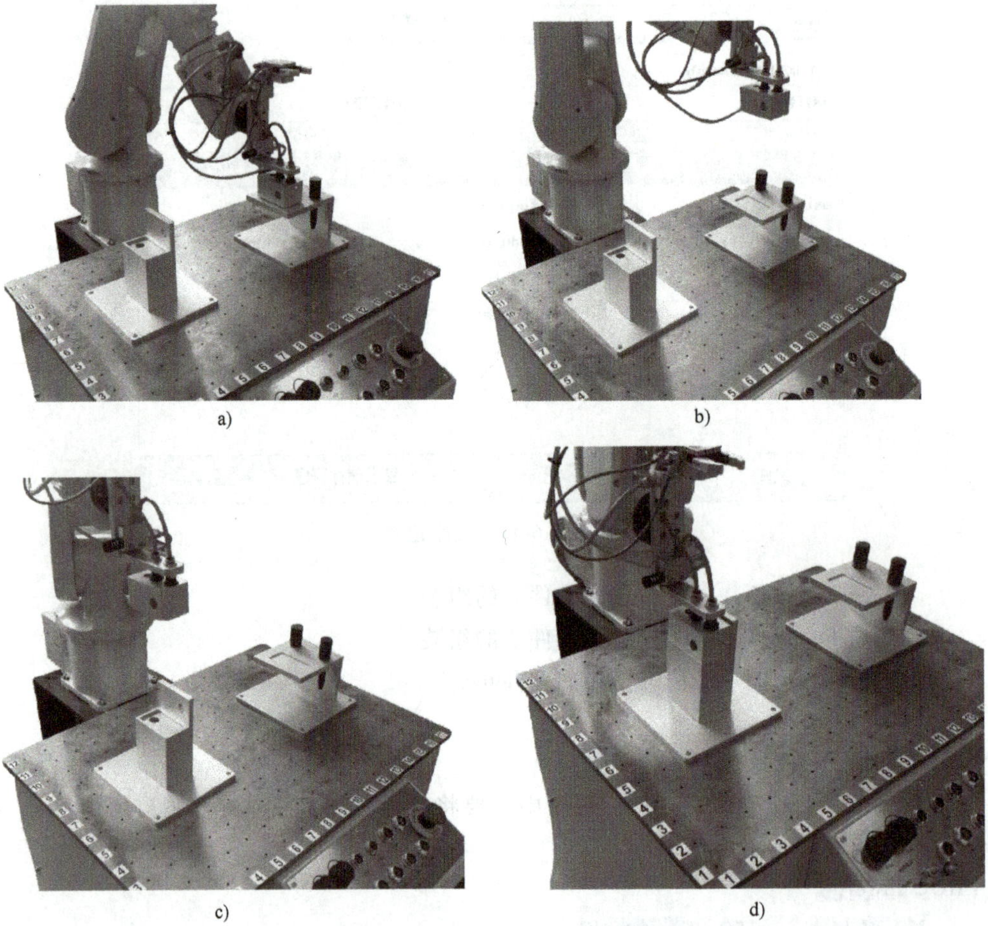

图 2-6-12　工件 1 装配流程

a）吸取工件 1　b）抬升工件 1　c）移动工件 1 到放置点上方　d）放置工件 1

MoveL p1_2，v150，z10，tool0；！吸盘吸住工件 1 并抬升

MoveL p1_3，v150，z10，tool0；！将吸盘工具移动到工件 1 组装位置的上方

MoveL p1_4，v100，fine，tool0；！将工件 1 放置到组装位置上

Reset do2；！吸盘 1 松开

Reset do3；！吸盘 2 松开

WaitTime 0.5；！等待 0.5s

MoveL p1_3，v150，z10，tool0；　！吸盘工具抬升到工件 1 组装位置的上方

ENDPROC

（5）工件 2 装配程序编写

"zuzhuang_2（）" 程序中，先是吸取工件 2，接着将工件 2 提起到一个合适的高度，再移到组装位置的上方，最后将工件放置到组装的位置，具体流程如图 2-6-13 所示。

参考程序如下：

！工件 2 的装配程序

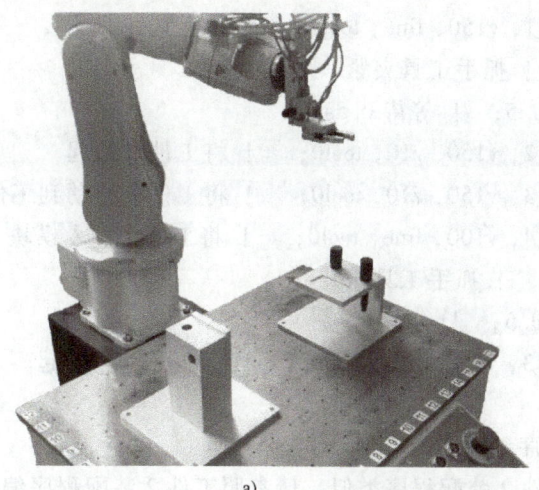

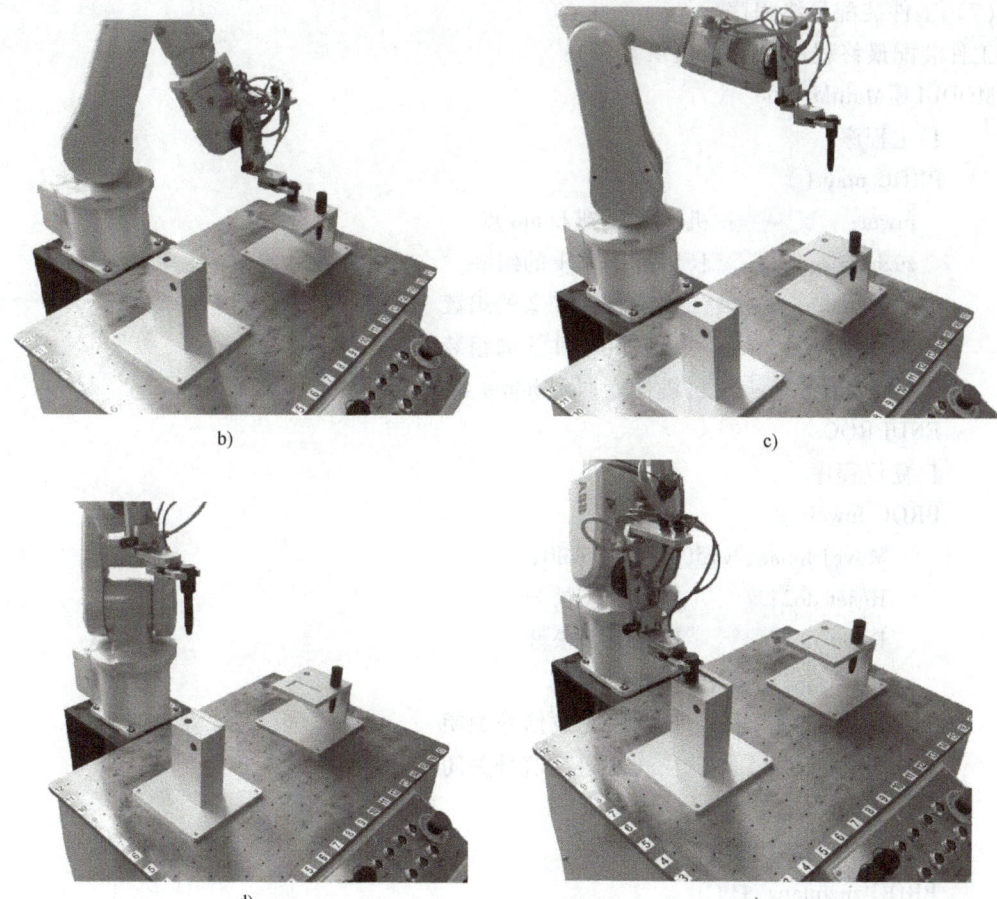

图 2-6-13 工件 2 装配流程

a）抓手移到工件 2 上方　b）吸取工件 2　c）抬起工件 2

d）移动到工件 2 放置点上方　e）工件 2 插入

PROC zuzhuang_2（）

MoveJ p2_2，v150，z10，tool0；！将抓手工具移动到工件 2 的上方

```
        MoveL p2_1, v150, fine, tool0;    ! 抓手与工件 2
        Set do4；  ! 抓手工具夹紧
        WaitTime 0.5；  ! 等待 0.5s
        MoveL p2_2, v150, z10, tool0;    ! 将工件 2 抬起
        MoveL p2_3, v150, z10, tool0;      ! 将工件 2 移动到工件 2 放置点的上方
        MoveL p2_4, v100, fine, tool0;    ! 将工件 2 插入模块
        Reset do4；  ! 抓手工具松开
        WaitTime 0.5；  ! 等待 0.5s
        MoveL p2_3, v150, z10, tool0;    ! 将抓手工具抬起
    ENDPROC
```

（6）工件 3 装配程序编写

工件 3 的程序和工件 2 装配程序类似，请参照工件 2 装配程序编写工件 3 装配程序。

（7）工件装配最终程序

工件装配最终程序如下（仅供参考）：

```
MODULE MainModule
    ! 主程序
    PROC main( )
        fuwei；          ! 机器人回到 home 点
        zuzhuang_1；     ! 装配工件 1 的组装
        zuzhuang_2；     ! 装配工件 2 的组装
        zuzhuang_3；     ! 装配工件 3 的组装
        fuwei；          ! 机器人回到 home 点
    ENDPROC
    ! 复位程序
    PROC fuwei( )
        MoveJ home, v150, fine, tool0;
        Reset do2；      ! 吸盘 1 松开
        Reset do3；      ! 吸盘 2 松开
        Reset do4；      ! 抓手松开
        Reset do6；      ! 程序完成信号关闭
        Reset do7；      ! 程序运行信号关闭
    ENDPROC
    ! 工件 1 的装配程序
    PROC zuzhuang_1 ( )
        Set do7；        ! 程序运行信号打开
        MoveJ p1_2, v150, z10, tool0;      ! 将吸盘工具移动到工件 1 的上方
        MoveL p1_1, v150, fine, tool0;    ! 吸盘与工件 1 接触
        Set do2；  ! 吸盘 1 吸取工件 1
        Set do3；  ! 吸盘 2 吸取工件 1
```

```
        WaitTime 0.5;　！等待 0.5s
        MoveL p1_2, v150, z10, tool0;！吸盘吸住工件 1 并抬升
        MoveL p1_3, v150, z10, tool0;　！将吸盘工具移动到工件 1 组装位置的上方
        MoveL p1_4, v100, fine, tool0;　！将工件 1 放置到组装位置上
                Reset do2;！吸盘 1 松开
        Reset do3;　！吸盘 2 松开
        WaitTime 0.5;　！等待 0.5s
        MoveL p1_3, v150, z10, tool0;　！移开机器人
    ENDPROC
    ！工件 2 的装配程序
    PROC zuzhuang_2（）
        MoveJ p2_2, v150, z10, tool0;！将抓手工具移动到工件 2 的上方
        MoveL p2_1, v150, fine, tool0;　！抓手与工件 2 接触
        Set do4;　！抓手工具夹紧
        WaitTime 0.5;　！等待 0.5s
        MoveL p2_2, v150, z10, tool0;　！将工件 2 抬起
        MoveL p2_3, v150, z10, tool0;　！将工件 2 移动到工件 2 放置点的上方
        MoveL p2_4, v100, fine, tool0;　！将工件 2 插入模块
        Reset do4;　！抓手工具松开
WaitTime 0.5;　！等待 0.5s
        MoveL p2_3, v150, z10, tool0;　！将抓手工具抬起
ENDPROC
！工件 3 的装配程序
PROC zuzhuang_3()
        MoveJ p3_2, v150, z10, tool0;　！将抓手工具移动到工件 3 的上方
        MoveL p3_1, v150, fine, tool0;！抓手与工件 3 接触
        Set do4;　！抓手工具夹紧
        WaitTime 0.5;　！等待 0.5s
        MoveL p3_2, v150, z10, tool0;！将工件 3 抬起
        MoveL p3_3, v150, z10, tool0;！将工件 3 移动到放置工件 3 的上方
        MoveL p3_4, v150, z10, tool0;　！将工件 3 向下移动到工件 3 放置点的水平方向
        MoveL p3_5, v100, fine, tool0;　！将工件 3 插入模块
        Reset do4;　！抓手工具松开
        WaitTime 0.5;　！等待 0.5s
        MoveL p3_4, v150, z10, tool0;　！将抓手工具水平移开
        MoveL p3_3, v150, z10, tool0;　！将抓手工具提升
        Reset do7;　　！程序运行信号关闭
        Set do6;　　！程序完成信号打开
ENDPROC
```

5. 机器人程序调试

参照绘图模块建立视觉搬运操作单元的主程序 main 和子程序，并确保所有指令的速度值不能超过 150mm/s。程序编写完成，调试机器人程序。单击"调试"按钮，单击"PP 移至例行程序…"，单击"fuwei"，单击"确定"，程序指针指在"fuwei"程序的第一条语句，如图 2-6-14 所示。

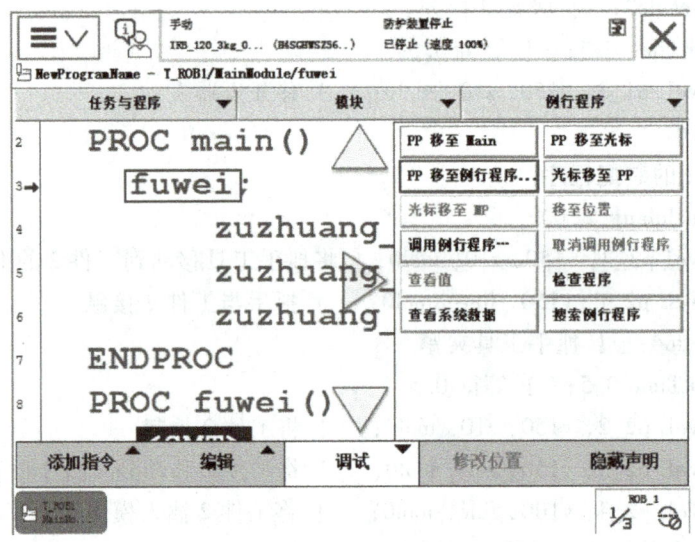

图 2-6-14　工件装配程序调试

用正确的方法手握示教器，按下电动机使能按键，示教器上显示"电机开启"，然后按下"单步向前按钮"，机器人程序按顺序往下执行。第一次程序务必单步运行，直至程序末尾，确定机器人运行每一条语句都没有错误，与工件不会发生碰撞，才可以按下"连续运行"按钮。需要停止程序时，先按下"停止"，再松开电动机使能按钮。

六、PLC 程序设计

1. PLC 的地址分配表

PLC 的 I/O 地址分配见表 2-6-6，辅助继电器 M 配置见表 2-6-7。

表 2-6-6　PLC 的 I/O 地址分配表

PLC 输入信号			PLC 输出信号		
地址	变量名	功能说明	地址	变量名	功能说明
I0.6	start	系统启动信号	Q0.5	start_sta	控制启动按钮的绿灯和三色灯的绿灯
I0.7	stop	系统停止信号	Q0.6	stop_sta	控制停止按钮的红灯
I1.0	all_emg	总急停型号	Q2.1	RB_start	控制机器人启动程序
I2.1	RB_DO2	吸盘 1 开关信号	Q2.2	RB_stop	控制机器人停止运动
I2.2	RB_DO3	吸盘 2 开关信号			
I2.3	RB_DO4	抓手开关信号			

表 2-6-7　辅助继电器 M 配置表

序号	地址	变量名	功能说明
1	M100.0	tcp_吸盘开关	触摸屏吸盘打开/吸盘关闭指示灯
2	M100.1	tcp_抓手开关	触摸屏抓手夹紧/抓手松开指示灯
3	M1000.0	tcp_启动	控制程序启动按键
4	M1000.1	tcp_停止	控制程序停止按键

2. 程序设计

1）程序段 1：启动与停止。

程序段 1：启动与停止控制程序如图 2-6-15 所示。用于空盒子系统状态显示和机器人启动或停止。

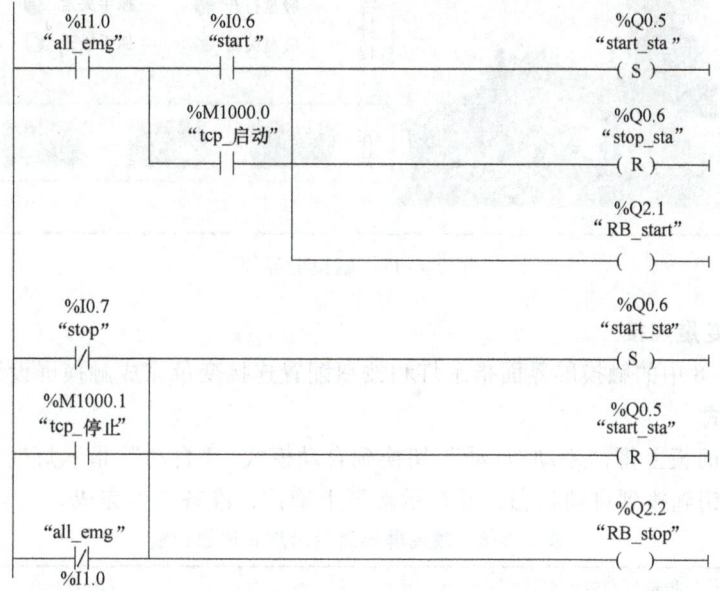

图 2-6-15　启动与停止程序

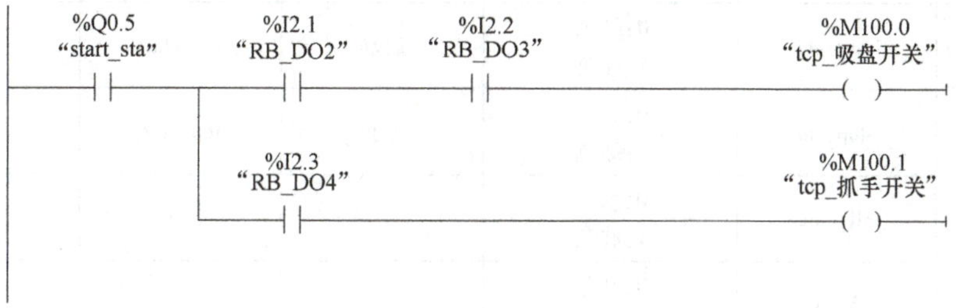

图 2-6-16　水平搬运信号状态显示在触摸屏上程序

2）程序段 2：水平搬运信号状态显示在触摸屏上程序。

程序段 2：水平搬运信号状态显示在触摸屏上程序如图 2-6-16 所示。机器人每完成一列

搬运，触摸屏指示灯都会显示。

七、触摸屏程序编写

1. 触摸屏界面设计

根据控制要求设计触摸屏界面，如图 2-6-17 所示。

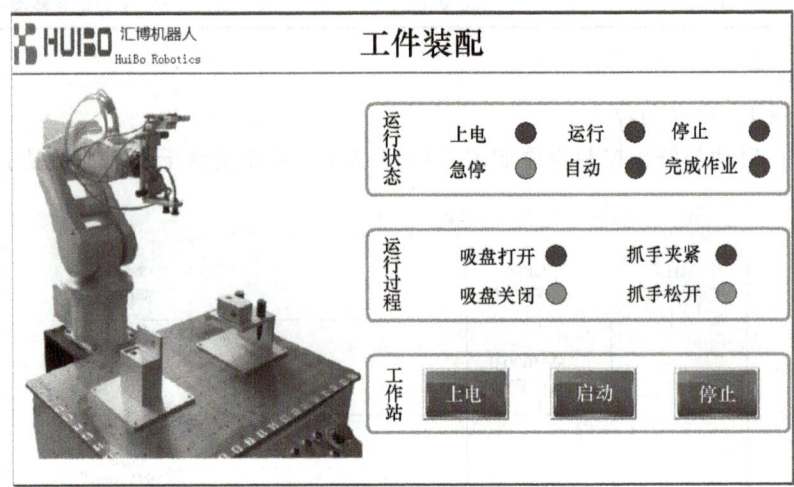

图 2-6-17　触摸屏界面

2. 触摸屏变量连接

按照表 2-6-8 中的触摸屏界面指示灯和按钮配置连接变量完成触摸屏设计。

3. 系统调试

1）在操作面板上将"手动/自动"切换到自动模式，"自动"指示灯变为绿色。将机器人的手动/自动钥匙拨到自动状态，并在示教器上确认，准备工作完成。

表 2-6-8　触摸屏界面指示灯和按钮配置

指示灯配置			按钮配置		
灯名	表达式	灯颜色说明	按钮名	数据对象	操作方式
上电	RB_DO16	0:红色 1:绿色	上电	RB_power	按 1 松 0
运行	start_sta	0:红色 1:绿色	启动	tcp_start	按 1 松 0
停止	stop_sta	0:红色 1:绿色	停止	tcp_stop	按 1 松 0
急停	all_emg	0:绿色 1:红色			
自动	M_A	0:红色 1:绿色			
完成作业	RB_finish	0:红色 1:绿色			
吸盘打开	tcp_吸盘开关	0:红色 1:绿色			

（续）

指示灯配置			按钮配置		
灯名	表达式	灯颜色说明	按钮名	数据对象	操作方式
吸盘关闭	tcp_吸盘开关	0:红色 1:绿色			
抓手夹紧	tcp_抓手开关	0:红色 1:绿色			
抓手松开	tcp_抓手开关	0:红色 1:绿色			

2）在工件装配界面上，单击"上电"按钮，在运行状态中可看到"上电"指示灯变绿，机器人进入准备状态。夹具安装好后，单击工作站中的"启动"按钮，机器人启动，"运行"指示灯变为绿色，工作站执行工件装配工艺。当机器人系统运行完一遍程序后，"完成作业"指示灯变绿，机器人自动停止。机器人运行过程中单击"停止"按钮，机器人停止运行。

提示

每次按下启动键，机器人都是从头开始运行程序，需要将工件摆放成初始状态。

检查测评

对任务实施的完成情况进行检查，并将结果填入表2-6-9。

表 2-6-9　任务测评表

序号	主要内容	考核要求	评分标准	配分	扣分	得分
1	机械安装	夹具与模块固定牢紧,不缺少螺钉	1. 夹具与模块安装位置不合适,扣5分 2. 夹具或模块松动,扣5分 3. 损坏夹具或模块,扣10分	10		
2	机器人程序设计与示教操作	I/O配置完整,程序设计正确,机器人示教正确	1. 操作机器人动作不规范,扣5分 2. 机器人不能完成轨迹描图,每个图形轨迹扣10分 3. 缺少I/O配置,每个扣1分 4. 程序缺少输出信号设计,每个扣1分 5. 工具坐标系定义错误或缺失,每个扣5分	50		
3	触摸屏设计	界面设计完整,连接变量配置完整,按钮与灯配置正确	1. 触摸屏功能缺失,视情况严重性扣3~10分 2. 系统配置错误,扣5分 3. 按钮或等配置错误,每个扣1分	15		
4	PLC程序设计	PLC程序组态正确;I/O配置完整;PLC程序完整	1. PLC组态出错,扣3分 2. PLC配置不完整,每个扣1分 3. PLC程序缺失,视情况严重性扣3~10分	15		
5	安全文明生产	劳动保护用品穿戴整齐,遵守操作规程,讲文明礼貌,操作结束要清理现场	1. 操作中,违反安全文明生产考核要求的任何一项扣5分,扣完为止 2. 当发现学生有重大事故隐患时,要立即予以制止,并每次扣安全文明生产总分5分 3. 穿戴不整洁,扣2分;设备不还原,扣5分;现场不清理,扣5分	10		
合　计						
	开始时间:		结束时间:			

任务七　工业机器人零件码垛单元的编程与操作

学习目标

知识目标：1. 掌握机器人偏移指令 offs 的使用方法。
　　　　　2. 掌握业机器人零件码垛的工艺流程。

能力目标：1. 能够完成零件码垛模块及单吸盘夹具的安装。
　　　　　2. 能够完成零件码垛单元的机器人程序编写。
　　　　　3. 能够完成零件码垛单元的 PLC 程序编写。
　　　　　4. 能够完成零件码垛单元触摸屏程序编写。

工作任务

图 2-7-1 所示为某工业机器人零件码垛单元工作站，其零件码垛单元结构示意图如图 2-7-2 所示。本任务采用示教编程方法，操作机器人实现零件码垛单元运动轨迹的示教。

具体控制要求如下：

1）单击触摸屏上的"上电"按钮，机器人伺服上电；单击触摸屏上机器人的"启动"按钮，机器人进入主程序，工作站执行零件码垛作业。

2）单击触摸屏上的"停止"按钮，系统进入停止状态，所有气动机构均保持状态不变。

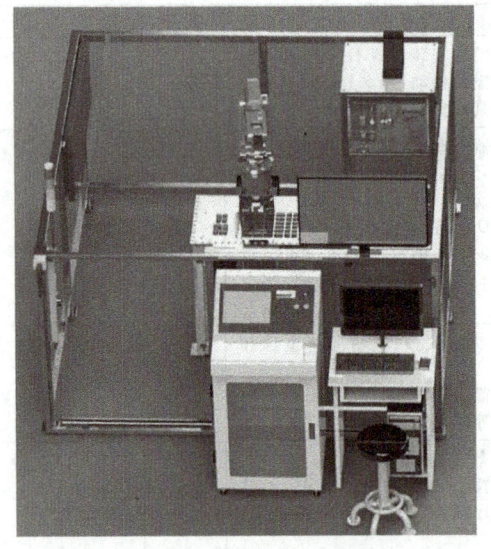

图 2-7-1　工业机器人零件码垛单元工作站

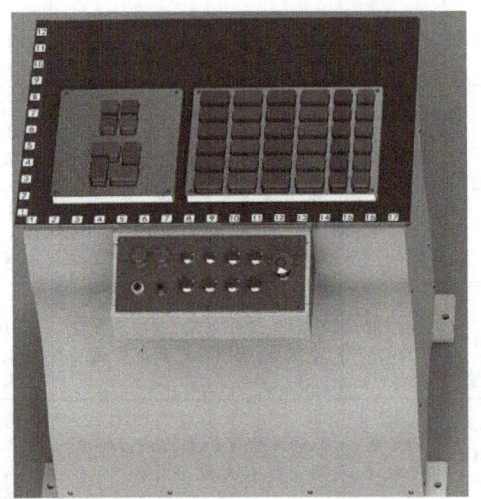

图 2-7-2　零件码垛单元结构示意图

相关知识

工业机器人零件码垛单元工作站

零件码垛工作站由单吸盘夹具、码垛托盘、储料板、零件、工作台组成，来实现机器人的搬运和码垛作业，如图 2-7-3 所示，其中储料板上有 36 个凹槽，对应放置 36 个零件，零件形状分为正方形和长方形，正方形零件有 12 个，长方形零件有 24 个。机器人将零件从储料板取出，再将其搬运至码垛托盘中，码垛托盘中有凹槽，第一层的零件需要放入凹槽中。零件码垛模块实现两种工件的码垛，一种是正方形零件的码垛，另一种是长方形零件的码垛。正方形零件码垛的层数为 3，长方形零件码垛层数为 6。

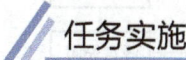 任务实施

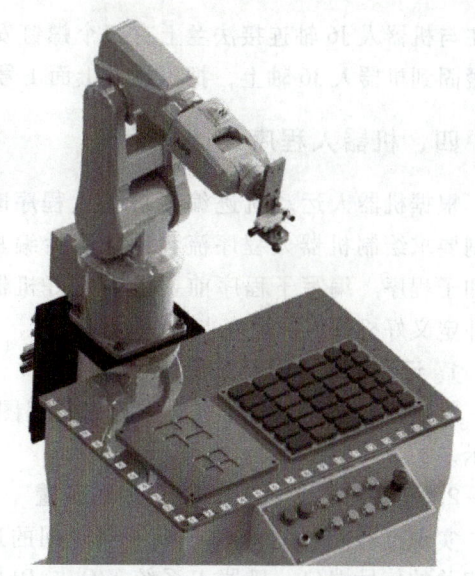

图 2-7-3　工业机器人零件码垛单元工作站的组成

一、任务准备

实施本任务教学所使用的实训设备及工具材料可参考表 2-7-1。

表 2-7-1　实训设备及工具材料

序号	分类	名称	型号规格	数量	单位	备注
1	工具	内六角扳手	3.0mm	1	个	工具墙
2		内六角扳手	4.0mm	1	个	工具墙
3	设备器材	内六角螺钉	M4	4	颗	工具墙蓝色盒
4		内六角螺钉	M5	4	颗	工具墙黄色盒
5		储料板		1	个	物料间领料
6		单吸盘夹具		1	个	物料间领料
7		码垛托盘		1	套	物料间领料
8		储料板		1	套	物料间领料
9		工件		36	个	物料间领料

二、零件码垛单元的安装

在零件码垛单元的每个凹槽板中间有两个用于安装固定的螺钉孔，把零件码垛单元放置到模块承载平台上，用 M4 内六角螺钉将其固定锁紧，保证模型紧固牢靠，整体布局与固定位置如图 2-7-4 所示。

三、单吸盘夹具的安装

本单元训练采用单吸盘夹具，该夹

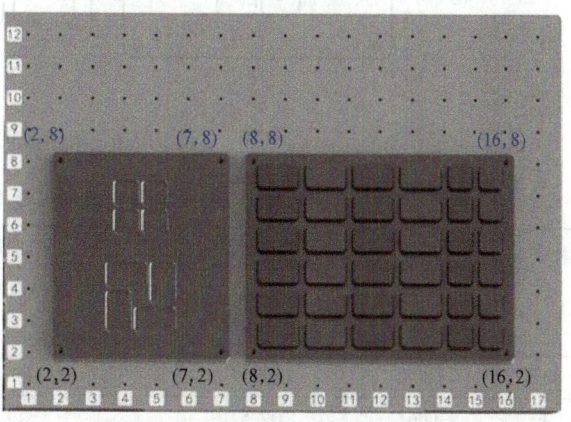

图 2-7-4　零件码垛单元整体布局

具在与机器人 J6 轴连接法兰上有四个螺钉安装孔，把夹具调整到合适位置，然后用螺钉将其紧固到机器人 J6 轴上，把机器人上面 1 号气管接在夹具气管接头上，完成夹具的安装。

四、机器人程序设计与编写

根据机器人运动轨迹编写机器人程序时，首先根据控制要求绘制机器人程序流程图，然后编写机器人主程序和子程序。编写子程序前要先设计好机器人的运行轨迹并定义好机器人的程序点。

1. 设计机器人程序流程图

根据控制功能，设计机器人程序流程图，如图 2-7-5 所示。

2. 机器人系统 I/O 与 PLC 地址配置

实现机器人系统和 PLC 控制器之间的通信，需要配置相关的信号端口，机器人系统 I/O 与 PLC 地址配置见表 2-7-2。

3. 确定机器人运动所需示教点

零件码垛单元使用单吸盘拾取和码垛零件，需要建立吸盘 TCP，可以命名为 danxipan_t；搬运过程要求吸盘中能沿着零件托盘表面的 X、Y、Z 方向偏移，所以需要建立坐标系 ljmd_wobj1，如图 2-7-6 所示。根据机器人关键示教点和坐标系，可确定其运动所需的示教点和坐标系，见表 2-7-3。

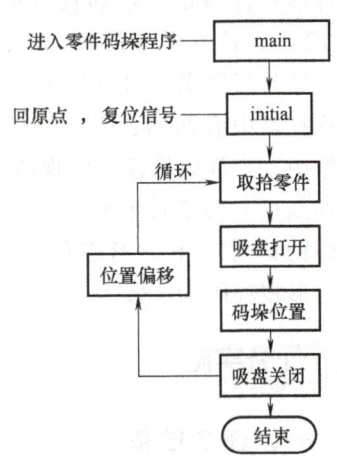

图 2-7-5 机器人程序设计流程图

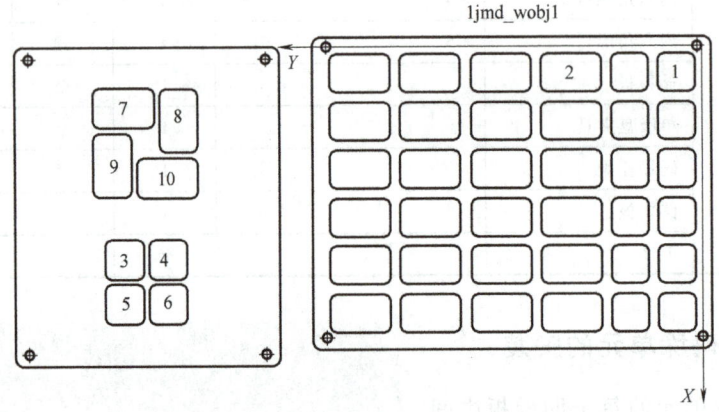

图 2-7-6 机器人关键示教点

表 2-7-2 机器人系统 I/O 与 PLC 地址配置表

序号	机器人 I/O	PLC I/O	功能描述	备注
1	di01	Q2.0	机器人伺服上电	配置系统 Motor_on
2	di02	Q2.1	启动 main 程序	配置系统 Start main
3	di03	Q2.2	机器人停止	配置系统 Stop
4	di06	Q2.5	工件检测	触摸屏指示灯

（续）

序号	机器人 I/O	PLC I/O	功能描述	备注
5	do6	I2.5	机器人工艺完成信号	触摸屏指示灯
6	do7	I2.6	机器人正在运行中信号	触摸屏指示灯
7	do2	M100.0	吸盘开关	触摸屏指示灯
8	do9	M100.1	正方形码垛	触摸屏指示灯
9	do10	M100.2	长方形码垛	触摸屏指示灯

表 2-7-3　关键示教点

序号	点序号	注释	备注
1	ljmd_home	机器人初始位置	需示教
2	ljmd_p1	正方形零件 1 中心	需示教
3	ljmd_p2	长方形零件 1 中心	需示教
4	ljmd_p3	正方形码垛位置 1	需示教
5	ljmd_p4	正方形码垛位置 2	需示教
6	ljmd_p5	正方形码垛位置 3	需示教
7	ljmd_p6	正方形码垛位置 4	需示教
8	ljmd_p7	长方形码垛位置 1	需示教
9	ljmd_p8	长方形码垛位置 2	需示教
10	ljmd_p9	长方形码垛位置 3	需示教
11	ljmd_p10	长方形码垛位置 4	需示教
12	ljmd_wobj1	储料板坐标系	需建立

4. 机器人程序设计

建立好单吸盘工具和储料板坐标系后，可以进行机器人程序的编写。因为正方形零件需要码垛 3 层，长方形零件需要码垛 6 层，为防止码垛过程出现碰撞，需要先码垛正方形零件，然后再码垛长方形零件。

（1）一个零件搬运控制程序

一个零件搬运控制的方法及步骤如下：

1）使用示教器的操纵杆将吸盘定位到第一个零件的上表面，要求吸盘下端面与零件上表面贴合。

2）打开吸盘电磁阀，吸盘吸住图块，然后吸盘上升 20mm。

3）将吸盘移动到 ljmd_ p3 位置上方。

4）吸盘下降 20mm，关闭吸盘电磁阀，完成一个零件的搬运。

参考程序如下：

```
PROC test1( )
    MoveJ ljmd_home,v150, z5, danxipan_t;! 回原点
    MoveL ljmd_p1,v150, z5, danxipan_t;! 第一个零件位置
    Set do2；! 打开吸盘
    xmby_p1_1 : = Offs( xmby_p1,0,0, 20)；! 吸盘往上偏移 20mm
```

```
MoveL ljmd_p1_1, v20, fine, danxipan_t;
MoveL ljmd_p3, v20, fine, danxipan_t;
xmby_p3_1 : = Offs(xmby_p2,0,0,-22);! 吸盘往下偏移 20mm
Reset do2;！关闭吸盘
MoveL ljmd_p3, v20, fine, danxipan_t;
ENDPROC
```

（2）正方形零件搬运码垛程序

使用 For 循环语句实现 12 正方形零件的定位和拾取，使用 IF 条件判断语句实现对当前零件码垛位置的判断，利用整数求模语句 Mod 和整数除法语句 Div 计算当前的零件编号，当零件编号为 4 时，码垛完成一层，需要将零件码垛的高度增加一层零件的厚度，零件的厚度为 12mm，最终可以完成所有正方形零件的搬运码垛。

参考程序如下：

```
PROC zhfx()
MoveJ ljmd_home,v150, z5, danxipan_t;! 回原点
MoveL ljmd_p1,v150, z5, danxipan_t;! 第 1 个零件位置
ljmd_p1_1 : = ljmd_p1;
FOR reg1 FROM 1 TO 12 DO
ljmd_p1_1 : = Offs(ljmd_p1, ((V_reg1-1)  Mod  6) * 40, ((V_reg1-1)Div  6)
* 40,30);
MoveL ljmd_p1_1, v20, fine, danxipan_t\WObj: = ljmd_wobj1;
Set do2;
ljmd_p1_1 : = Offs(ljmd_p1_1,0,0, 30);  ! 吸盘往上偏移 30mm
MoveL ljmd_p1_1, v20, fine, danxipan_t\WObj: = ljmd_wobj1;
IF (V_reg1  Mod  4)= 1 THEN ! 正方形位置 1
MoveL ljmd_p3, v20, fine, danxipan_t;
ljmd_p3_1 : = Offs(ljmd_p3,0,0,-20+(V_reg1 Div  4) * 12);
! 吸盘往下偏移 20mm,换行后高度增加零件的厚度
MoveL ljmd_p3_1, v20, fine, danxipan_t;
Reset do2;! 关闭吸盘
MoveL ljmd_p3, v20, fine, danxipan_t;
ENDIF
IF (V_reg1  Mod  4)= 2 THEN ! 正方形位置 2
MoveL ljmd_p4, v20, fine, danxipan_t;
ljmd_p4_1 : = Offs(ljmd_p4,0,0, -20+(V_reg1 Div  4) * 12);
! 吸盘往下偏移 20mm
MoveL ljmd_p4_1, v20, fine, danxipan_t;
Reset do2;! 关闭吸盘
MoveL ljmd_p4, v20, fine, danxipan_t;
ENDIF
```

```
    IF（V_reg1　Mod　4）＝3 THEN！正方形位置3
    MoveL ljmd_p5, v20, fine, danxipan_t;
    ljmd_p5_1 : ＝ Offs（ljmd_p4,0,0,-20+（V_reg1 Div　4）＊12）;
    ！吸盘往下偏移20mm
    MoveL ljmd_p5_1, v20, fine, danxipan_t;
    Reset do2；！关闭吸盘
    MoveL ljmd_p5, v20, fine, danxipan_t;
    ENDIF
    IF（V_reg1　Mod　4）＝0 THEN！正方形位置4
    MoveL ljmd_p6, v20, fine, danxipan_t;
    ljmd_p6_1 : ＝ Offs（ljmd_p6,0,0,-20+（V_reg1 Div　4）＊12）;
    ！吸盘往下偏移20mm
    MoveL ljmd_p6_1, v20, fine, danxipan_t;
    Reset do2；！关闭吸盘
    MoveL ljmd_p6, v20, fine, danxipan_t;
    ENDIF
    ENDFOR
ENDPROC
```

（3）长方形零件搬运码垛程序

同理，使用 For 循环语句、IF 条件判断语句、整数求模语句 Mod 以及整数除法语句 Div 完成所有长方形零件的搬运码垛。

参考程序如下：

```
    PROC chfx ()
    MoveJ ljmd_home,v150, z5, danxipan_t;！回原点
    MoveL ljmd_p2,v150, z5, danxipan_t;！第2个零件位置
    ljmd_p2_1 : ＝ ljmd_p2;
    FOR reg1 FROM 1 TO 24 DO
    ljmd_p2_1 : ＝ Offs（ljmd_p2,（（V_reg1-1）　Mod　6）＊40,（（V_reg1-1）　Div　6）
＊40,30）;
    MoveL ljmd_p2_1, v20, fine, danxipan_t\WObj: ＝ ljmd_wobj1;
    Set do2;
    ljmd_p2_1 : ＝ Offs（ljmd_p2_1,0,0, 30）;！吸盘往上偏移30mm
    MoveL ljmd_p2_1, v20, fine, danxipan_t\WObj: ＝ ljmd_wobj1;
    IF（V_reg1　Mod　4）＝1 THEN！长方形位置1
    MoveL ljmd_p7, v20, fine, danxipan_t;
    ljmd_p7_1 : ＝ Offs（ljmd_p7,0,0,-20+（V_reg1 Div　4）＊12）;
    ！吸盘往下偏移20mm,换行后高度增加零件的厚度
    MoveL ljmd_p7_1, v20, fine, danxipan_t;
    Reset do2；！关闭吸盘
```

```
        MoveL ljmd_p7, v20, fine, danxipan_t;
        ENDIF
        IF（V_reg1　Mod　4）＝2 THEN！长方形位置2
        MoveL ljmd_p8, v20, fine, danxipan_t;
        ljmd_p8_1 : = Offs（ljmd_p8,0,0, −20+（V_reg1 Div　4）＊12）;
        ！吸盘往下偏移20mm
        MoveL ljmd_p8_1, v20, fine, danxipan_t;
        Reset do2;！关闭吸盘
        MoveL ljmd_p8, v20, fine, danxipan_t;
        ENDIF
        IF（V_reg1　Mod　4）＝3 THEN！长方形位置3
        MoveL ljmd_p9, v20, fine, danxipan_t;
        ljmd_p9_1 : = Offs（ljmd_p9,0,0, −20+（V_reg1 Div　4）＊12）;
        ！吸盘往下偏移20mm
        MoveL ljmd_p9_1, v20, fine, danxipan_t;
        Reset do2;！关闭吸盘
        MoveL ljmd_p9, v20, fine, danxipan_t;
        ENDIF
        IF（V_reg1　Mod　4）＝0 THEN！长方形位置4
        MoveL ljmd_p10, v20, fine, danxipan_t;
        ljmd_p10_1 : = Offs（ljmd_p10,0,0, −20+（V_reg1 Div　4）＊12）;
        ！吸盘往下偏移20mm
        MoveL ljmd_p10_1, v20, fine, danxipan_t;
        Reset do2;！关闭吸盘
        MoveL ljmd_p10, v20, fine, danxipan_t;
        ENDIF
        ENDFOR
ENDPROC
```

调试完正方形搬运码垛和长方形搬运码垛的程序后，可以将两个程序组成一个main程序，参考程序如下：

```
PROC main（）
        initial;        ！程序初始化
        Set do3;        ！正方形码垛信号
        zhfx;
        Reset do3;
        Set do4;   ！长方形码垛信号
        chfx;
        Reset do4;
        ENDPROC
```

```
PROC initial()  ! 初始化子程序
    MoveJ ljmd_home,v150, z5, danxipan_t;! 回原点
    Reset do2；       ! 复位信号
    Reset do3；       ! 复位信号
    Reset do4；       ! 复位信号
ENDPROC
```

五、PLC 程序设计

1. PLC 输出输出口设计

根据任务要求，可设计出 PLC 的 I/O 控制原理图，如图 2-3-4 所示，对接线图的说明见表 2-3-1。

2. PLC 的地址分配表

PLC 的 I/O 地址分配见表 2-7-4，辅助继电器 M 配置见表 2-7-5。

表 2-7-4 PLC 的 I/O 地址分配表

PLC 输入信号			PLC 输出信号		
地址	变量名	功能说明	地址	变量名	功能说明
I0.6	start	系统启动信号	Q0.5	start_sta	控制启动按钮的绿灯和三色灯的绿灯
I0.7	stop	系统停止信号	Q0.6	stop_sta	控制停止按钮的红灯
I1.0	all_emg	总急停型号	Q2.1	RB_start	控制机器人启动程序
I2.1	RB_DO2	机器人电磁阀气路 1	Q2.2	RB_stop	控制机器人停止运动
I3.0	RB_DO9	机器人图块定位			
I3.1	RB_DO10	机器人目标位置			

表 2-7-5 辅助继电器 M 配置表

序号	地址	变量名	功能说明
1	M100.0	tcp_吸盘开关	触摸屏吸盘打开/吸盘关闭指示灯
2	M100.1	tcp_正方形	触摸屏正方形指示灯
3	M100.2	tcp_长方形	触摸屏长方形指示灯
3	M1000.0	tcp_启动	控制程序启动按键
4	M1000.1	tcp_停止	控制程序停止按键

3. 程序设计

（1）零件码垛模块 PLC 启动和停止程序

零件码垛模块 PLC 启动和停止程序如图 2-7-7 所示。在自动模式下，PLC 接收到触摸屏上的"启动"信号或者操作面板上的"start"信号后，工作站启动，"start_ sta"信号置 1，该信号传送给机器人控制器，机器人开始运行"流水线"程序。"停止按钮"触摸屏上的"停止"按钮或者操作面板上"停止"信号触发后，机器人停止运行。当急停按钮被按

下后，机器人也会马上停止运行。

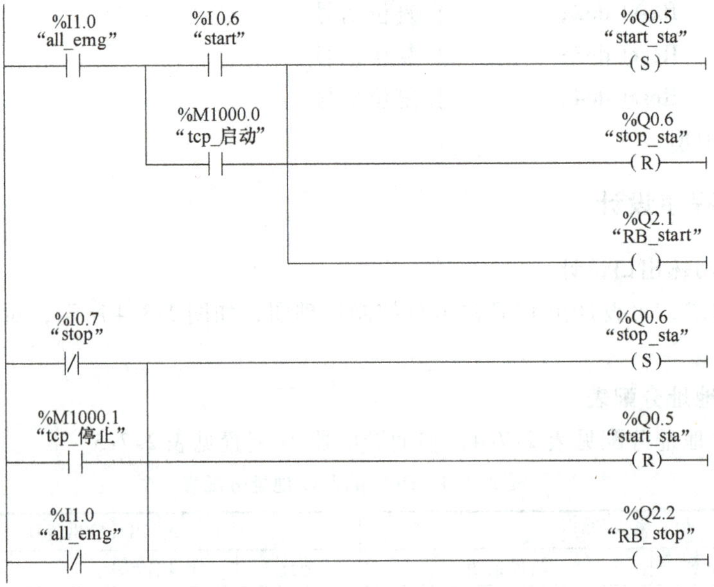

图 2-7-7　零件码垛模块 PLC 启动和停止程序

（2）零件码垛模块的信号监控程序

零件码垛模块的信号监控程序如图 2-7-8 所示。机器人运行"流水线"程序时，PLC 可以通过读取机器人的信号并保存在中间寄存器 M，触摸屏读取后通过指示灯显示，从而对机器人的运行过程进行动态监控。

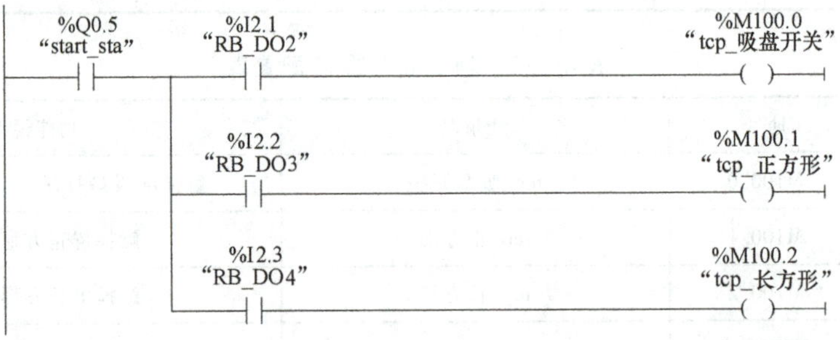

图 2-7-8　零件码垛模块的信号监控程序

六、触摸屏程序编写

1. 触摸屏界面设计

根据控制要求设计触摸屏界面，如图 2-7-9 所示。

2. 触摸屏变量连接

按照表 2-7-6 中的触摸屏界面指示灯和按钮配置连接变量完成触摸屏设计。

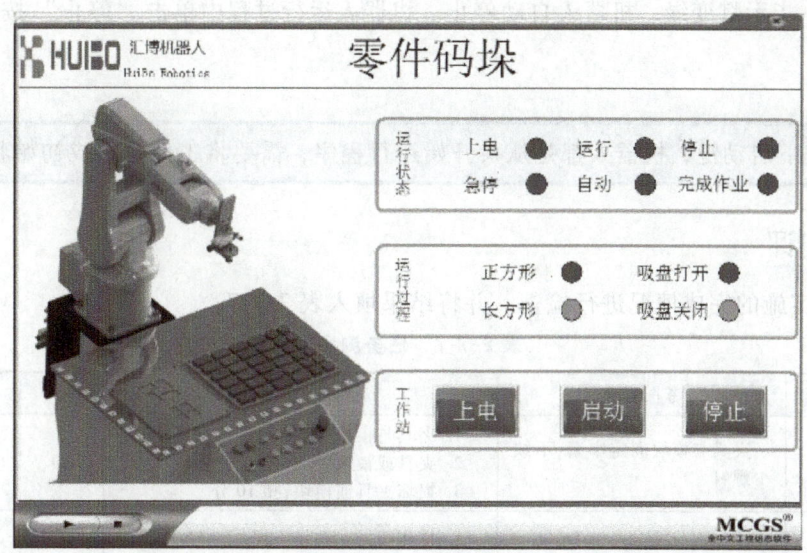

图 2-7-9　触摸屏界面

表 2-7-6　触摸屏界面指示灯和按钮配置

指示灯配置			按钮配置		
灯名	表达式	灯颜色说明	按钮名	数据对象	操作方式
上电	RB_DO16	0:红色 1:绿色	上电	RB_power	按 1 松 0
运行	start_sta	0:红色 1:绿色	启动	tcp_start	按 1 松 0
停止	stop_sta	0:红色 1:绿色	停止	tcp_stop	按 1 松 0
急停	all_emg	0:绿色 1:红色			
自动	M_A	0:红色 1:绿色			
完成作业	RB_finish	0:红色 1:绿色			
吸盘打开	tcp_吸盘开关	0:红色 1:绿色			
吸盘关闭	tcp_吸盘开关	0:红色 1:绿色			
正方形	tcp_正方形	0:红色 1:绿色			
长方形	tcp_长方形	0:红色 1:绿色			

3. 系统调试

1）在操作面板上将"手动/自动"切换到自动模式，"自动"指示灯变为绿色。将机器人的手动/自动钥匙拨到自动状态，并在示教器上确认，准备工作完成。

2）在零件码垛界面上，单击"上电"按钮，在运行状态中可看到"上电"指示灯变绿，机器人进入准备状态。夹具安装好后，单击工作站中的"启动"按钮，机器人启动，"运行"指示灯变为绿色，工作站执行零件码垛工艺。当机器人系统运行完一遍程序后，

"完成作业"指示灯变绿，机器人自动停止。机器人运行过程中单击"停止"按钮，机器人停止运行。

> **提示**
>
> 每次按下启动键，机器人都是从头开始运行程序，需要将工件摆放成初始状态。

检查测评

对任务实施的完成情况进行检查，并将结果填入表 2-7-7。

表 2-7-7　任务测评表

序号	主要内容	考核要求	评分标准	配分	扣分	得分
1	机械安装	夹具与模块固定牢紧,不缺少螺钉	1. 夹具与模块安装位置不合适,扣 5 分 2. 夹具或模块松动,扣 5 分 3. 损坏夹具或模块,扣 10 分	10		
2	机器人程序设计与示教操作	I/O 配置完整,程序设计正确,机器人示教正确	1. 操作机器人动作不规范,扣 5 分 2. 机器人不能完成零件码垛,每个图形轨迹扣 10 分 3. 缺少 I/O 配置,每个扣 1 分 4. 程序缺少输出信号设计,每个扣 1 分 5. 工具坐标系定义错误或缺失,每个扣 5 分	50		
3	触摸屏设计	界面设计完整,连接变量配置完整,按钮与灯配置正确	1. 触摸屏功能缺失,视情况严重性扣 3~10 分 2. 系统配置错误,扣 5 分 3. 按钮或等配置错误,每个扣 1 分	15		
4	PLC 程序设计	PLC 程序组态正确;I/O 配置完整;PLC 程序完整	1. PLC 组态出错,扣 3 分 2. PLC 配置不完整,每个扣 1 分 3. PLC 程序缺失,视情况严重性扣 3~10 分	15		
5	安全文明生产	劳动保护用品穿戴整齐,遵守操作规程,讲文明礼貌,操作结束要清理现场	1. 操作中,违反安全文明生产考核要求的任何一项扣 5 分,扣完为止 2. 当发现学生有重大事故隐患时,要立即予以制止,并每次扣安全文明生产总分 5 分 3. 穿戴不整洁,扣 2 分;设备不还原,扣 5 分;现场不清理,扣 5 分	10		
		合　计				
	开始时间:		结束时间:			

 **任务八　工业机器人车窗涂胶单元的编程与操作**

学习目标

知识目标：1. 掌握六轴工业机器人偏移 offs 指令的编程与示教。

2. 掌握车窗涂胶单元的机器人程序编写。

3. 掌握工业机器人点对点搬运路径的设计方法。

4. 掌握工业机器人车窗涂胶路径的设计方法。

5. 掌握工业机器人 For 语句搬运。

能力目标：1. 能够完成车窗涂胶模块及单吸盘夹具的安装。

2. 能够完成车窗涂胶单元的机器人程序编写。

3. 能够完成车窗涂胶单元 PLC 程序编写。

4. 能够完成车窗涂胶单元触摸屏程序编写。

工作任务

图 2-8-1 所示为某工业机器人车窗涂胶单元工作站，其车窗涂胶单元结构示意图如图 2-8-2 所示。本任务采用示教编程方法，操作机器人实现车窗涂胶单元运动轨迹的示教。

具体控制要求如下：

1）单击触摸屏上的"上电"按钮，机器人伺服上电；单击触摸屏上机器人的"启动"按钮，机器人进入主程序；单击触摸屏上机器人的"复位"按钮，机器人回到 HOME 点，系统进入等待状态；单击触摸屏上工作站的"启动"按钮，系统进入运行状态，车窗涂胶开始，直到涂胶完成后停止。

2）单击触摸屏上的"停止"按钮，系统进入停止状态，所有气动机构均保持状态不变。

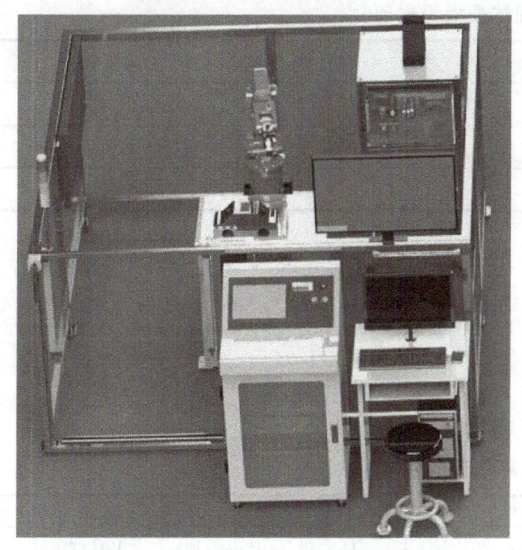

图 2-8-1   工业机器人车窗涂胶单元工作站

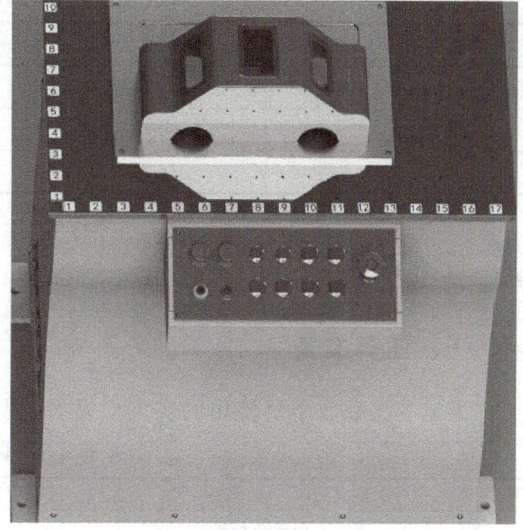

图 2-8-2   车窗涂胶单元结构示意图

相关知识

一、工业机器人车窗涂胶单元工作站

工业机器人车窗涂胶单元工作站是为了进行机器人轨迹数据示教编程而建立的，其主要

由机器人本体、机器人控制器、车窗涂胶单元、单吸盘夹具、操作控制柜、模块承载平台、透明安全护栏、光幕安全门、零件箱和工具墙、编程电脑桌等组成，如图2-8-3所示。

二、车窗涂胶单元

车窗涂胶单元主要由车窗涂胶单元和模块承载平台，主要训练点对点的轨迹运动，如图2-8-4所示。其主要部件组成见表2-8-1。

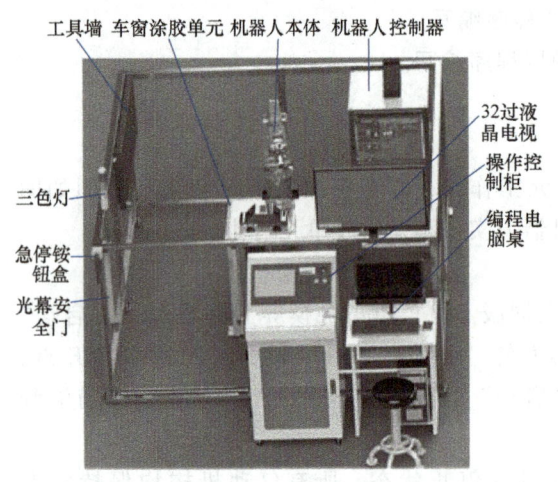

图2-8-3　工业机器人车窗涂胶单元工作站

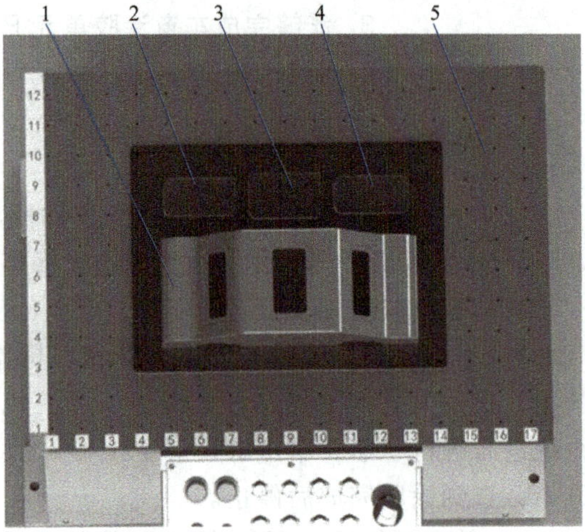

图2-8-4　车窗涂胶单元

表2-8-1　车窗涂胶训练模型组成部件

序号	名称	序号	名称
1	小车模型	4	小车后窗
2	小车前窗	5	模块承载平台
3	小车顶窗		

 **任务实施**

一、任务准备

实施本任务教学所使用的实训设备及工具材料可参考表2-8-2。

表2-8-2　实训设备及工具材料

序号	分类	名称	型号规格	数量	单位	备注
1	工具	内六角扳手	3.0mm	1	个	工具墙
2		内六角扳手	4.0mm	1	个	工具墙
3		内六角螺钉	M4	4	颗	工具墙蓝色盒
4		内六角螺钉	M5	4	颗	工具墙黄色盒
5	设备器材	单吸盘夹具		1	个	物料间领料
6		车窗涂胶模块		1	个	物料间领料
7		涂胶注射器		1	套	物料间领料

二、车窗涂胶单元的安装

在车窗涂胶单元的每个凹槽板中间有两个用于安装固定的螺钉孔，把车窗涂胶单元放置到模块承载平台上，用 M4 内六角螺钉将其固定锁紧，保证模型紧固牢靠，整体布局与固定位置如图 2-8-5 所示。

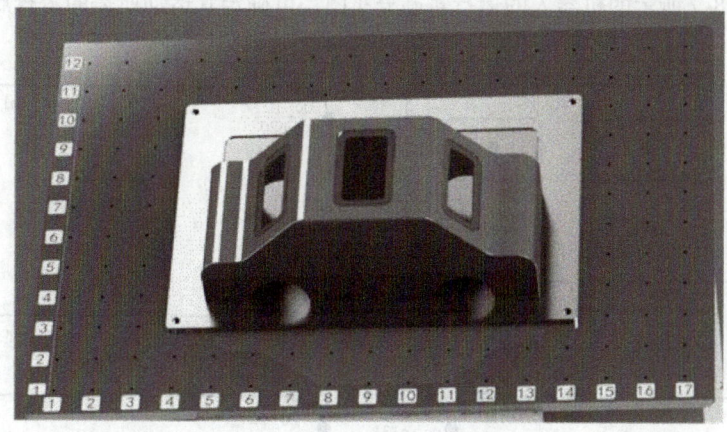

图 2-8-5　车窗涂胶单元整体布局

三、单吸盘夹具的安装

本单元训练采用单吸盘夹具，该夹具在与机器人 J6 轴连接法兰上有四个螺钉安装孔，把夹具调整到合适位置，然后用螺钉将其紧固到机器人 J6 轴上，把机器人上面 1 号气管接在夹具气管接头上，完成夹具的安装。

四、气路检查及气路接法

工件装配模块吸盘使用气动控制，实现工件装配作业需要检查机器人背面底座的气动三联件，确认气路有气压，保证机器人能进行气动驱动，建议气压压力为 0.4MPa。

五、机器人程序设计与编写

根据机器人运动轨迹编写机器人程序时，首先根据控制要求绘制机器人程序流程图，然后编写机器人主程序和子程序。编写子程序前要先设计好机器人的运行轨迹及定义好机器人的程序点。

1. 设计机器人程序流程图

根据控制功能，设计机器人程序流

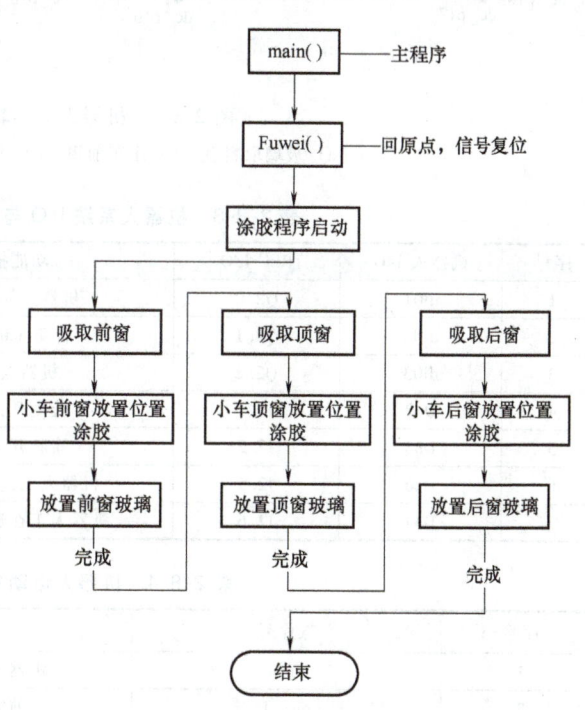

图 2-8-6　机器人程序设计流程图

程图，如图 2-8-6 所示。

2. 机器人系统 I/O 与 PLC 地址配置

实现机器人系统和 PLC 控制器的通信，需要配置相关的信号端口，机器人系统 I/O 与 PLC 地址配置见表 2-8-3。

3. 确定机器人运动所需示教点

根据如图 2-8-7 所示的机器人的运行轨迹分布图，可确定其运动所需的示教点见表 2-8-4。

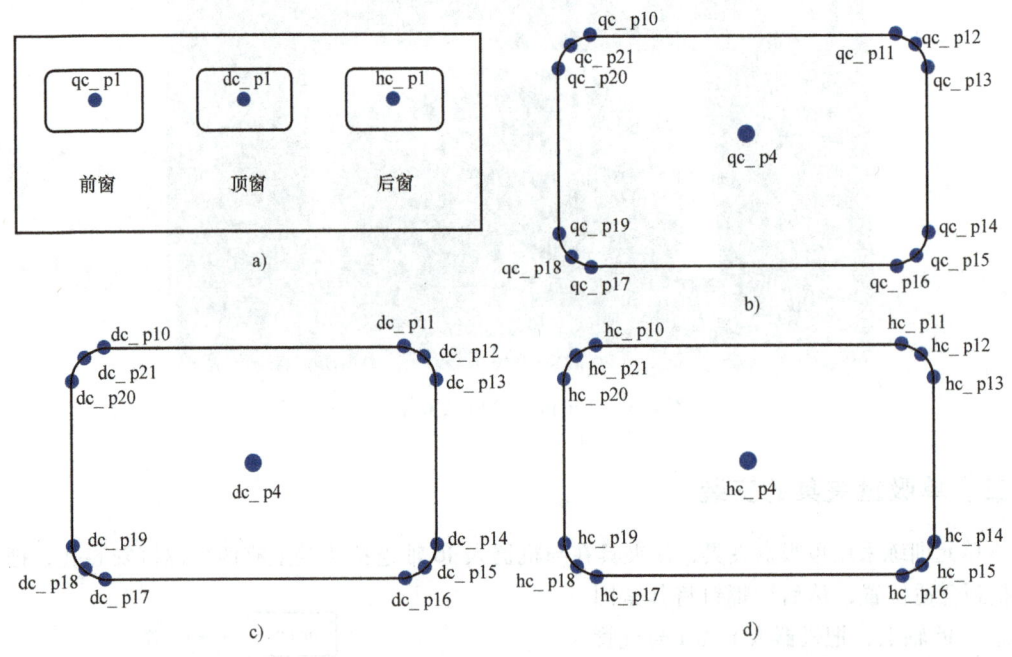

图 2-8-7　机器人运动轨迹分布图

a）玻璃取料点　　b）小车前窗　　c）小车顶窗　　d）小车后窗

表 2-8-3　机器人系统 I/O 与 PLC 地址配置表

序号	机器人 I/O	PLC I/O	功能描述	备注
1	di01	Q2.0	机器人伺服上电	配置系统 Motor_on
2	di02	Q2.1	启动 main 程序	配置系统 Start main
3	di03	Q2.2	机器人停止	配置系统 Stop
4	Do2	I2.1	吸盘开关信号	触摸屏指示灯
5	Do3	I2.2	涂胶开关信号	触摸屏指示灯
6	Do6	I2.5	机器人工艺完成信号	触摸屏指示灯
7	Do7	I2.6	机器人正在运行中信号	触摸屏指示灯

表 2-8-4　机器人运动轨迹示教点

序号	点序号	注释	备注
1	Home	机器人初始位置	需示教
2	qc_p1	前窗吸取点	需示教
3	qc_p2～qc_p3	移动前窗过渡点	需示教

（续）

序号	点序号	注释	备注
4	qc_p4	前窗放置点	需示教
5	qc_p10~qc_p21	小车前窗涂点轨迹点	需示教
6	dc_p1	顶窗吸取点	需示教
7	dc_p2~dc_p3	移动顶窗过渡点	需示教
8	dc_p4	顶窗放置点	需示教
9	dc_p10~dc_p21	小车顶窗涂点轨迹点	需示教
10	hc_p1	后窗吸取点	需示教
11	hc_p2~hc_p3	移动后窗过渡点	需示教
12	hc_p4	后窗放置点	需示教
13	hc_p10~hc_p21	小车后窗涂点轨迹点	需示教

4. 机器人程序设计

（1）程序建立

根据上述的内容，需要建立一个主程序及 4 个子程序；整个程序需要一个复位程序"fuwei（）"，车窗涂胶 3 个程序"qianchuang（）""dingchuang（）""houchuang（）"，程序建立如图 2-8-8 所示（仅供参考）。

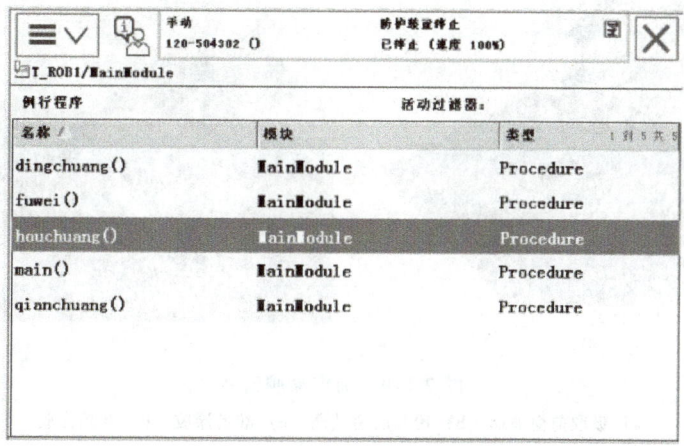

图 2-8-8 程序建立

（2）车窗涂胶程序编写

车窗涂胶程序编写，需要将前窗、顶窗、后窗三块玻璃的小车模型凹槽涂胶后，将玻璃分别放入，具体流程如图 2-8-9 所示。

前窗涂胶参考程序如下：

```
! 前窗程序
PROC qianchuang( )
MoveJ qc_ p2, v150, z10, tool0;! 移到前窗玻璃上方
    MoveL qc_p1, v150, fine, tool0;! 接触前窗玻璃
    Set do2;! 吸取前窗玻璃
```

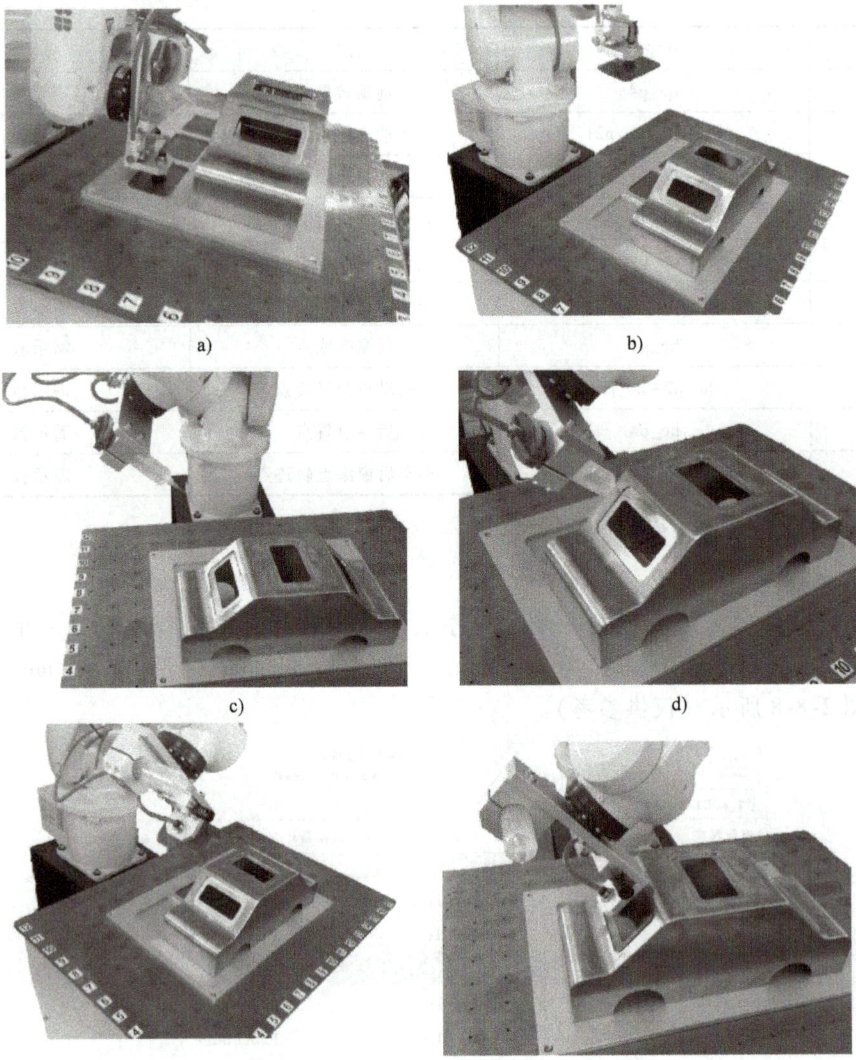

图 2-8-9　前窗涂胶流程

a) 吸取前窗玻璃　b) 抬升前窗玻璃　c) 准备涂胶　d) 开始涂胶

e) 准备放置前窗玻璃　f) 放置前窗玻璃

WaitTime 0.5;

MoveL qc_p2, v150, z10, tool0;! 抬升

MoveL qc_p3, v150, z10, tool0;! 移到前窗放置点上方

MoveJ qc_p5, v100, z10, tool0;! 移到涂胶点上方

MoveL qc_p10, v50, fine, tool0;! 接触涂胶点

Set do3;! 开始涂胶

WaitTime 0.5;

MoveL qc_p11, v50, z0, tool0;! 直线涂胶

MoveC qc_p12, qc_p13, v50, z0, tool0;! 圆弧涂胶

```
    MoveL qc_p14, v50, z0, tool0;！圆弧涂胶
    MoveC qc_p15, qc_p16, v50, z0, tool0;！圆弧涂胶
    MoveL qc_p17, v50, z0, tool0;！直线涂胶
    MoveC qc_p18, qc_p19, v50, z0, tool0;！圆弧涂胶
    MoveL qc_p20, v50, z0, tool0;！直线涂胶
    MoveC qc_p21, qc_p10, v50, fine, tool0;！圆弧涂胶
    Reset do3;！关闭涂胶注射器
    WaitTime 0.5;
    MoveL qc_p5, v100, z10, tool0;！抬升
    MoveJ qc_p3, v150, z10, tool0;！移到前窗放置点上方
    MoveL qc_p4, v50, fine, tool0;！移到前窗放置点
    Reset do2;！放置前窗玻璃
    WaitTime 0.5;
    MoveL qc_p3, v150, z10, tool0;！抬升
ENDPROC
```

（3）工件装配最终程序

顶窗涂胶和后窗涂胶跟前窗涂胶类似，请参照前窗涂胶程序编写顶窗涂胶和后窗涂胶程序，整个控制程序如下：

```
PROC main()
    fuwei;！调用 fuwei 子程序
        qianchuang;！调用 qianchuang() 子程序
        dingchuang;！调用 dingchuang() 子程序
        houchuang;！调用 houchuang() 子程序
        fuwei;！调用 fuwei 子程序
ENDPROC
PROC fuwei()
    MoveJ home, v150, fine, tool0;！机器人回到原点
    Reset do2;！吸盘关闭
    Reset do3;！涂胶关闭
    Reset do6;！完成信号关闭
    Reset do7;！运行信号关闭
ENDPROC
！前窗程序
PROC qianchuang()
Set do7;！程序运行信号打开
    MoveJ qc_p2, v150, z10, tool0;！移到前窗玻璃上方
    MoveL qc_p1, v150, fine, tool0;！接触前窗玻璃
    Set do2;！吸取前窗玻璃
    WaitTime 0.5;
```

```
        MoveL qc_p2, v150, z10, tool0;! 抬升
        MoveL qc_p3, v150, z10, tool0;! 移到前窗放置点上方
        MoveJ qc_p5, v100, z10, tool0;! 移到涂胶点上方
        MoveL qc_p10, v50, fine, tool0;! 接触涂胶点
        Set do3;! 开始涂胶
        WaitTime 0.5;
        MoveL qc_p11, v50, z0, tool0;! 直线涂胶
        MoveC qc_p12, qc_p13, v50, z0, tool0;! 圆弧涂胶
        MoveL qc_p14, v50, z0, tool0;! 圆弧涂胶
        MoveC qc_p15, qc_p16, v50, z0, tool0;! 圆弧涂胶
        MoveL qc_p17, v50, z0, tool0;! 直线涂胶
        MoveC qc_p18, qc_p19, v50, z0, tool0;! 圆弧涂胶
        MoveL qc_p20, v50, z0, tool0;! 直线涂胶
        MoveC qc_p21, qc_p10, v50, fine, tool0;! 圆弧涂胶
        Reset do3;! 关闭涂胶注射器
        WaitTime 0.5;
        MoveL qc_p5, v100, z10, tool0;! 抬升
        MoveJ qc_p3, v150, z10, tool0;! 移到前窗放置点上方
        MoveL qc_p4, v50, fine, tool0;! 移到前窗放置点
        Reset do2;! 放置玻璃
        WaitTime 0.5;
        MoveL qc_p3, v150, z10, tool0;! 抬升
ENDPROC
! 顶窗程序
PROC dingchuang( )
        MoveJ dc_p2, v150, z10, tool0;! 移到顶窗玻璃上方
        MoveL dc_p1, v150, fine, tool0;! 接触顶窗玻璃
        Set do2;! 吸取顶窗玻璃
        WaitTime 0.5;
        MoveL dc_p2, v150, z10, tool0;! 抬升
        MoveL dc_p3, v150, z10, tool0;! 移到顶窗放置点上方
        MoveJ dc_p5, v100, z10, tool0;! 移到涂胶点上方
        MoveL dc_p10, v50, fine, tool0;! 接触涂胶点
        Set do3;! 开始涂胶
        WaitTime 0.5;
        MoveL dc_p11, v50, z0, tool0;! 直线涂胶
        MoveC dc_p12, qc_p13, v50, z0, tool0;! 圆弧涂胶
        MoveL dc_p14, v50, z0, tool0;! 圆弧涂胶
        MoveC dc_p15, qc_p16, v50, z0, tool0;! 圆弧涂胶
```

```
MoveL dc_p17, v50, z0, tool0; ! 直线涂胶
MoveC dc_p18, qc_p19, v50, z0, tool0; ! 圆弧涂胶
MoveL dc_p20, v50, z0, tool0; ! 直线涂胶
MoveC dc_p21, qc_p10, v50, fine, tool0; ! 圆弧涂胶
Reset do3; ! 关闭涂胶注射器
WaitTime 0.5;
MoveL dc_p5, v100, z10, tool0; ! 抬升
MoveJ dc_p3, v150, z10, tool0; ! 顶窗放置点上方
MoveL dc_p4, v50, fine, tool0; ! 移到顶窗放置点
Reset do2; ! 放置玻璃
WaitTime 0.5;
MoveL dc_p3, v150, z10, tool0; ! 抬升
ENDPROC
! 后窗程序
PROC houchuang( )
MoveJ hc_p2, v150, z10, tool0; ! 移到后窗玻璃上方
MoveL hc_p1, v150, fine, tool0; ! 接触后窗玻璃
Set do2; ! 吸取后窗玻璃
WaitTime 0.5;
MoveL hc_p2, v150, z10, tool0; ! 抬升
MoveL hc_p3, v150, z10, tool0; ! 移到后窗放置点上方
MoveJ hc_p5, v100, z10, tool0; ! 移到涂胶点上方
MoveL hc_p10, v50, fine, tool0; ! 接触涂胶点
Set do3; ! 开始涂胶
WaitTime 0.5;
MoveL hc_p11, v50, z0, tool0; ! 直线涂胶
MoveC hc_p12, qc_p13, v50, z0, tool0; ! 圆弧涂胶
MoveL hc_p14, v50, z0, tool0; ! 圆弧涂胶
MoveC hc_p15, qc_p16, v50, z0, tool0; ! 圆弧涂胶
MoveL hc_p17, v50, z0, tool0; ! 直线涂胶
MoveC hc_p18, qc_p19, v50, z0, tool0; ! 圆弧涂胶
MoveL hc_p20, v50, z0, tool0; ! 直线涂胶
MoveC hc_p21, qc_p10, v50, fine, tool0; ! 圆弧涂胶
Reset do3; ! 关闭涂胶注射器
WaitTime 0.5;
MoveL hc_p5, v100, z10, tool0; ! 抬升
MoveJ hc_p3, v150, z10, tool0; ! 移到后窗放置点上方
MoveL hc_p4, v50, fine, tool0; ! 移到后窗放置点
Reset do2; ! 放置玻璃
```

WaitTime 0.5;

MoveL hc_p3, v150, z10, tool0;! 抬升

Reset do7;! 程序运行信号关闭

set do6;! 程序运行完成信号打开

ENDPROC

5. 机器人程序调试

参照绘图模块建立视觉搬运操作单元的主程序 main 和子程序，并确保所有指令的速度值不能超过 150mm/s。程序编写完成，调试机器人程序。单击"调试"按钮，单击"PP 移至例行程序…"，单击"fuwei"，单击"确定"，程序指针指在"fuwei"程序的第一条语句，如图 2-8-10 所示。

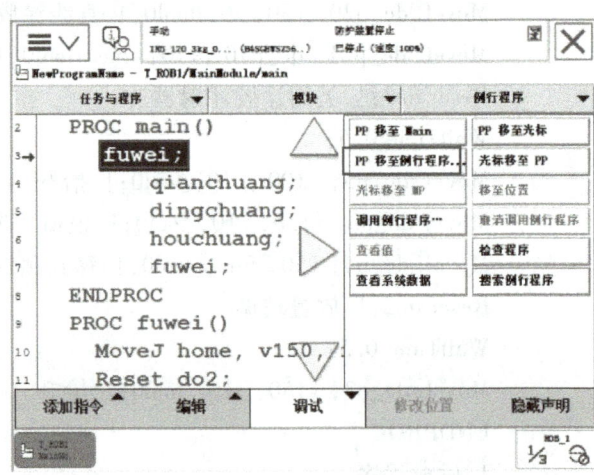

图 2-8-10　机器人程序调试

用正确的方法手握示教器，按下电机使能按键，示教器上显示"电动机开启"，然后按下"单步向前按钮"，机器人程序按顺序往下执行程序。第一次运行程序务必单步运行程序，直至程序末尾，确定机器人运行每一条语句都没有错误，与工件不会发生碰撞，才可以按下"连续运行"按钮。需要停止程序时，先按下"停止"，再松开电动机使能按钮。

六、PLC 程序设计

1. PLC 输入输出口设计

根据任务要求，可设计出 PLC 的 I/O 控制原理图，如图 2-3-4 所示，是对接线图的说明见表 2-3-1。

2. PLC 的地址分配表

PLC 的 I/O 地址分配见表 2-8-5，辅助继电器 M 配置见表 2-8-6。

表 2-8-5　PLC 的 I/O 地址分配表

PLC 输入信号			PLC 输出信号		
地址	变量名	功能说明	地址	变量名	功能说明
I0.6	start	系统启动信号	Q0.5	start_sta	控制启动按钮的绿灯和三色灯的绿灯
I0.7	stop	系统停止信号	Q0.6	stop_sta	控制停止按钮的红灯
I1.0	all_emg	总急停型号	Q2.1	RB_start	控制机器人启动程序
I2.1	RB_DO2	吸盘开关信号	Q2.2	RB_stop	控制机器人停止运动
I2.2	RB_DO3	涂胶开关信号			

3. 程序设计

（1）车窗涂胶模块 PLC 启动和停止程序

车窗涂胶模块 PLC 启动和停止程序如图 2-8-11 所示，用于空盒子系统状态显示和机器

人启动或停止。

表 2-8-6 辅助继电器 M 配置表

序号	地址	变量名	功能说明
1	M100.0	tcp_吸盘开关	触摸屏吸盘打开/吸盘关闭指示灯
2	M100.1	tcp_涂胶开关	触摸屏涂胶打开/涂胶关闭指示灯
3	M1000.0	tcp_启动	控制程序启动按键
4	M1000.1	tcp_停止	控制程序停止按键

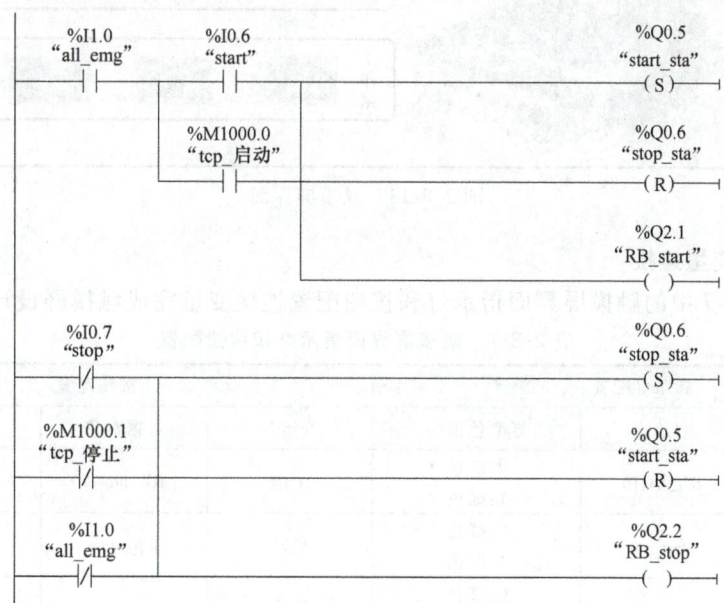

图 2-8-11 车窗涂胶模块 PLC 启动和停止程序

（2）水平搬运信号状态显示在触摸屏上程序

水平搬运信号状态显示在触摸屏上程序如图 2-8-12 所示。机器人每完成一列搬运，触摸屏指示灯都会显示。

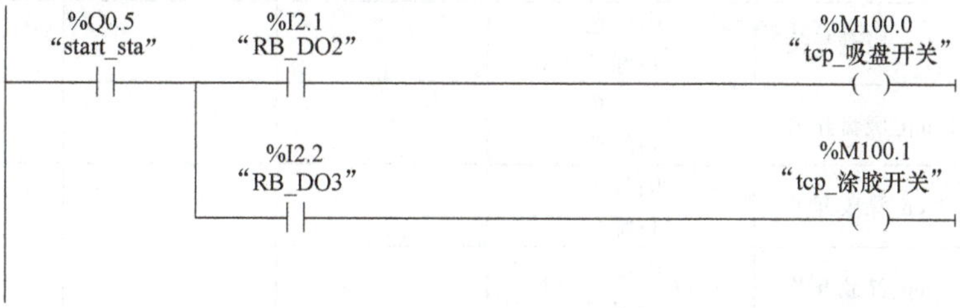

图 2-8-12 水平搬运信号状态显示在触摸屏上程序

七、触摸屏程序编写

1. 触摸屏界面设计

根据控制要求设计触摸屏界面，如图 2-8-13 所示。

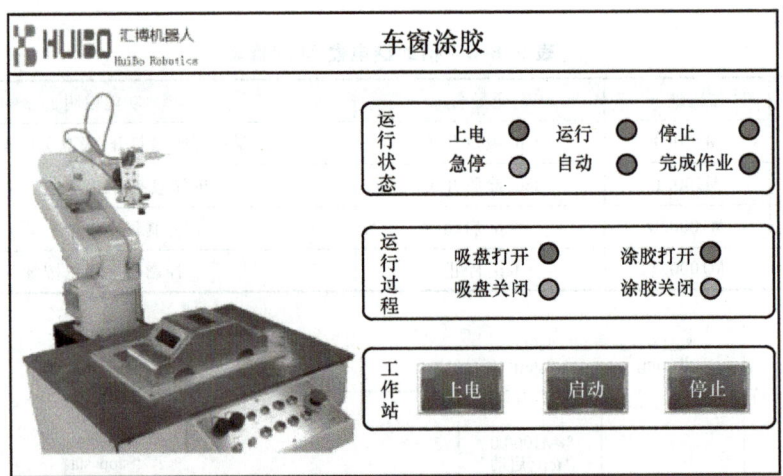

图 2-8-13 触摸屏界面

2. 触摸屏变量连接

按照表 2-8-7 中的触摸屏界面指示灯和按钮配置连接变量完成触摸屏设计。

表 2-8-7 触摸屏界面指示灯和按钮配置

指示灯配置			按钮配置		
灯名	表达式	灯颜色说明	按钮名	数据对象	操作方式
上电	RB_DO16	0:红色 1:绿色	上电	RB_power	按 1 松 0
运行	start_sta	0:红色 1:绿色	启动	tcp_start	按 1 松 0
停止	stop_sta	0:红色 1:绿色	停止	tcp_stop	按 1 松 0
急停	all_emg	0:绿色 1:红色			
自动	M_A	0:红色 1:绿色			
完成作业	RB_finish	0:红色 1:绿色			
吸盘打开	tcp_吸盘开关	0:红色 1:绿色			
吸盘关闭	tcp_吸盘开关	0:红色 1:绿色			
涂胶打开	tcp_涂胶开关	0:红色 1:绿色			
涂胶关闭	tcp_涂胶开关	0:红色 1:绿色			

3. 系统调试

1）在操作面板上将"手动/自动"切换到自动模式，"自动"指示灯变为绿色。将机器人的手动/自动钥匙拨到自动状态，并在示教器上确认，准备工作完成。

2）在车窗涂胶界面上，单击"上电"按钮，在运行状态中可看到"上电"指示灯变绿，机器人进入准备状态。夹具安装好后，单击工作站中的"启动"按钮，机器人启动，

"运行"指示灯变为绿色，工作站执行车窗涂胶工艺。当机器人系统运行完一遍程序后，"完成作业"指示灯变绿，机器人自动停止。机器人运行过程中单击"停止"按钮，机器人停止运行。

提示

　　每次按下启动键，机器人都是从头开始运行程序，需要将工件摆放成初始状态。

 检查测评

　　对任务实施的完成情况进行检查，并将结果填入表2-8-8。

表2-8-8　任务测评表

序号	主要内容	考核要求	评分标准	配分	扣分	得分
1	机械安装	夹具与模块固定牢紧，不缺少螺钉	1. 夹具与模块安装位置不合适，扣5分 2. 夹具或模块松动，扣5分 3. 损坏夹具或模块，扣10分	10		
2	机器人程序设计与示教操作	I/O配置完整，程序设计正确，机器人示教正确	1. 操作机器人动作不规范，扣5分 2. 机器人不能完成车窗涂胶，每个轨迹扣10分 3. 缺少I/O配置，每个扣1分 4. 程序缺少输出信号设计，每个扣1分 5. 工具坐标系定义错误或缺失，每个扣5分	50		
3	触摸屏设计	界面设计完整，连接变量配置完整，按钮与灯配置正确	1. 触摸屏功能缺失，视情况严重性扣3~10分 2. 系统配置错误，扣5分 3. 按钮或等配置错误，每个扣1分	15		
4	PLC程序设计	PLC程序组态正确；I/O配置完整；PLC程序完整	1. PLC组态出错，扣3分 2. PLC配置不完整，每个扣1分 3. PLC程序缺失，视情况严重性扣3~10分	15		
5	安全文明生产	劳动保护用品穿戴整齐，遵守操作规程，讲文明礼貌，操作结束要清理现场	1. 操作中，违反安全文明生产考核要求的任何一项扣5分，扣完为止 2. 当发现学生有重大事故隐患时，要立即予以制止，并每次扣安全文明生产总分5分 3. 穿戴不整洁，扣2分；设备不还原，扣5分；现场不清理，扣5分	10		
合计						
开始时间：			结束时间：			

任务九　工业机器人排列检测单元的编程与操作

 学习目标

　　知识目标：1. 掌握运动控制程序的新建、编辑、加载方法。

　　　　　　　2. 掌握排列检测单元的机器人程序编写。

3. 掌握工业机器人排列检测单元的程序编写。

4. 掌握工业机器人 For 语句搬运。

能力目标：1. 能够完成排列检测模块及双吸盘夹具的安装。

2. 能够完成排列检测单元的机器人程序编写。

3. 能够完成排列检测单元 PLC 程序编写。

4. 能够完成排列检测单元触摸屏程序编写。

工作任务

图 2-9-1 所示为某工业机器人排列检测单元工作站，其排列检测单元结构示意图如图 2-9-2所示。本任务采用示教编程方法，操作机器人实现排列检测单元运动轨迹的示教。

具体控制要求如下：

1）单击触摸屏上的"上电"按钮，机器人伺服上电；单击触摸屏上机器人的"启动"按钮，机器人进入主程序；单击触摸屏上机器人的"复位"按钮，机器人回到 HOME 点，系统进入等待状态；单击触摸屏上工作站的"启动"按钮，系统进入运行状态，检测排列开始，直到检测排列完成后停止。

2）单击触摸屏上的"停止"按钮，系统进入停止状态，所有气动机构均保持状态不变。

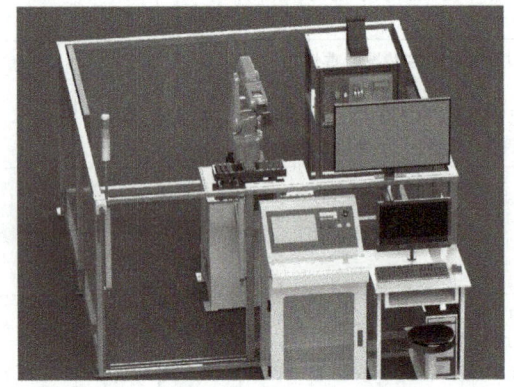

图 2-9-1　工业机器人排列检测单元工作站

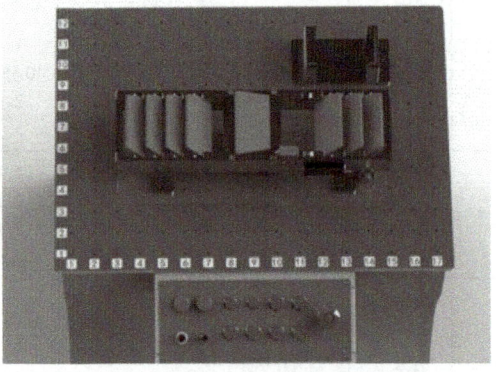

图 2-9-2　排列检测单元结构示意图

相关知识

一、工业机器人排列检测单元工作站

工业机器人检测排列单元工作站是通过吸盘夹具拾取玻璃板到检测台检测，根据检测结果判断玻璃长边选择插入方向，其主要由机器人本体、机器人控制器、检测排列模块、双吸盘夹具、操作控制柜、模块承载平台、透明安全护栏、光幕安全门、零件箱和工具墙、编程电脑桌等组成，如图 2-9-3 所示。

二、排列检测单元

检测排列模型结构示意图如图 2-9-4 所示。其主要部件组成见表 2-9-1。

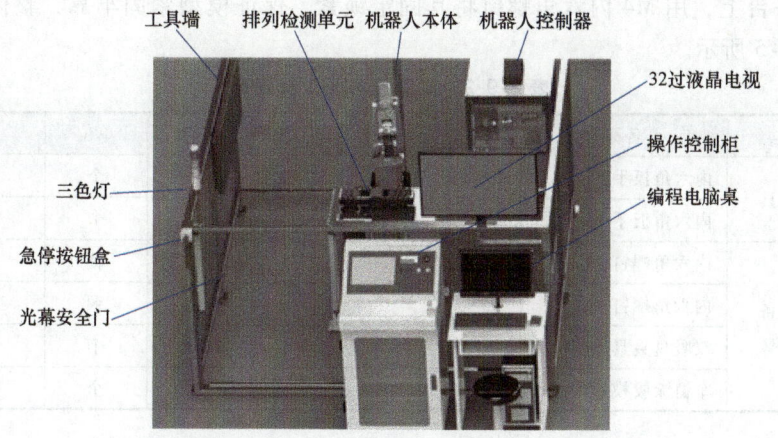

图 2-9-3 工业机器人排列检测单元工作站的组成

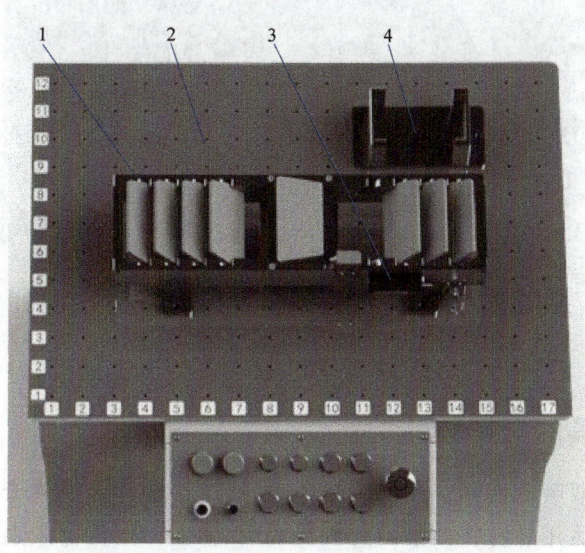

图 2-9-4 检测排列模型结构示意图

表 2-9-1 检测排列训练模型组成部件

序号	名 称	序号	名 称
1	检测排列模型	3	光纤传感器
2	模块承载平台	4	玻璃板物料仓

任务实施

一、任务准备

实施本任务教学所使用的实训设备及工具材料可参考表 2-9-2。

二、排列检测单元的安装

在排列检测单元的每个凹槽板中间有两个用于安装固定的螺钉孔，把排列检测单元放置

到模块承载平台上，用 M4 内六角螺钉将其固定锁紧，保证模型紧固牢靠，整体布局与固定位置如图 2-9-5 所示。

表 2-9-2　实训设备及工具材料

序号	分类	名称	型号规格	数量	单位	备注
1	工具	内六角扳手	3.0mm	1	个	工具墙
2		内六角扳手	4.0mm	1	个	工具墙
3	设备器材	内六角螺钉	M4	4	颗	工具墙蓝色盒
4		内六角螺钉	M5	4	颗	工具墙黄色盒
5		双吸盘夹具		1	个	物料间领料
6		车窗涂胶模块		1	个	物料间领料

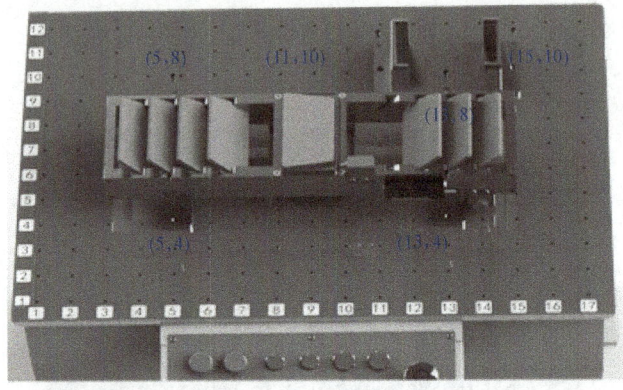

图 2-9-5　排列检测单元整体布局

三、双吸盘夹具的安装

本单元训练采用双吸盘夹具，在与机器人 J6 轴连接法兰上有 4 个螺钉安装孔，把夹具调整到合适位置，然后用螺钉将其紧固到机器人 J6 轴上，把机器人上面 1 号气管接在夹具气管接头上，完成夹具的安装，如图 2-9-6 所示。

图 2-9-6　双吸盘夹具的安装

四、气路检查及气路接法

排列检测模块吸盘使用气动控制，实现排列检测作业需要检查机器人背面底座的气动三联件，确认气路有气压，保证机器人能进行气动驱动，建议气压压力为 0.4MPa。

五、线缆连接

检测排列模块上有一个航插口，通信线缆如图 2-9-7 所示。安装好硬件设备后，使用 CB4a 线缆将检测排列模块支架上的接口与工作台上的 CB5a 接口连接。

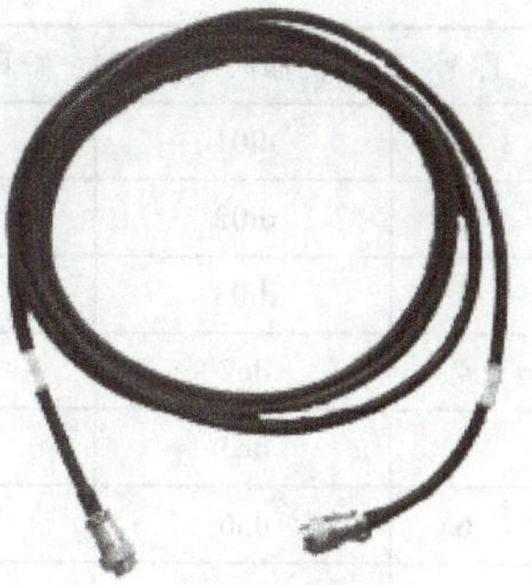

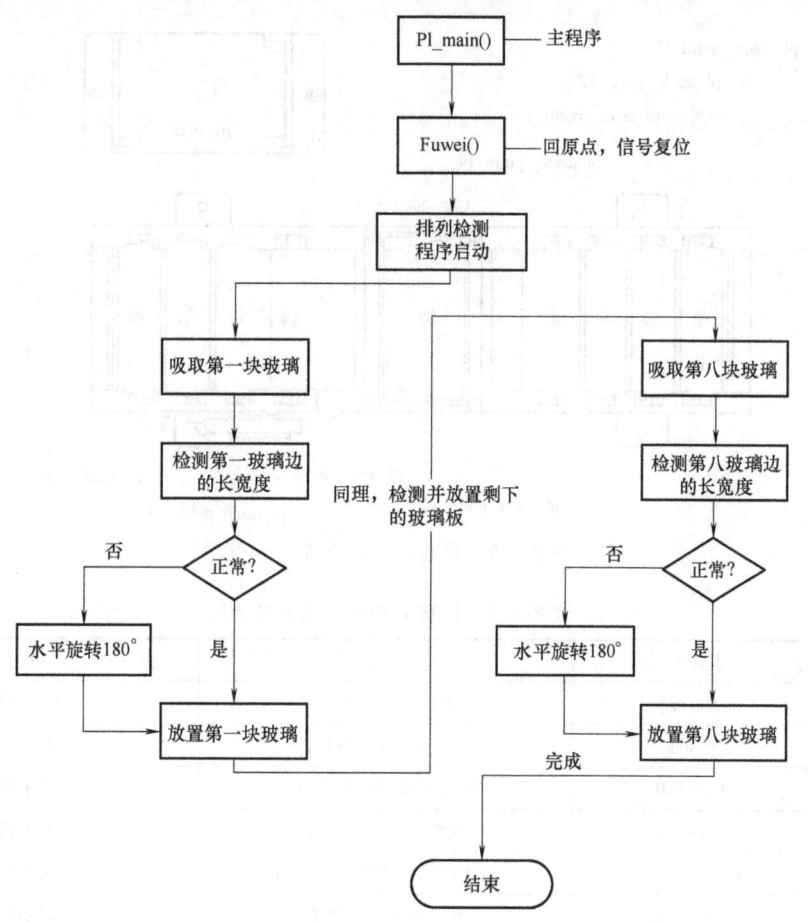

图 2-9-7 通信线缆

六、机器人程序设计与编写

根据机器人运动轨迹编写机器人程序时，首先根据控制要求绘制机器人程序流程图，然后编写机器人主程序和子程序。编写子程序前要先设计好机器人的运行轨迹并定义好机器人的程序点。

1. 设计机器人程序流程图

根据控制功能，设计机器人程序流程图，如图 2-9-8 所示。

图 2-9-8 机器人程序设计流程图

2. 机器人系统 I/O 与 PLC 地址配置

实现机器人系统和 PLC 控制器的通信，需要配置相关的信号端口，机器人系统 I/O 与

PLC 地址配置见表 2-9-3。

表 2-9-3 机器人系统 I/O 与 PLC 地址配置表

序号	机器人 I/O	PLC I/O	功能描述	备　　注
1	di01	Q2.0	机器人伺服上电	配置系统 Motor_on
2	di02	Q2.1	启动 main 程序	配置系统 Start st main
3	di03	Q2.2	机器人停止	配置系统 Stop
4	do2	I2.1	吸盘 1 开关信号	
5	do3	I2.2	吸盘 2 开关信号	
6	do6	I2.5	机器人工艺完成信号	
7	do7	I2.6	机器人正在运行中信号	

3. 确定机器人运动所需示教点

根据如图 2-9-9 所示的机器人的运行轨迹分布图，可确定其运动所需的示教点见表 2-9-4。

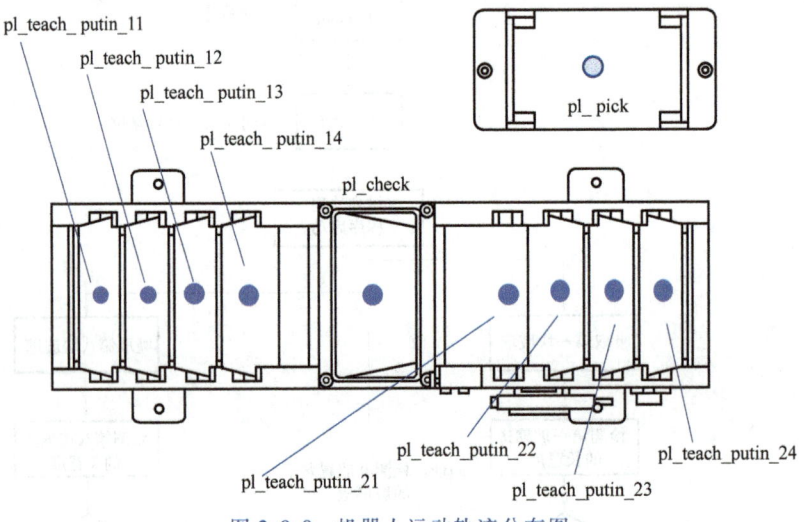

图 2-9-9 机器人运动轨迹分布图

表 2-9-4 机器人运动轨迹示教点

序号	点序号	注释	备注
1	Home	机器人初始位置	需示教
2	pl_pick	玻璃板取料点	需示教
3	pl_pick10	玻璃板取料点正上方	需示教
4	pl_check	检测玻璃板放置点	需示教
5	pl_check10	检测玻璃板放置点正上方	需示教
6	pl_teach_putin_11	第一块玻璃放置点	需示教
7	pl_teach_putin_12	第二块玻璃放置点	需示教
8	pl_teach_putin_13	第三块玻璃放置点	需示教
9	pl_teach_putin_14	第四块玻璃放置点	需示教

（续）

序号	点序号	注释	备注
10	pl_teach_putin_21	第五块玻璃放置点	需示教
11	pl_teach_putin_22	第六块玻璃放置点	需示教
12	pl_teach_putin_23	第七块玻璃放置点	需示教
13	pl_teach_putin_24	第八块玻璃放置点	需示教

4. 机器人程序设计

主程序及各子程序的参考程序如下：

! 主程序
```
PROC pl_main( )
    pl_i: = 0；! 赋初值,代表第几块玻璃板
    WHILE pl_i<8 DO ! WHILE 循环,循环 8 次
    pl_zi_pick；! 调用 pl_zi_pick 子程序
    pl_zi_check；! 调用 pl_zi_check 子程序
    IF pl_i<4 THEN
        pl_zi_put1；! 前 4 块放左侧
    elseIF pl_i> = 4 THEN
        pl_zi_put2；! 后 4 块放右侧
    ENDIF
ENDWHILE
ENDPROC
```

! 玻璃板水平旋转 180°
```
PROC pl_zi_xz180( )
    pl_check_xz : = CJointT( )；! 获取当前坐标
    pl_check_xz180 : = pl_check_xz；
    pl_check_xz180. robax. rax_6: = pl_check_xz. robax. rax_6+180；! 将第六轴旋转 180°
    MoveAbsJ pl_check_xz180\NoEOffs, v100, fine, tool0；
ENDPROC
```

! 玻璃板取料程序
```
PROC pl_zi_pick( )
    MoveJ pl_ready, v200, z50, tool0；! 将工具移动到物料仓上方
    pl_pick10: = Offs( pl_teach_pick,0,0,50)；
    MoveL pl_pick10, v200, z50, tool0；
    pl_pick: = Offs( pl_teach_pick,0,0,(-4.6 * pl_i))；! 每块玻璃板厚 4.6mm
    MoveL pl_pick, v50, fine, tool0；! 吸取玻璃板
    Set do3；! 打开吸盘 1
    Set do4；! 打开吸盘 2
    WaitTime 1；
```

```
        MoveL pl_pick10, v50, fine, tool0;
        MoveJ pl_ready, v200, z50, tool0;
ENDPROC
! 将玻璃板放置检测台程序
PROC pl_zi_check()
        pl_check10: = Offs(pl_check,0,0,100);
        MoveL pl_check10, v200, z50, tool0;
        MoveL pl_check, v50, fine,tool0;! 将玻璃板放置检测台上
        Reset do3;! 关闭吸盘1
        Reset do4;! 关闭吸盘2
        WaitTime 1.5;
        MoveL pl_check10, v50, fine, tool0;
ENDPROC
! 左侧4块玻璃板放置程序
PROC pl_zi_put1()
        ! 判断玻璃板边的长短
        IF di7 = 1 THEN! 若正常,则开始放置玻璃
        MoveL pl_check, v50, fine,tool0;
    Set do3;
        Set do4;
        WaitTime 1;
        MoveL pl_check10, v50, fine, tool0;
        elseIF di7 = 0 THEN! 若不正常,则将玻璃转到正常位置
        pl_zi_xz180;
        pl_check_fx10 : = CRobT();
        pl_check_fx10: = Offs(pl_check_fx10,0,49,0);
        pl_check_fx: = Offs(pl_check_fx10,0,0,-100);
        MoveL pl_check_fx10, v100, fine, tool0;
        MoveL pl_check_fx, v30, fine,tool0;
        Set do3;
        Set do4;
        WaitTime 1.5;
        MoveL pl_check_fx10, v50, z50, tool0;
        MoveAbsJ pl_check_xz\NoEOffs, v200, fine, tool0;
        ENDIF
        IF pl_i = 0 THEN! 放置第一块玻璃
        pl_put10: = Offs(pl_teach_put_11,0,0,100);
        MoveL pl_put10, v200, fine, tool0;
        MoveL pl_teach_put_11, v100, fine, tool0;
```

```
MoveL pl_teach_putin_11, v30, fine, tool0;
Reset do3;
Reset do4;
WaitTime 1. 5;
MoveL pl_put10, v50, fine, tool0;
MoveJ pl_ready, v200, fine, tool0;
pl_i: = pl_i+1;
ELSEIF pl_i = 1 THEN! 放置第二块玻璃
pl_put10: = Offs(pl_teach_put_12,0,0,100);
MoveL pl_put10, v200, fine, tool0;
MoveL pl_teach_put_12, v100, fine, tool0;
MoveL pl_teach_putin_12, v30, fine, tool0;
Reset do3;
Reset do4;
WaitTime 1. 5;
MoveL pl_put10, v50, fine, tool0;
MoveJ pl_ready, v200, fine, tool0;
pl_i: = pl_i+1;
ELSEIF pl_i = 2 THEN! 放置第三块玻璃
pl_put10: = Offs(pl_teach_put_13,0,0,100);
MoveL pl_put10, v200, fine, tool0;
MoveL pl_teach_put_13, v100, fine, tool0;
MoveL pl_teach_putin_13, v30, fine, tool0;
Reset do3;
Reset do4;
WaitTime 1. 5;
MoveL pl_put10, v50, fine, tool0;
MoveJ pl_ready, v200, fine, tool0;
pl_i: = pl_i+1;
ELSEIF pl_i = 3 THEN! 放置第四块玻璃
pl_put10: = Offs(pl_teach_put_14,0,0,100);
MoveL pl_put10, v200, fine, tool0;
MoveL pl_teach_put_14, v100, fine, tool0;
MoveL pl_teach_putin_14, v30, fine, tool0;
Reset do3;
Reset do4;
WaitTime 1. 5;
MoveL pl_put10, v50, fine, tool0;
MoveJ pl_ready, v200, fine, tool0;
```

```
        pl_i: = pl_i+1;
      ENDIF
ENDPROC
! 右侧 4 块玻璃板放置程序
PROC pl_zi_put2( )
    ! 判断玻璃板边的长短
    IF di7 = 1 THEN! 若正常,则开始放置玻璃
      MoveL pl_check, v30, fine, tool0;
      Set do3;
      Set do4;
      WaitTime 1;
      MoveL pl_check10, v50, fine, tool0;
      pl_zi_xz180;
    elseIF di7 = 0 THEN! 若不正常,则将玻璃转到正常位置
      pl_zi_xz180;
      pl_check_fx10 : = CRobT( );
      pl_check_fx10: = Offs( pl_check_fx10,0,49,0);
      pl_check_fx: = Offs( pl_check_fx10,0,0,-100);
      MoveL pl_check_fx10, v200, z50, tool0;
      MoveL pl_check_fx, v50, fine, tool0;
      Set do3;
      Set do4;
      WaitTime 1;
      MoveL pl_check_fx10, v50, fine, tool0;
    ENDIF
    IF pl_i = 4 THEN! 放置第五块玻璃
      pl_put10: = Offs( pl_teach_put_21,0,0,100);
      MoveL pl_put10, v200, fine, tool0;
      MoveL pl_teach_put_21, v100, fine, tool0;
      MoveL pl_teach_putin_21, v30, fine, tool0;
      Reset do3;
      Reset do4;
      WaitTime 1.5;
      MoveL pl_put10, v50, fine, tool0;
      MoveJ pl_ready, v200, fine, tool0;
      pl_i: = pl_i+1;
    ELSEIF pl_i = 5 THEN! 放置第六块玻璃
      pl_put10: = Offs( pl_teach_put_22,0,0,100);
      MoveL pl_put10, v200, fine, tool0;
```

```
            MoveL pl_teach_put_22，v100，fine，tool0；
            MoveL pl_teach_putin_22，v30，fine，tool0；
            Reset do3；
            Reset do4；
            WaitTime 1.5；
            MoveL pl_put10，v50，fine，tool0；
            MoveJ pl_ready，v200，fine，tool0；
            pl_i：=pl_i+1；
            ELSEIF pl_i=6 THEN！放置第七块玻璃
            pl_put10：=Offs（pl_teach_put_23，0，0，100）；
            MoveL pl_put10，v200，fine，tool0；
            MoveL pl_teach_put_23，v100，fine，tool0；
            MoveL pl_teach_putin_23，v30，fine，tool0；
            Reset do3；
            Reset do4；
            WaitTime 1.5；
            MoveL pl_put10，v50，fine，tool0；
            MoveJ pl_ready，v200，fine，tool0；
            pl_i：=pl_i+1；
            ELSEIF pl_i=7 THEN！放置第八块玻璃
            pl_put10：=Offs（pl_teach_put_24，0，0，100）；
            MoveL pl_put10，v200，fine，tool0；
            MoveL pl_teach_put_24，v100，fine，tool0；
            MoveL pl_teach_putin_24，v30，fine，tool0；
            Reset do3；
            Reset do4；
            WaitTime 1.5；
            MoveL pl_put10，v50，fine，tool0；
            MoveJ pl_ready，v200，fine，tool0；
            pl_i：=pl_i+1；
            ENDIF
    ENDPROC
```

七、PLC 程序设计

1. PLC 输出输出口设计

根据任务要求，可设计出 PLC 的 I/O 控制原理图，如图 2-3-4 所示，对接线图的说明见表 2-3-1。

2. PLC 的地址分配表

PLC 的 I/O 地址分配见表 2-9-5，辅助继电器 M 配置见表 2-9-6。

表 2-9-5　PLC 的 I/O 地址分配表

PLC 输入信号			PLC 输出信号		
地址	变量名	功能说明	地址	变量名	功能说明
I0.6	start	系统启动信号	Q0.5	start_sta	控制启动按钮的绿灯和三色灯的绿灯
I0.7	stop	系统停止信号	Q0.6	stop_sta	控制停止按钮的红灯
I1.0	all_emg	总急停型号	Q2.1	RB_start	控制机器人启动程序
I2.1	RB_DO2	吸盘 1 开关信号	Q2.2	RB_stop	控制机器人停止运动
I2.2	RB_DO3	吸盘 2 开关信号			

表 2-9-6　辅助继电器 M 配置表

序号	地址	变量名	功能说明
1	M100.0	tcp_吸盘开关	触摸屏吸盘打开/吸盘关闭指示灯
2	M1000.0	tcp_启动	控制程序启动按键
3	M1000.1	tcp_停止	控制程序停止按键

3. 程序设计

（1）排列检测模块 PLC 启动和停止程序

排列检测模块 PLC 启动和停止程序如图 2-9-10 所示。用于空盒子系统状态显示和机器人启动或停止。

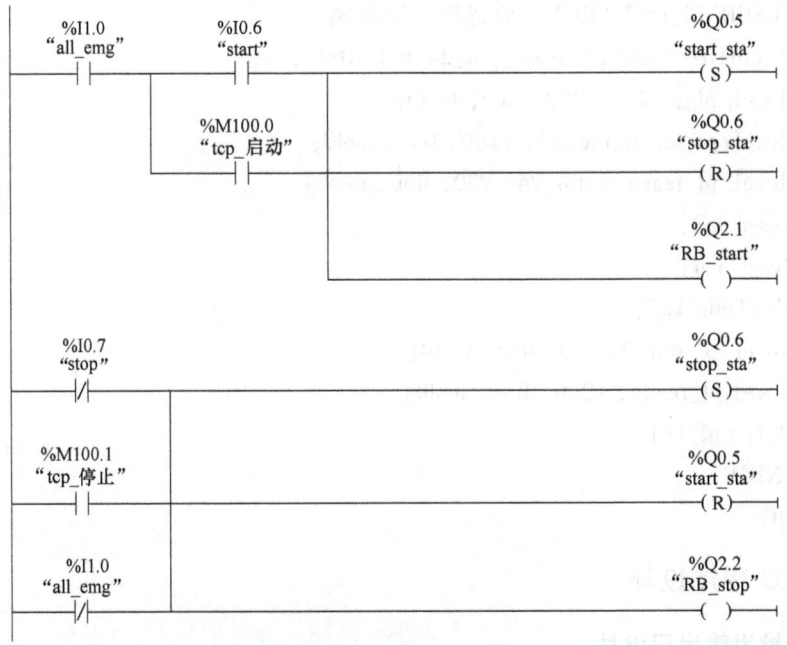

图 2-9-10　排列检测模块 PLC 启动和停止程序

（2）水平搬运信号状态显示在触摸屏上程序

水平搬运信号状态显示在触摸屏上程序如图 2-9-11 所示。机器人每完成一列搬运，触摸屏指示灯都会显示。

```
 %Q0.5            %I2.1            %I2.2                                      %M100.0
"start_sta"      "RB_DO2"         "RB_DO3"                                "tcp_吸盘开关"
  ─┤ ├──           ─┤ ├──           ─┤ ├──                                    ─( )─
```

图 2-9-11　水平搬运信号状态显示在触摸屏上程序

八、触摸屏程序编写

1. 触摸屏界面设计

根据控制要求设计触摸屏界面，如图 2-9-12 所示。

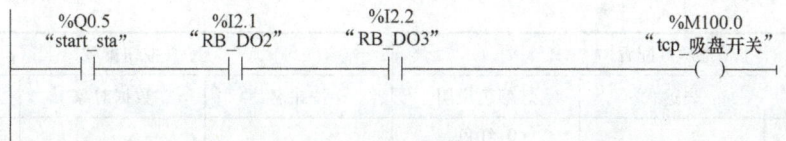

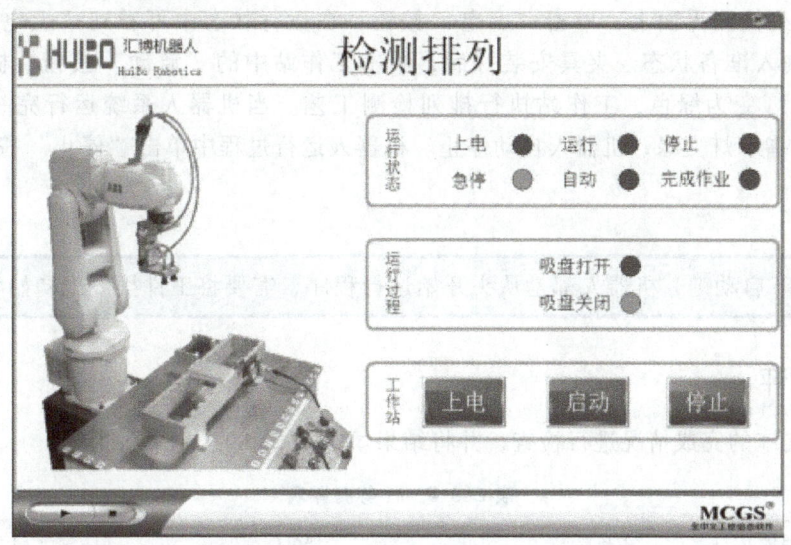

图 2-9-12　触摸屏界面

2. 触摸屏变量连接

按照表 2-9-7 中的触摸屏界面指示灯和按钮配置连接变量完成触摸屏设计。

表 2-9-7　触摸屏界面指示灯和按钮配置

指示灯配置			按钮配置		
灯名	表达式	灯颜色说明	按钮名	数据对象	操作方式
上电	RB_DO16	0：红色 1：绿色	上电	RB_power	按 1 松 0
运行	start_sta	0：红色 1：绿色	启动	tcp_start	按 1 松 0
停止	stop_sta	0：红色 1：绿色	停止	tcp_stop	按 1 松 0
急停	all_emg	0：绿色 1：红色			
自动	M_A	0：红色 1：绿色			
完成作业	RB_finish	0：红色 1：绿色			

（续）

指示灯配置			按钮配置		
灯名	表达式	灯颜色说明	按钮名	数据对象	操作方式
吸盘打开	tcp_吸盘开关	0:红色 1:绿色			
吸盘关闭	tcp_吸盘开关	0:红色 1:绿色			

3. 系统调试

1）在操作面板上将"手动/自动"切换到自动模式，"自动"指示灯变为绿色。将机器人的手动/自动钥匙拨到自动状态，并在示教器上确认，准备工作完成。

2）在排列检测界面上，单击"上电"按钮，在运行状态中可看到"上电"指示灯变绿，机器人进入准备状态。夹具安装好后，单击工作站中的"启动"按钮，机器人启动，"运行"指示灯变为绿色，工作站执行排列检测工艺。当机器人系统运行完一遍程序后，"完成作业"指示灯变绿，机器人自动停止。机器人运行过程中单击"停止"按钮，机器人停止运行。

提示

每次按下启动键，机器人都是从头开始运行程序，需要将工件摆放成初始状态。

检查测评

对任务实施的完成情况进行检查，并将结果填入表2-9-8。

表2-9-8 任务测评表

序号	主要内容	考核要求	评分标准	配分	扣分	得分
1	机械安装	夹具与模块固定牢紧，不缺少螺钉	1. 夹具与模块安装位置不合适，扣5分 2. 夹具或模块松动，扣5分 3. 损坏夹具或模块，扣10分	10		
2	机器人程序设计与示教操作	I/O配置完整，程序设计正确，机器人示教正确	1. 操作机器人动作不规范，扣5分 2. 机器人不能完成排列检测，每个轨迹扣10分 3. 缺少I/O配置，每个扣1分 4. 程序缺少输出信号设计，每个扣1分 5. 工具坐标系定义错误或缺失，每个扣5分	50		
3	触摸屏设计	界面设计完整，连接变量配置完整，按钮与灯配置正确	1. 触摸屏功能缺失，视情况严重性扣3~10分 2. 系统配置错误，扣5分 3. 按钮或等配置错误，每个扣1分	15		
4	PLC程序设计	PLC程序组态正确；I/O配置完整；PLC程序完整	1. PLC组态出错，扣3分 2. PLC配置不完整，每个扣1分 3. PLC程序缺失，视情况严重性扣3~10分	15		

（续）

序号	主要内容	考核要求	评分标准	配分	扣分	得分
5	安全文明生产	劳动保护用品穿戴整齐，遵守操作规程，讲文明礼貌，操作结束要清理现场	1. 操作中，违反安全文明生产考核要求的任何一项扣 5 分，扣完为止 2. 当发现学生有重大事故隐患时，要立即予以制止，并每次扣安全文明生产总分 5 分 3. 穿戴不整洁，扣 2 分；设备不还原，扣 5 分；现场不清理，扣 5 分	10		
合　计						
开始时间：			结束时间：			

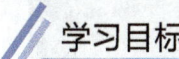 任务十　工业机器人自动流水线单元的编程与操作

学习目标

知识目标：1. 掌握工业机器人 IF 判断指令的使用。

2. 掌握自动流水线单元的机器人程序编写。

3. 掌握机器人与自动流水线作业的工艺流程。

能力目标：1. 能够完成自动流水线模块的安装。

2. 能够完成自动流水线单元的机器人程序编写。

3. 能够完成自动流水线单元 PLC 程序编写。

4. 能够完成自动流水线单元触摸屏程序编写。

工作任务

图 2-10-1 所示为某工业机器人自动流水线单元工作站，其自动流水线单元结构示意图如图 2-10-2 所示。本任务采用示教编程方法，操作机器人实现自动流水线单元运动轨迹的示教。

具体控制要求如下：

1）单击触摸屏上的"上电"按钮，机器人伺服上电；单击触摸屏上"启动"按钮或操作控制台面板上的"启动"按钮，机器人进入主程序，工作站执行流水线作业。

2）单击触摸屏上的"停止"按钮，系统进入停止状态，所有气动机构均保持状态不变。

相关知识

一、工业机器人自动流水线单元工作站

工业机器人自动流水线单元工作站主要由机器人本体和流水线模块两大部分组成，实现机器人和流水线的配合作业，完成工件的自动上料和回收功能，其工作过程是：机器人从储料板处拾取工件，将工件放在流水线的上料区，实现工件的自动上料。工件从流水线的上料区进入后顺着传送带流动，当工件到达流水线的末端时，机器人带动夹具运动到流水线末

端，吸盘拾取工件，然后将其回收到储料板上。工业机器人自动流水线单元工作站实物如图 2-10-3 所示。

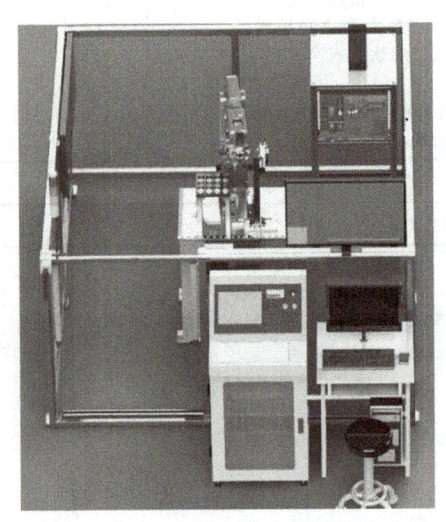

图 2-10-1　工业机器人自动流水线单元工作站

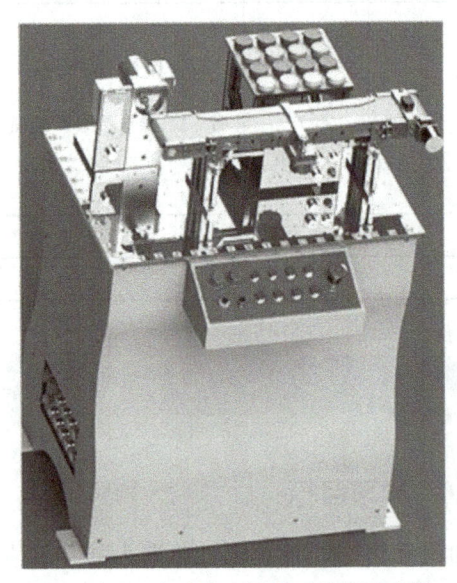

图 2-10-2　自动流水线单元结构示意图

二、流水线的外围设备

流水线外围设备如图 2-10-4 所示，主要包括了带传送线和储料板。运行程序前必须保证 16 个工件都摆放在储料板上，流水线上没有工件。流水线运转后，机器人先从储料板上取出工件放到流水线的上料区，工件到达流水线末端后，接近开关检测到工件并发送信号给机器人，此时，挡板气缸打开，挡住从上料区过来的工件。机器人运行到流水线末端并将工件取出，挡板气缸关闭，机器人拾取工件后将其回收到储料板。在传送带末端滚筒侧边安装有编码器，用来检测传送带的实际运行速度。流水线分为上料区、停留区、检测区，工件依次从这些区域经过，机器人实现工件上料和工件回收，如此循环运行，将 16 个工件从储料板取出并回收，完成一次作业。

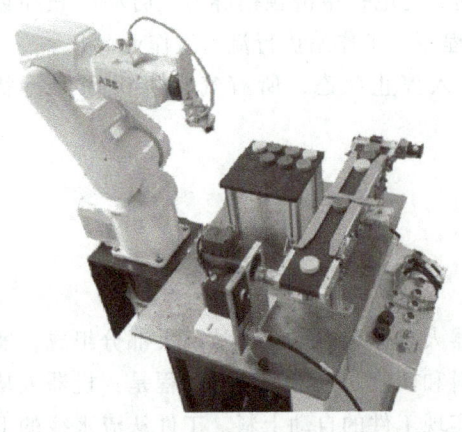

图 2-10-3　工业机器人自动流水线单元工作站实物图

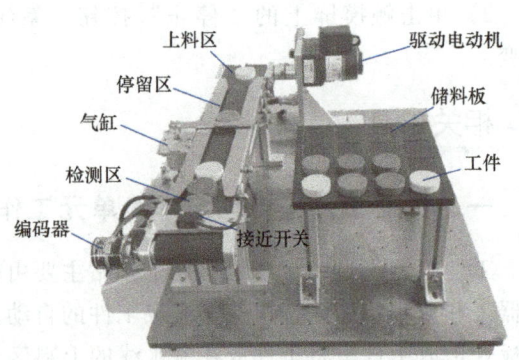

上料区
停留区
气缸
检测区
编码器
驱动电动机
储料板
工件
接近开关

图 2-10-4　流水线外围设备

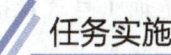

任务实施

一、任务准备

实施本任务教学所使用的实训设备及工具材料可参考表 2-10-1。

表 2-10-1　实训设备及工具材料

序号	分类	名称	型号规格	数量	单位	备注
1	工具	内六角扳手	3.0mm	1	个	工具墙
2		内六角扳手	4.0mm	1	个	工具墙
3	设备器材	内六角螺钉	M4	4	颗	工具墙蓝色盒
4		内六角螺钉	M5	4	颗	工具墙黄色盒
5		储料板		1	个	物料间领料
6		单吸盘夹具		1	个	物料间领料
7		流水线		1	套	物料间领料
8		驱动电动机		1	套	物料间领料
9		工件		16	个	物料间领料
10		CB1a 线缆		1	条	物料间领料

二、自动流水线单元的安装

在自动流水线单元的每个凹槽板中间有两个用于安装固定的螺钉孔，把自动流水线单元放置到模块承载平台上，用 M4 内六角螺钉将其固定锁紧，保证模型紧固牢靠，整体布局与固定位置如图 2-10-5 所示。

三、单吸盘夹具的安装

本单元训练采用单吸盘夹具，该夹具在与机器人 J6 轴连接法兰上有 4 个螺钉安装孔，

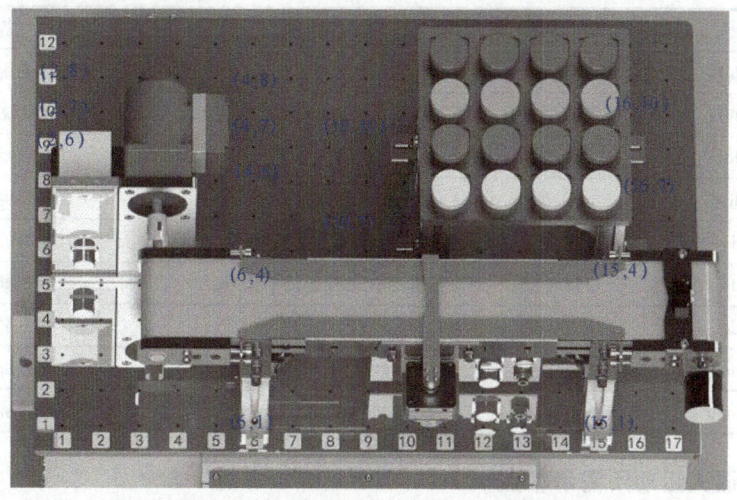

图 2-10-5　自动流水线单元整体布局

把夹具调整到合适位置,然后用螺钉将其紧固到机器人 J6 轴上,把机器人上面 1 号气管接在夹具气管接头上,完成夹具的安装。

四、线缆连接

流水线单元模块需要使用 3 根线缆,分别为 CB1a、CB2a、CB3a。传送带驱动电动机上有一个电源接头,与工作台的 CB1a 接口相连,为电动机提供电源。流水线台侧边电缆盒上有几个线缆接口,分别与工作台上的 CB2a、CB3a 连接,CB2a 用于编码器的信号连接,CB3a 用于驱动气缸电磁阀,电磁阀的进气管与工作台上 QK22 气管接头连接。

五、气路检查

流水线模块吸盘使用气动控制,实现自动流水线作业需要检查机器人背面底座的气动三联件,确认气路有气压,保证机器人能进行气动驱动,建议气压压力为 0.4MPa。

六、机器人程序设计与编写

根据机器人运动轨迹编写机器人程序时,首先根据控制要求绘制机器人程序流程图,然后编写机器人主程序和子程序。编写子程序前要先设计好机器人的运行轨迹并定义好机器人的程序点。

1. 设计机器人程序流程图

根据控制功能,设计机器人程序流程图,如图 2-10-6 所示。

2. 机器人系统 I/O 与 PLC 地址配置

实现机器人系统和 PLC 控制器的通信,需要配置相关的信号端口,机器人系统 I/O 与 PLC 地址配置见表 2-10-2。

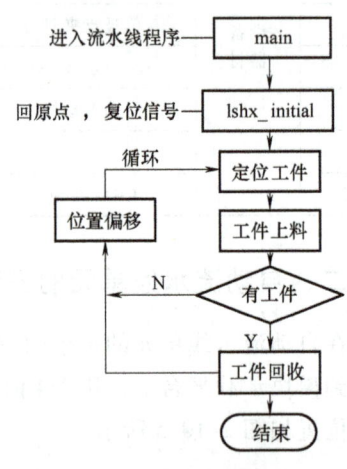

图 2-10-6 机器人程序设计流程图

表 2-10-2 机器人系统 I/O 与 PLC 地址配置表

序号	机器人 I/O	PLC I/O	功能描述	备注
1	di01	Q2.0	机器人伺服上电	配置系统 Motor_on
2	di02	Q2.1	启动 main 程序	配置系统 Start main
3	di03	Q2.2	机器人停止	配置系统 Stop
4	di06	Q2.5	工件检测	触摸屏指示灯
5	do6	I2.5	机器人工艺完成信号	触摸屏指示灯
6	do7	I2.6	机器人正在运行中信号	触摸屏指示灯
7	do2	M100.0	吸盘开关	触摸屏指示灯
8	do9	M100.1	挡板开关	触摸屏指示灯
9	do10	M100.2	定位成功	触摸屏指示灯

3. 确定机器人运动所需示教点

根据如图 2-10-7 所示的机器人关键示教点,可确定其运动所需的示教点见表 2-10-3。

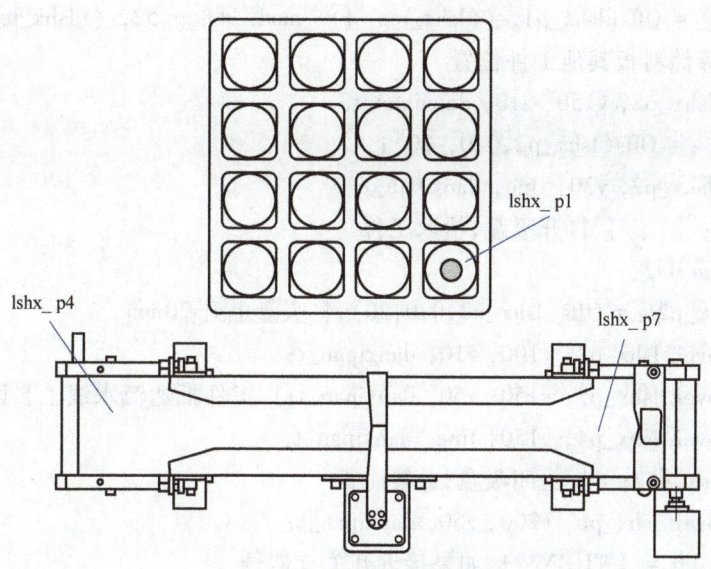

图 2-10-7　机器人关键示教点

表 2-10-3　关键示教点

序号	点序号	注释	备注
1	lshx_home	机器人初始位置	需示教
2	lshx_p1	储料板第一个工件位置	需示教
3	lshx_p4	流水线上料区位置	需示教
4	lshx_p7	流水线检测区位置	需示教

4. 机器人程序设计

机器人启动前先确保流水线开启，且工件都放在储料板上，传送带上没有工件。实现自动化流水线和机器人的协同作业，主要包括工件上料和工件回收，可以分为 initial（）、gjshl（）和 gjhsh（）子程序。

（1）initial（）子程序

initial（）子程序使机器人回原点并且复位吸盘和复位工件信号，参考程序如下：

PROC lshx_initial( )

　　MoveJ lshx_home，v150，z50，danxipan_t；！回原点

　　Reset do2；！关闭吸盘

　　Reset do9；！复位挡板

ENDPROC

（2）gjshl（）子程序

gjshl（）子程序使用 For 循环实现 16 个工件的上料作业，机器人上料完后根据工件传感器的信号判断是否需要执行工件回收动作，参考程序如下：

PROC gjshl( )

　　MoveL lshx_p1，v150，z10，danxipan_t；！储料板第一个工件位置

　　FOR lshx_reg FROM 1 TO 16 DO　　！使用 For 循环实现工艺流程

```
lshx_p2 := Offs(lshx_p1,-((lshx_reg-1)  mod  4) * 52,-((lshx_reg-1)  div  4)
 * 52 ,0);! 计算储料板其他工件位置
    MoveL lshx_p2, v150, z10, danxipan_t;
    lshx_p2 := Offs(lshx_p2,0,0,-20);
    MoveL lshx_p2, v30, fine, danxipan_t;
    Set do2;        ! 打开吸盘,拾取工件
    WaitTime 0.2;
        lshx_p2 := Offs(lshx_p2,0,0,20);! 吸盘上升 20mm
        MoveL lshx_p2, v100, z10, danxipan_t;
        MoveL lshx_p3, v150, z50, danxipan_t;! 工件抵达流水线上料区
        MoveL lshx_p4, v150, fine, danxipan_t;
        Reset do2;  ! 关闭吸盘,放置工件
        MoveL lshx_p6, v200, z50, danxipan_t;
        IF di6 = 1 THEN   ! 如果接近开关有信号
            gjhsh();            ! 执行工件回收程序
        ENDIF
    ENDFOR
    ENDPROC
```

（3）gjhsh（）子程序

gjhsh（）子程序是在工件上料之后判断是否需要进行工件的回收，该子程序放在 gjshl（）子程序里面，参考程序如下：

```
PROC gjhsh ()
    Set do9;! 打开挡板
        MoveL lshx_p5, v150, z20, danxipan_t;! 吸盘抵达工件上方
        MoveL lshx_p7, v20, fine, danxipan_t;! 吸盘抵达工件表面
        Set do2;! 打开吸盘,拾取工件
        WaitTime 0.2;
        MoveL lshx_p5, v200, z20, danxipan_t;! 抬起工件
        Reset do9;! 复位挡板
        MoveL lshx_p2, v150, z10, danxipan_t;! 到达储料板凹槽上方
        lshx_p2 := Offs(lshx_p2,0,0,-20);! 往下偏移 20mm
        MoveL lshx_p2, v20, fine, danxipan_t;
        Reset do2;! 关闭吸盘,放置工件
        lshx_p2 := Offs(lshx_p2,0,0,20);
        MoveL lshx_p2, v100, z10, danxipan_t;
    ENDPROC
```

（4）主程序

主程序里面直接调用 lshx_ initial 和 gjshl 子程序，工件执行完 16 个工件的上料程序后再检测光电传感器上是否有工件，如果有需要将其回收到储料板的第一个位置，参考程序

如下：

```
PROC main( )
    lshx_initial；！调用初始化程序
    gjshl；！调用工件上料程序
    IF di6 = 1 THEN
        MoveL lshx_p5, v150, z20, danxipan_t;
        MoveL lshx_p7, v20, fine, danxipan_t;
        Set do2；！打开吸盘,拾取工件
        MoveL lshx_p5, v200, z20, danxipan_t;
        MoveL lshx_p1, v200, z10, danxipan_t;
        lshx_p2 := Offs(lshx_p1,0,0,-20);
        MoveL lshx_p2, v20, fine, danxipan_t;
        Reset do2；！关闭吸盘,放置工件
        MoveL lshx_p1, v100, z10, danxipan_t;
    ENDIF
    MoveJ lshx_home, v150, fine, danxipan_t;
ENDPROC
```

七、PLC 程序设计

1. PLC 输出输出口设计

根据任务要求，可设计出 PLC 的 I/O 控制原理图，如图 2-3-4 所示，是对接线图的说明见表 2-3-1。

2. PLC 的地址分配表

PLC 的 I/O 地址分配见表 2-10-4，辅助继电器 M 配置见表 2-10-5。

表 2-10-4　PLC 的 I/O 地址分配表

PLC 输入信号			PLC 输出信号		
地址	变量名	功能说明	地址	变量名	功能说明
I0.6	start	系统启动信号	Q0.5	start_sta	控制启动按钮的绿灯和三色灯的绿灯
I0.7	stop	系统停止信号	Q0.6	stop_sta	控制停止按钮的红灯
I1.0	all_emg	总急停信号	Q1.0	motor_on	电动机起动控制信号
I1.4	sen_signal	工件到位信号	Q1.1	tcp_挡板开关	挡板开关控制信号
I2.1	RB_DO2	机器人电磁阀气路 1	Q2.1	RB_start	控制机器人启动程序
I3.0	RB_DO9	流水线挡板开关	Q2.2	RB_stop	控制机器人停止运动
I3.1	RB_DO10	机器人定位成功	Q2.5	RB_DI6	机器人上电信号

3. 程序设计

（1）流水线模块 PLC 启动和停止程序

流水线模块 PLC 启动和停止程序如图 2-10-8 所示。在自动模式下，PLC 接收到触摸屏

上的"启动"信号或者操作面板上的"start"信号后，工作站启动，"start_ sta"信号置1，该信号传送给机器人控制器，机器人开始运行"流水线"程序。"停止按钮"触摸屏上的"停止"按钮或者操作面板上"停止"信号触发后，机器人停止运行。当急停按钮被按下后，机器人也会马上停止运行。

表 2-10-5 辅助继电器 M 配置表

序号	地址	变量名	功能说明
1	M100.0	tcp_吸盘开关	触摸屏吸盘打开/吸盘关闭指示灯
2	M1000.0	tcp_启动	控制程序启动按键
3	M1000.1	tcp_停止	控制程序停止按键

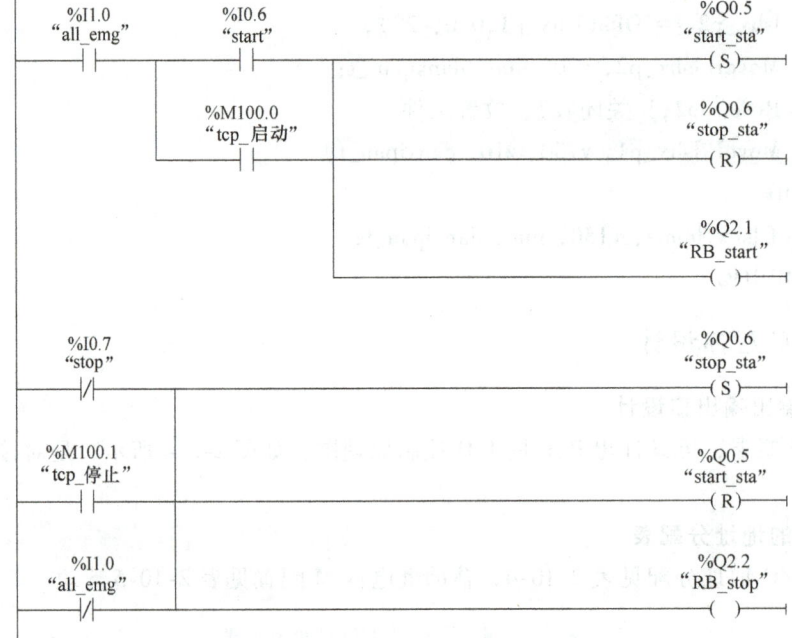

图 2-10-8 流水线模块 PLC 启动和停止程序

（2）流水线模块的信号监控程序

流水线模块的信号监控程序如图 2-10-9 所示。机器人运行"流水线"程序时，PLC 可

图 2-10-9 流水线模块的信号监控程序

以通过读取机器人的信号并保存在 M 中间寄存器，触摸屏读取后通过指示灯显示，从而对机器人的运行过程进行动态监控。

（3）流水线电动机控制的程序

流水线电动机控制的程序如图 2-10-10 所示。"流水线"工作站启动，电动机起动运行，通过"CTRL_HSC"高速计数器指令记录编码器的转动频率，然后通过乘法运算计算出流水线传送带的运行速度。

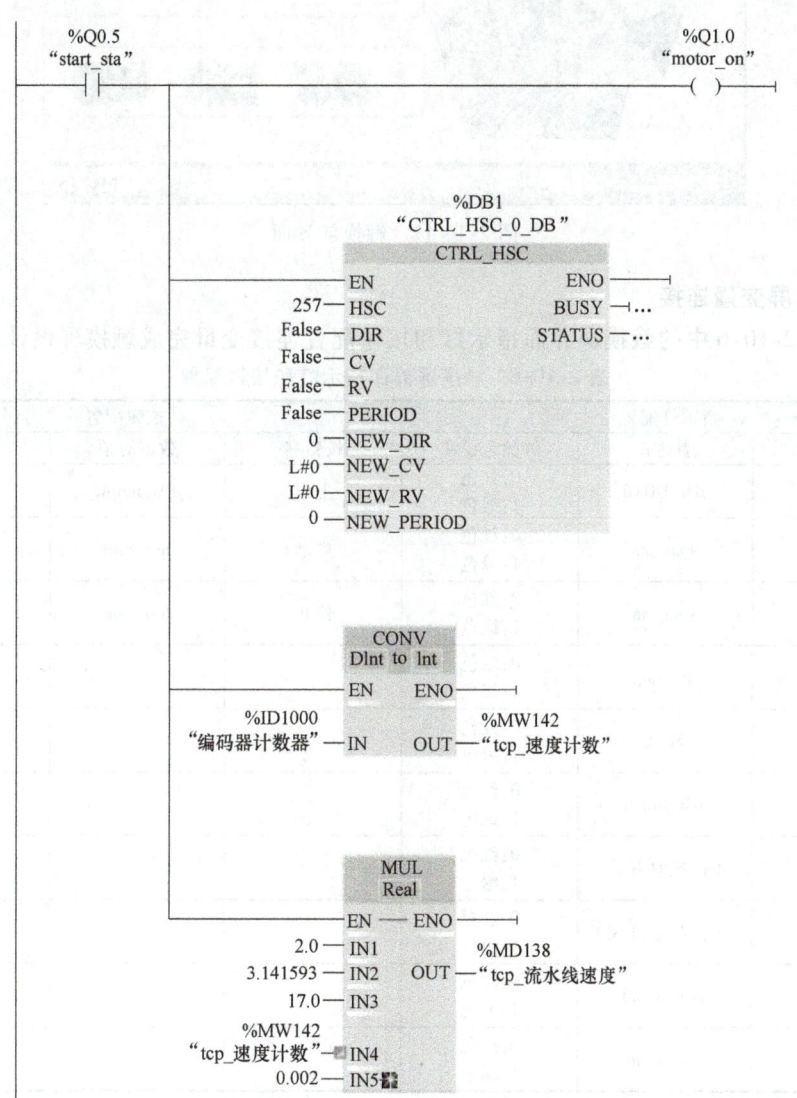

图 2-10-10　流水线电动机控制的程序

八、触摸屏程序编写

1. 触摸屏界面设计

根据控制要求设计触摸屏界面，如图 2-10-11 所示。

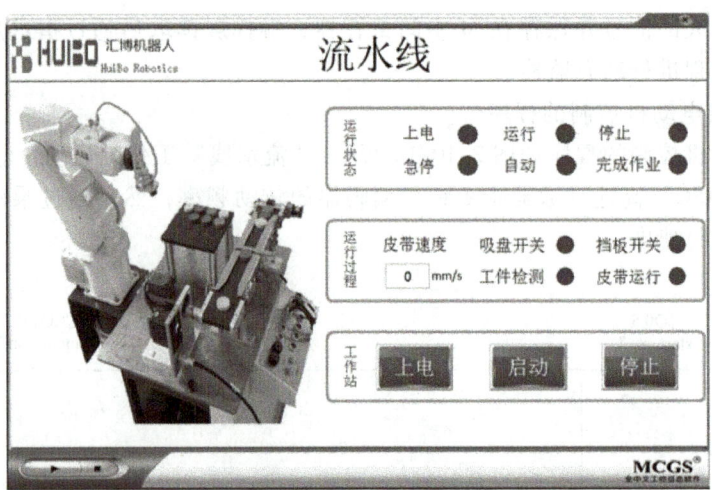

图 2-10-11　触摸屏界面

2. 触摸屏变量连接

按照表 2-10-6 中的触摸屏界面指示灯和按钮配置连接变量完成触摸屏设计。

表 2-10-6　触摸屏界面指示灯和按钮配置

指示灯配置			按钮配置		
灯名	表达式	灯颜色说明	按钮名	数据对象	操作方式
上电	RB_DO16	0:红色 1:绿色	上电	RB_power	按 1 松 0
运行	start_sta	0:红色 1:绿色	启动	tcp_start	按 1 松 0
停止	stop_sta	0:红色 1:绿色	停止	tcp_stop	按 1 松 0
急停	all_emg	0:绿色 1:红色			
自动	M_A	0:红色 1:绿色			
完成作业	RB_finish	0:红色 1:绿色			
吸盘开关	tcp_吸盘开关	0:红色 1:绿色			
挡板开关	tcp_挡板开关	0:红色 1:绿色			
工件检测	sen_signal	0:红色 1:绿色			
皮带运行	motor_on	0:红色 1:绿色			

3. 系统调试

1）在操作面板上将"手动/自动"切换到自动模式，"自动"指示灯变为绿色。将机器人的手动/自动钥匙拨到自动状态，并在示教器上确认，准备工作完成。

2）在流水线界面上，单击"上电"按钮，在运行状态中可看到"上电"指示灯变绿，机器人进入准备状态。夹具安装好后，单击工作站中的"启动"按钮，机器人启动，"运行"指示灯变为绿色，工作站执行流水线搬运工艺。当机器人系统运行完一遍程序后，"完成作业"

指示灯变绿，机器人自动停止。机器人运行过程中单击"停止"按钮，机器人停止运行。

提示

　　每次按下启动键，机器人都是从头开始运行程序，需要将工件摆放成初始状态。

检查测评

　　对任务实施的完成情况进行检查，并将结果填入表 2-10-7。

表 2-10-7　任务测评表

序号	主要内容	考核要求	评分标准	配分	扣分	得分
1	机械安装	夹具与模块固定牢紧，不缺少螺钉	1. 夹具与模块安装位置不合适，扣 5 分 2. 夹具或模块松动，扣 5 分 3. 损坏夹具或模块，扣 10 分	10		
2	机器人程序设计与示教操作	I/O 配置完整，程序设计正确，机器人示教正确	1. 操作机器人动作不规范，扣 5 分 2. 机器人不能完成轨迹描图，每个图形轨迹扣 10 分 3. 缺少 I/O 配置，每个扣 1 分 4. 程序缺少输出信号设计，每个扣 1 分 5. 工具坐标系定义错误或缺失，每个扣 5 分	50		
3	触摸屏设计	界面设计完整，连接变量配置完整，按钮与灯配置正确	1. 触摸屏功能缺失，视情况严重性扣 3～10 分 2. 系统配置错误，扣 5 分 3. 按钮或等配置错误，每个扣 1 分	15		
4	PLC 程序设计	PLC 程序组态正确；I/O 配置完整；PLC 程序完整	1. PLC 组态出错，扣 3 分 2. PLC 配置不完整，每个扣 1 分 3. PLC 程序缺失，视情况严重性扣 3～10 分	15		
5	安全文明生产	劳动保护用品穿戴整齐，遵守操作规程，讲文明礼貌，操作结束要清理现场	1. 操作中，违反安全文明生产考核要求的任何一项扣 5 分，扣完为止 2. 当发现学生有重大事故隐患时，要立即予以制止，并每次扣安全文明生产总分 5 分 3. 穿戴不整洁，扣 2 分；设备不还原，扣 5 分；现场不清理，扣 5 分	10		
合计						
开始时间：			结束时间：			

任务十一　工业机器人视觉搬运单元的编程与操作

学习目标

　　知识目标：1. 掌握工业机器人 MOD 和 DIV 指令的使用方法。

　　　　　　　2. 掌握视觉搬运单元的机器人程序编写。

　　　　　　　3. 掌握机器人与相机的通信方法。

　　　　　　　4. 掌握康耐视工业相机的定位功能。

能力目标：1. 能够完成视觉搬运模块及单吸盘夹具的安装。

2. 能够完成自动流水线单元的机器人程序编写。

3. 能够完成视觉搬运单元的机器人程序编写。

4. 能够完成视觉搬运单元触摸屏程序编写。

工作任务

图 2-11-1 所示为某工业机器人视觉搬运单元工作站，其视觉搬运单元结构示意图如图 2-11-2 所示。本任务利用工业相机对工件进行定位，并将获得的位置数据传送给机器人系统，机器人系统通过计算得到工件的实际位置，机械臂拖动吸盘夹具到达工件表面，拾取工件，然后将工件准确地放入储料板上。

具体控制要求如下：

1）单击触摸屏上的"上电"按钮，机器人伺服上电；单击触摸屏上"启动"按钮或操作控制台面板上的"启动"按钮，机器人进入主程序，工作站执行视觉搬运作业。

2）单击触摸屏上的"停止"按钮，系统进入停止状态，所有气动机构均保持状态不变。

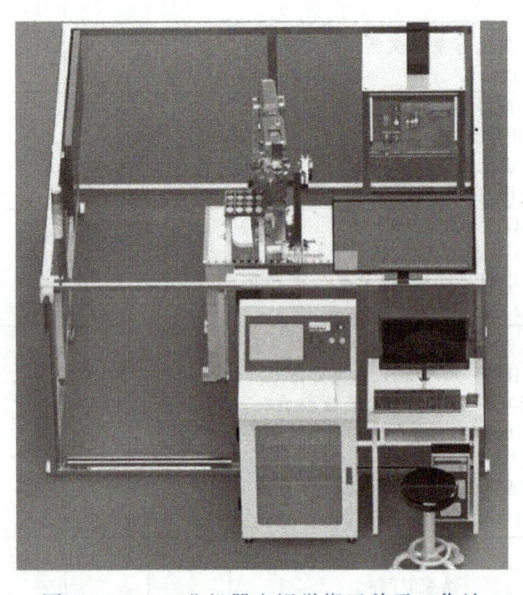

图 2-11-1　工业机器人视觉搬运单元工作站

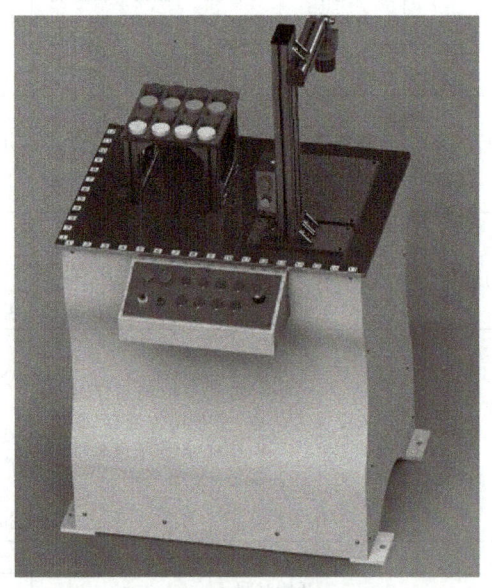

图 2-11-2　视觉搬运单元结构示意图

相关知识

一、工业机器人视觉搬运单元工作站

工业机器人视觉搬运单元工作站的组成如图 2-11-3 所示，主要由机器人本体和视觉搬运单元两大部分组成。机器视觉模块包括了康耐视工业相机、平板、储料板、单吸盘夹具、绿色圆形工件。储料板上有 16 个方形凹槽，相邻两个凹槽相距 50mm，用于摆放 16 个工件。运行程序前必须保证储料板上没有工件，防止机器人发生碰撞。先将工件任意放置在平板上

的黑框内，机器人发送信号触发工业相机拍照，相机拍照后定位工件位置，并将位置数据传输给机器人控制器，机器人获得工件位置后夹具运动到工件上表面，吸盘拾取工件，然后将工件摆放到储料板上，完成一个工件的码垛，总共要完成16次视觉搬运作业。

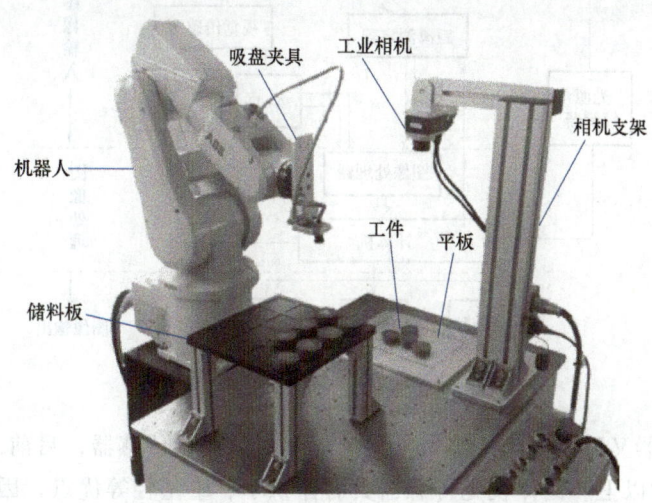

图 2-11-3 视觉搬运单元工作站的组成

二、DIV 指令

DIV 指令为整数除法指令。

例：reg1：= 14 DIV 4，reg1 的值为 3。

三、MOD 指令

MOD 指令为整数求模指令。

例：reg1：= 14 MOD 4，reg1 的值为 2。

四、工业机器人的视觉系统

机器人视觉与文字识别或图像识别的区别在于机器人视觉系统一般需要处理三维图像，不仅需要了解物体的大小、形状，还要知道物体之间的关系，即要掌握机器人能够作业的空间感。为了实现这一目标，要克服很多困难，因为视觉传感器只能得到二维图像，那么从不同角度来看同一物体，就会得到不同的图像。光源的位置和强度不同，得到的图像的明暗程度与分布情况也不同；实际的物体虽然互不重叠，但是从某一角度看，却能得到重叠图像。

1. 视觉系统的硬件组成

视觉系统可以分为图像输入（获取）、图像处理、图像输出等几个部分，如图 2-11-4 所示。实际系统可以根据需要选择其中的若干部件。

（1）视觉传感器

视觉传感器是将景物的光信号转换成电信号的器件。大多数机器人视觉都不必通过胶卷等媒介物，而是直接把景物摄入。过去经常使用光导摄像机作为机器人的视觉传感器，近年来开发了 CCD（电荷耦合器件）和 MOS（金属氧化物半导体）器件等组成的固体视觉传感

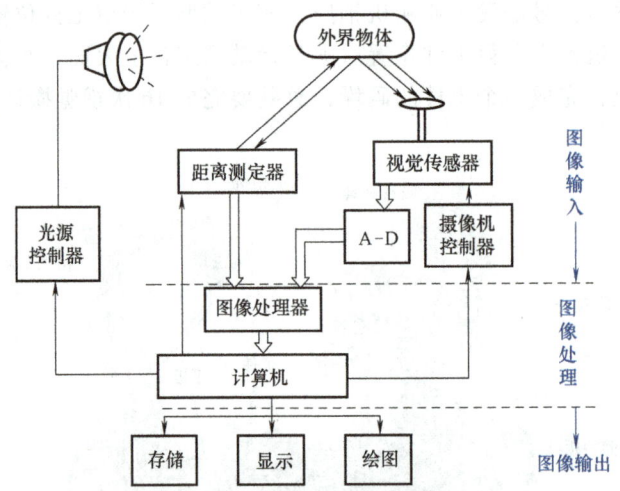

图 2-11-4　视觉系统的硬件组成

器。固体视觉传感器又可以分为一维线性传感器和二维线性传感器，目前二维线性传感器已经能做到 4000 像素以上。固体视觉传感器具有体积小、重量轻等优点，因此应用日趋广泛。

由视觉传感器得到的电信号，经过 A—D 转换成数字信号，称为数字图像。通常，一个画面可以分成 256×256 像素、512×512 像素或 1024×1024 像素，像素的灰度可以用 4 位或 8 位二进制数来表示。一般情况下，这么大的信息量对机器人系统来说是足够的。要求比较高的场合，还可以通过彩色摄像系统或在黑白摄像管前面加上红、绿、蓝等滤光器得到颜色信息和较好的反差效果。

（2）摄像机和光源控制

机器人的视觉系统直接把景物转化成图像输入信号，因此取景部分应当根据具体情况自动调节光圈的焦点，以便得到一张容易处理的图像，为此应能调节以下几个参量：

1）焦点能自动对准要看的物体。

2）根据光线强弱自动调节光圈。

3）自动转动摄像机，使被摄物体位于视野中央。

4）根据目标物体的颜色选择滤光器。

此外，还应当调节光源的方向和强度，使目标物体能够看得更清楚。

（3）计算机

由视觉传感器得到的图像信息要由计算机存储和处理，根据各种目的输出处理后的结果。过去，由于微型计算机的内存量小，内存的价格高，因此往往另加一个图像存储器来存储图像数据。现在除了某些大规模视觉系统之外，一般都使用微型计算机或小型机。除了通过显示器显示图形之外，还可以用打印机或绘图仪输出图像，且使用转换精度为 8 位 A—D 转换器就可以了。但由于数据量大，要求转换速度快，目前已使用 100MB 以上的 8 位 A—D 转换芯片。

（4）图像处理器

一般计算机都是串行运算的，要处理二维图像很浪费时间。在要求较高的场合，可以设置一种专用的图像处理器，以便缩短计算时间。图像处理只是对图像数据做了一些简单、重复的预处理，数据进入计算机后，还要进行各种运算。

任务实施

一、任务准备

实施本任务教学所使用的实训设备及工具材料可参考表2-11-1。

表2-11-1　实训设备及工具材料

序号	分类	名称	型号规格	数量	单位	备注
1	工具	内六角扳手	3.0mm	1	个	工具墙
2		内六角扳手	4.0mm	1	个	工具墙
3		内六角螺钉	M4	4	颗	工具墙蓝色盒
4		内六角螺钉	M5	4	颗	工具墙黄色盒
5		储料板		1	个	物料间领料
6	设备器材	单吸盘夹具		1	个	物料间领料
7		工业相机		1	套	物料间领料
8		平板		1	个	物料间领料
9		圆形工件		16	个	物料间领料
10		通信线缆	CB5a	1	条	物料间领料
11		网络线路		1	条	物料间领料

二、视觉搬运单元的安装

在视觉搬运单元的每个凹槽板中间有两个用于安装固定的螺钉孔，把视觉搬运单元放置到模块承载平台上，用M4内六角螺钉将其固定锁紧，保证模型紧固牢靠，整体布局与固定位置如图2-11-5所示。

三、单吸盘夹具的安装

本单元训练采用单吸盘夹具，该夹具在与机器人J6轴连接法兰上有4个螺钉安装孔，把夹具调整到合

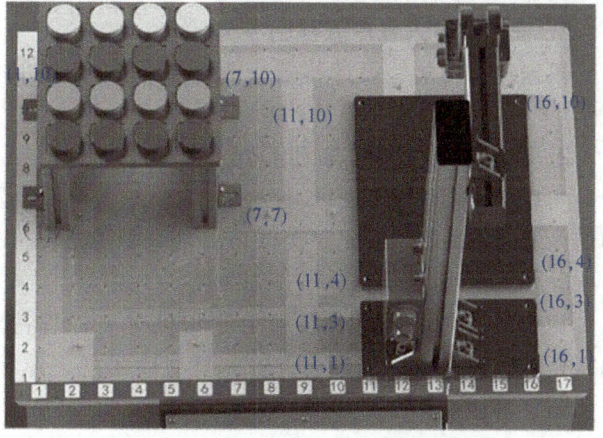

图2-11-5　视觉搬运单元整体布局

适位置，然后用螺钉将其紧固到机器人第六轴上面，把机器人上面1号气管接在夹具气管接头上，完成夹具的安装。

四、线缆连接

工业相机线缆盒上有一个航插口和网络接口，用于给工业相机提供电源和通信连接，通信线缆如图2-11-6所示。安装好硬件设备后，使用CB5a线缆将工业相机支架上的接口与工

作台上的 CB5a 接口连接，支架网络线缆与工作台上的 RJ1a 或者 RJ2a 接口连接。

图 2-11-6　通信线缆

五、气路检查

视觉搬运模块吸盘使用气动控制，实现视觉搬运作业需要检查机器人背面底座的气动三联件，确认气路有气压，保证机器人能进行气动驱动，建议气压压力为 0.4MPa。

六、机器人程序设计与编写

根据机器人运动轨迹编写机器人程序时，首先根据控制要求绘制机器人程序流程图，然后编写机器人主程序和子程序。编写子程序前要先设计好机器人的运行轨迹并定义好机器人的程序点。

1. 设计机器人程序流程图

根据控制功能，设计机器人程序流程图，如图2-11-7所示。

2. 机器人系统 I/O 与 PLC 地址配置

实现机器人系统和 PLC 控制器的通信，需要配置相关的信号端口，机器人系统 I/O 与 PLC 地址配置见表2-11-2。

3. 工业相机的调试

视觉搬运模块中要求使用工业相机对工件进行定位，编写机器人视觉搬运程序前，首先要对康耐视工业相机进行调试，具体操作步骤如下：

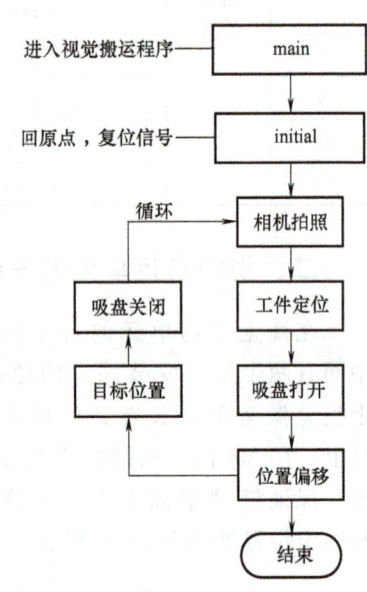

图 2-11-7　机器人程序流程图

表 2-11-2　机器人系统 I/O 与 PLC 地址配置表

序号	机器人 I/O	PLC I/O	功能描述	备注
1	di01	Q2.0	机器人伺服上电	配置系统 Motor_on
2	di02	Q2.1	启动 main 程序	配置系统 Start main
3	di03	Q2.2	机器人停止	配置系统 Stop
4	do6	I2.5	机器人工艺完成信号	触摸屏指示灯
5	do7	I2.6	机器人正在运行中信号	触摸屏指示灯
6	do2	M100.0	吸盘开关	触摸屏指示灯
7	do9	M100.1	相机连接	触摸屏指示灯
8	do10	M100.2	定位成功	触摸屏指示灯

1）打开康耐视调试软件 In-Sight Explorer，界面如图 2-11-8 所示，单击"is7010_ 26d3ce"，选中康耐视相机设备，单击"连接"按钮，使工业相机与电脑进行网络连接。

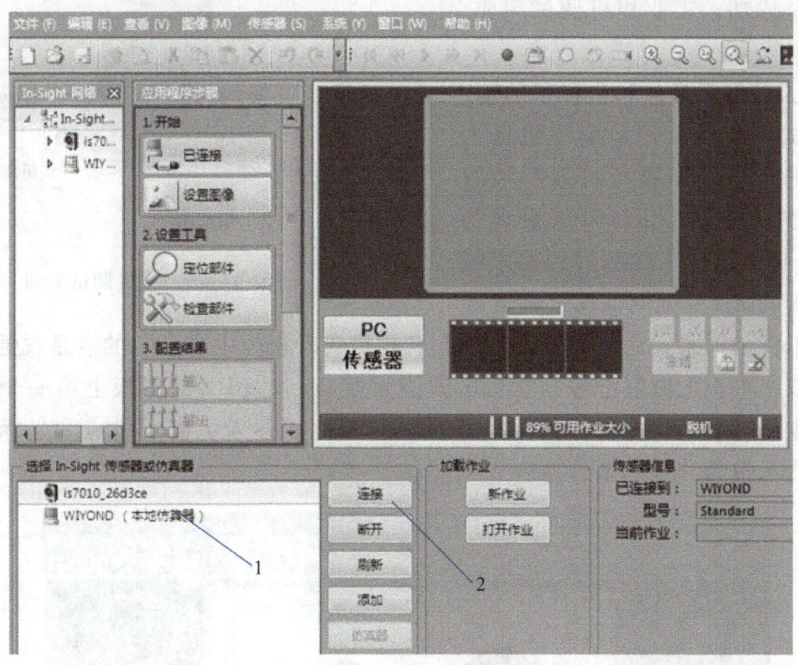

图 2-11-8　打开康耐视调试软件界面

2）单击"设置图像"按钮，然后单击"实况视频"按钮，可以在视频区看到实时录像，如图 2-11-9 所示。调节康耐视相机镜头上的光圈调节旋钮和焦距调节旋钮，旋钮如图 2-11-10 所示，直至视频区可以清晰地看到工件的轮廓。

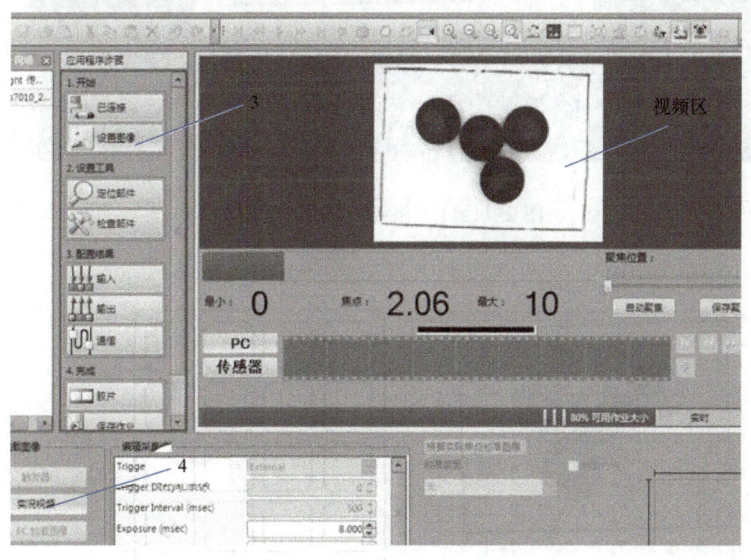

图 2-11-9　实时录像界面

3）调节好相机的光线后，再次单击"实况视频"退出实时状态，单击"联机"按钮，

相机状态变为联机，此时，在视频显示区可以看到相机确定了一个工件的中心，说明相机定位成功，工业相机调试完成，如图2-11-11所示。

4. 机器人关键示教点和坐标系的确定

相机调试完成后，开始编写机器人程序。视觉搬运使用单吸盘拾取和放置工件，需要建立吸盘TCP，可以命名为danxipan_t；吸盘定位工件的过程要求吸盘能沿着平板的 X、Y 方向偏移，需要建

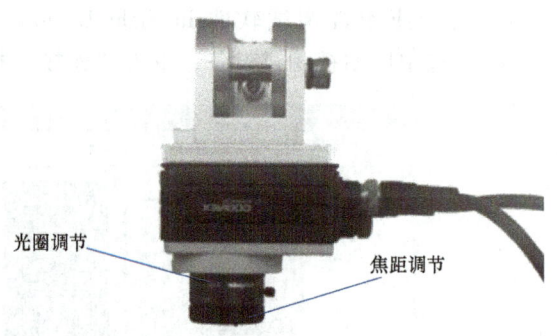

图 2-11-10　相机调试旋钮

立一个视觉工件坐标系，命名为 vision_wobj。相机实时视频中左上角的点是视觉工件坐标系的原点，可以在平板上做好记号，然后示教该原点 vision_p1。储料板上第一个工件的位置记录在示教点 vision_p4 中，如图 2-11-12 所示。根据机器人关键示教点和坐标系，可确定其运动所需的示教点和坐标系，见表 2-11-3。

图 2-11-11　相机调试成功画面

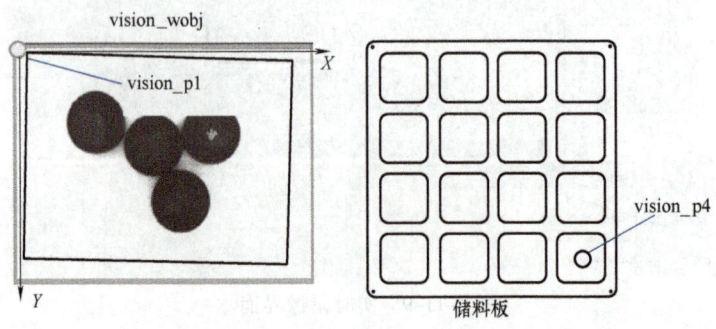

图 2-11-12　机器人关键示教点和坐标系

表 2-11-3　关键示教点和坐标系

序号	点序号	注释	备注
1	vision_home	机器人初始位置	需示教
2	vision_p1	相机视频中的平板上的原点	需示教
3	vision_p4	储料板第一个位置	需示教
4	vision_wobj	平板上的工件坐标系	需建立

5. 机器人程序的编写

编写机器人程序前，首先要了解机器人与康耐视相机的网络通信，机器人通过程序实现与工业相机的数据交互，主要包括 ConnetToInSight（）、GetVisionData（）两个子程序实现。

（1）相机远程连接 ABB 机器人的程序编写

首先在机器人程序上新建相机远程设备 ComSocket，然后输入相机的远程 IP 地址为"192.168.125.63"，再发送相机设备的登录账号，最后发送相机设备的登录密码。

参考程序如下：

```
PROC ConnectToInSight( )
    SocketCreate ComSocket；! 新建相机名称为 ComSocket
    SocketConnect ComSocket，"192.168.125.63"，23；! 相机 IP 地址
    SocketReceive ComSocket \Str：= stReceived；
    ! 登录账号
    SocketSend ComSocket \Str：= "admin\0d\0a"；
    SocketReceive ComSocket \Str：= stReceived；
    IF stReceived <> "Password："  THEN
        TPErase；
        TPWrite "Vision Login Error（Password Prompt）"；
        Stop；
    ENDIF
    ! 登录密码
    SocketSend ComSocket \Str：= "\0d\0a"；
    SocketReceive ComSocket \Str：= stReceived；
    IF stReceived <> "User Logged In\0d\0a" THEN
        TPErase；
        TPWrite "Vision Login Error（Final Login）"；
        Stop；
    ENDIF
ENDPROC
```

（2）机器人获取相机数据的程序编写

首先机器人发送"sw8\0d\0a"指令给相机，触发相机拍照；然后机器人从相机设备获取视觉坐标中的 X 数据，最后机器人从相机设备获取视觉坐标中的 Y 数据。

参考程序如下：

```
PROC GetVisionData( )
        VAR string XData:="";
        VAR string YData:="";
        VAR string Result:="";
        VAR string Result1:="";
        VAR bool bOK;
        VAR num status;
        nXOffs:=0;
        nYOffs:=0;
        status := SocketGetStatus(ComSocket);
        SocketSend ComSocket \Str:="sw8\0d\0a";
        CheckStatus;
        ! 获取 X 坐标
        SocketSend ComSocket \Str:="gvPattern_1. Fixture. X\0d\0a";
        SocketReceive ComSocket \Str:=Result;
        XData:= StrPart(Result, 4, 7);
        bOK:=StrToVal(XData,nXOffs);

        ! 获取 Y 坐标
        SocketSend ComSocket \Str:="gvPattern_1. Fixture. Y\0d\0a";
        SocketReceive ComSocket \Str:=Result1;
        YData:= StrPart(Result1, 4, 7);
        bOK:=StrToVal(YData,nYOffs);
        ! SocketClose ComSocket;
    ENDPROC
```

机器人与康耐视相机的通信程序只要求了解，在编程过程中可以直接调用子程序。

（3）机器人对一个工件的定位程序

首先新建工件坐标系 vision_wobj，然后示教工件坐标系的原点 vision_p1。将一个工件放在平板上的黑框识别区内，调试好相机后，机器人从相机中获取位置数据 nXOffs 和 nYOffs，通过偏移指令 vision_p2:= Offs(vision_p1, 0.25377 * nXOffs+3.763, 0.26 * nYOffs, 0)，获得工件在 vision_wobj 坐标系下 X、Y 坐标值，再通过直线运动指令使吸盘到达工件上方。在示教原点 vision_p1 时，要保证该点距离平板的高度大于一个工件的高度，防止工件定位时吸盘发生碰撞。

```
PROC test( )
        MoveJ vision_home, v150, z10, danxipan_t\WObj:=vision_wobj;
        ConnectToInSight ;   ! 机器人连接相机
        GetVisionData;
        ! MoveL vision_p1, v100, z10, danxipan_t\WObj:=vision_wobj;
        vision_p2 := Offs(vision_p1,0.25377 * nXOffs+3.763,0.26 * nYOffs,0);
```

```
        MoveL vision_p2, v100, z10, danxipan_t\WObj: = vision_wobj;
    ENDPROC
```

（4）多个工件的视觉搬运程序

对一个工件的视觉定位后，可以尝试将工件搬运到储料板上，并使用 For 循环实现多个工件的视觉搬运。储料板上第一个工件的位置需要示教。得到储料板第一个工件位置后，可以通过偏移指令计算储料板上的所有凹槽位置。参考程序如下：

```
PROC  main()
    initial;
    FOR V_reg1 FROM 1 TO 16 DO   ! 使用 For 循环实现工件的定位和搬运
        GetVisionData;! 获取工件位置数据
        Set do10;! 相机定位成功
        ! 计算工件坐标位置
        vision_p2 : = Offs(vision_p1,0.25377 * nXOffs+3.763,0.26 * nYOffs,-20);
        MoveL vision_p2, v100, z10, danxipan_t\WObj: = vision_wobj;! 定位工件
        vision_p2 : = Offs(vision_p2,0,0,20);
        MoveL vision_p2, v10, fine, danxipan_t\WObj: = vision_wobj;
        Reset do10;
        Set do2;! 打开吸盘
        WaitTime 0.3;
        vision_p2 : = Offs(vision_p2,0,0,-20);
        MoveL vision_p2, v10, z5, danxipan_t\WObj: = vision_wobj;
        MoveL vision_home, v150, z10, danxipan_t\WObj: = vision_wobj;
        ! 将工件收集板上的第一个位置保存在 vision_p4
        ! MoveL vision_p4, v150, fine, tool0\WObj: = wobj0;
        ! 计算当前工件的目标位置并保存在 vision_p5
        vision_p5 : = Offs(vision_p4,-((V_reg1-1)  div  4) * 52,
        -((V_reg1-1)  Mod  4) * 52,30);
        MoveL vision_p5, v100, z10, tool0\WObj: = wobj0;
        vision_p6 : = Offs(vision_p5,0,0,-30);
        MoveL vision_p6, v10, fine, tool0\WObj: = wobj0;
        Reset do2;! 关吸盘
        MoveL vision_p5, v10, z10, tool0\WObj: = wobj0;
        MoveL vision_home, v150, fine, danxipan_t\WObj: = vision_wobj;
    ENDFOR
    Reset do9;
    ENDPROC
PROC initial()
    MoveJ vision_home, v150, z10, danxipan_t\WObj: = vision_wobj;
    ConnectToInSight ;  ! 机器人连接相机
```

```
      Set do9；              ! 相机连接成功信号
      Reset do2；
      Reset do10；
ENDPROC
      ENDMODULE
```

七、PLC 程序设计编写

1. PLC 输出输出口设计

根据任务要求，可设计出 PLC 的 I/O 控制原理图，如图 2-3-4 所示，对接线图的说明见表 2-3-1。

2. PLC 的地址分配表

PLC 的 I/O 地址分配见表 2-11-4，辅助继电器 M 配置见表 2-11-5。

3. 程序设计

（1）视觉搬运模块 PLC 启动和停止程序

视觉搬运模块 PLC 启动和停止程序如图 2-11-13 所示。在自动模式下，PLC 接收到触摸屏上的"启动"信号或者操作面板上的"start"信号后，工作站启动，"start_ sta"信号置 1，该信号传送给机器人控制器，机器人开始运行"流水线"程序。"停止按钮"触摸屏上的"停止"按钮或者操作面板上"停止"信号触发后，机器人停止运行。当急停按钮被按下后，机器人也会马上停止运行。

表 2-11-4 PLC 的 I/O 地址分配表

PLC 输入信号			PLC 输出信号		
地址	变量名	功能说明	地址	变量名	功能说明
I0.6	start	系统启动信号	Q0.5	start_sta	控制启动按钮的绿灯和三色灯的绿灯
I0.7	stop	系统停止信号	Q0.6	stop_sta	控制停止按钮的红灯
I1.0	all_emg	总急停信号	Q2.1	RB_start	控制机器人启动程序
I2.1	RB_DO2	机器人吸盘开关	Q2.2	RB_stop	控制机器人停止运动
I3.0	RB_DO9	机器人相机连接			
I3.1	RB_DO10	机器人定位成功			

表 2-11-5 辅助继电器 M 配置表

序号	地址	变量名	功能说明
1	M100.0	tcp_吸盘开关	触摸屏吸盘打开/吸盘关闭指示灯
2	M100.1	tcp_相机连接	触摸屏相机连接指示灯
3	M100.2	tcp_定位成功	触摸屏定位成功指示灯
4	M1000.0	tcp_启动	控制程序启动按键
5	M1000.1	tcp_停止	控制程序停止按键

（2）视觉搬运模块的信号监控程序

视觉搬运模块的信号监控程序如图 2-11-14 所示。机器人运行"流水线"程序时，PLC

可以通过读取机器人的信号并保存在 M 中间寄存器，触摸屏读取后通过指示灯显示，从而对机器人的运行过程进行动态监控。

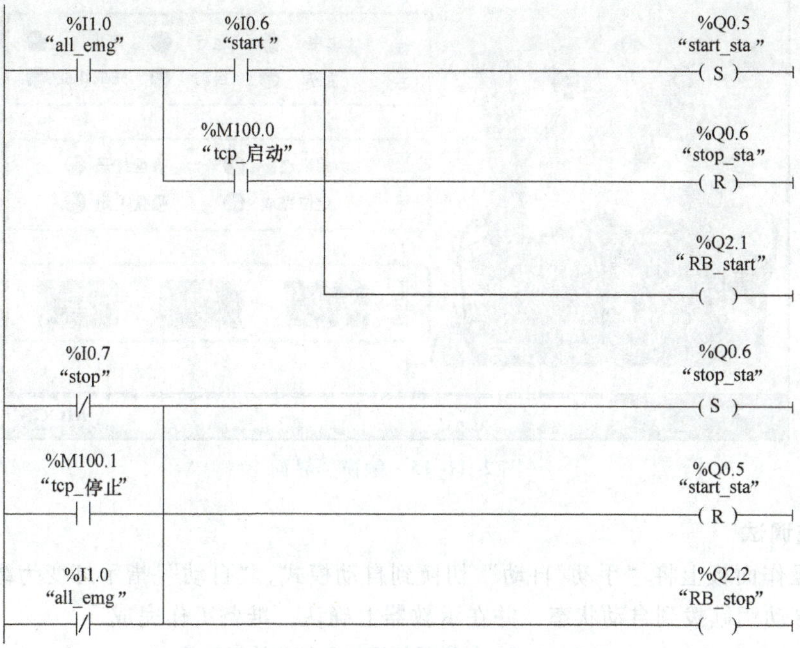

图 2- 11- 13　视觉搬运模块 PLC 启动和停止程序

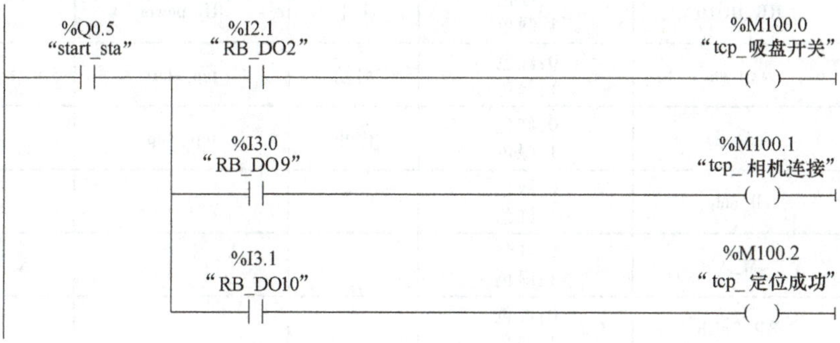

图 2- 11- 14　视觉搬运模块的信号监控程序

八、触摸屏程序编写

1. 触摸屏界面设计

根据控制要求设计触摸屏界面，如图 2- 11- 15 所示。

2. 触摸屏变量连接

按照表 2- 11- 6 中的触摸屏界面指示灯和按钮配置连接变量完成触摸屏设计。

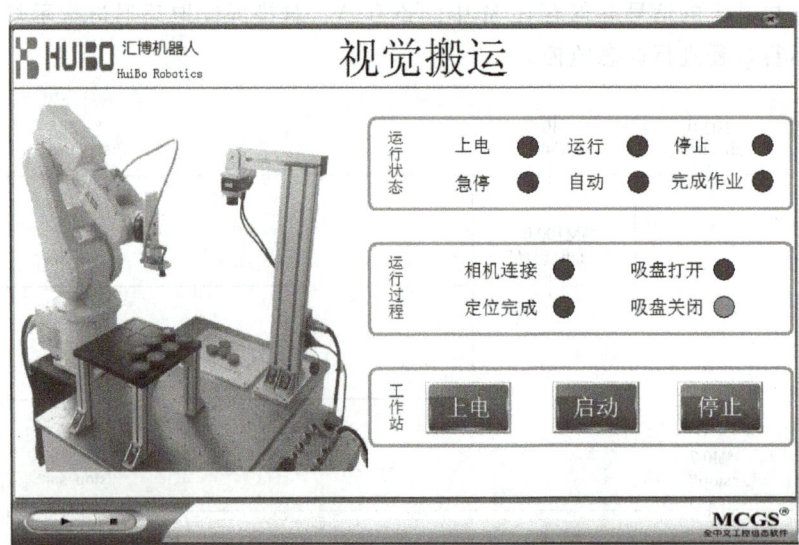

图 2- 11- 15   触摸屏界面

3. 系统调试

1）在操作面板上将"手动/自动"切换到自动模式，"自动"指示灯变为绿色。将机器人的手动/自动钥匙拨到自动状态，并在示教器上确认，准备工作完成。

表 2- 11- 6   触摸屏界面指示灯和按钮配置

指示灯配置			按钮配置		
灯名	表达式	灯颜色说明	按钮名	数据对象	操作方式
上电	RB_DO16	0:红色 1:绿色	上电	RB_power	按 1 松 0
运行	start_sta	0:红色 1:绿色	启动	tcp_start	按 1 松 0
停止	stop_sta	0:红色 1:绿色	停止	tcp_stop	按 1 松 0
急停	all_emg	0:绿色 1:红色			
自动	M_A	0:红色 1:绿色			
完成作业	RB_finish	0:红色 1:绿色			
吸盘打开	tcp_吸盘开关	0:红色 1:绿色			
吸盘关闭	tcp_吸盘开关	0:红色 1:绿色			
相机连接	tcp_相机连接	0:红色 1:绿色			
定位完成	tcp_定位完成	0:红色 1:绿色			

2）在视觉搬运界面上，单击"上电"按钮，在运行状态中可看到"上电"指示灯变绿，机器人进入准备状态。夹具安装好后，单击工作站中的"启动"按钮，机器人启动，"运行"指示灯变为绿色，工作站执行视觉搬运工艺。当机器人系统运行完一遍程序后，

"完成作业"指示灯变绿，机器人自动停止。机器人运行过程中单击"停止"按钮，机器人停止运行。

　　每次按下启动键，机器人都是从头开始运行程序，需要将工件摆放成初始状态。

检查测评

对任务实施的完成情况进行检查，并将结果填入表2-11-7。

表2-11-7　任务测评表

序号	主要内容	考核要求	评分标准	配分	扣分	得分
1	机械安装	夹具与模块固定牢紧，不缺少螺钉	1. 夹具与模块安装位置不合适，扣5分 2. 夹具或模块松动，扣5分 3. 损坏夹具或模块，扣10分	10		
2	机器人程序设计与示教操作	I/O配置完整，程序设计正确，机器人示教正确	1. 操作机器人动作不规范，扣5分 2. 机器人不能完成轨迹描图，每个图形轨迹扣10分 3. 缺少I/O配置，每个扣1分 4. 程序缺少输出信号设计，每个扣1分 5. 工具坐标系定义错误或缺失，每个扣5分	50		
3	触摸屏设计	界面设计完整，连接变量配置完整，按钮与灯配置正确	1. 触摸屏功能缺失，视情况严重性扣3~10分 2. 系统配置错误，扣5分 3. 按钮或等配置错误，每个扣1分	15		
4	PLC程序设计	PLC程序组态正确；I/O配置完整；PLC程序完整	1. PLC组态出错，扣3分 2. PLC配置不完整，每个扣1分 3. PLC程序缺失，视情况严重性扣3~10分	15		
5	安全文明生产	劳动保护用品穿戴整齐，遵守操作规程，讲文明礼貌，操作结束要清理现场	1. 操作中，违反安全文明生产考核要求的任何一项扣5分，扣完为止 2. 当发现学生有重大事故隐患时，要立即予以制止，并每次扣安全文明生产总分5分 3. 穿戴不整洁，扣2分；设备不还原，扣5分；现场不清理，扣5分	10		
合　计						
开始时间：			结束时间：			

模块三

工业机器人的管理与维护

任务一　工业机器人的管理

学习目标

知识目标：1. 熟悉机器人主机、控制柜主要部件的工作过程及管理。

2. 掌握机器人日常检查保养维护的项目。

能力目标：1. 会机器人的日常管理。

2. 能够对机器人进行定期保养维护。

3. 能够对机器人简单故障进行维修。

工作任务

机器人在现代企业生产活动中的地位和作用十分重要，而机器人状态的好坏则直接影响机器人的效率是否得到充分发挥，从而影响企业的经济效益。因此，机器人管理、维护的主要任务之一就是保证机器人正常运转，管理维护得好，机器人发挥的效率就高，企业取得的经济效益就大；相反，再好的机器人也发挥不出应有的作用。

本任务的内容是：通过学习，熟悉机器人主机、控制柜主要部件的工作过程及管理，掌握机器人日常检查保养维护的项目，并能对机器人进行定期保养维护，同时能够对机器人的简单故障进行维修。

相关知识

一、工业机器人的系统安全和工作环境安全管理

在设计和布置机器人系统时，为使操作员、编程员和维修人员能得到恰当的安全防护，应按照机器人制造厂商的规范进行。为确保机器人及其系统与预期的运行状态相一致，则应评价分析所有的环境条件（包括爆炸性混合物、腐蚀情况、湿度、污染、温度、电磁干扰（EMI）、射频干扰（RFI）和振动等）是否符合要求，否则应采取相应的措施。

1. 机器人系统的布局

控制装置的机柜宜安装在安全防护空间外。这可使操作人员在安全防护空间外进行操作、启动机器人完成工作任务，并且在此位置上操作人员应具有开阔的视野，能观察到机器人的运行情况及是否有其他人员处于安全防护空间内。若控制装置被安装在安全防护空间内，则其位置和固定方式应能满足在安全防护空间内各类人员安全性的要求。

2. 机器人的系统安全管理

1）在机器人系统的布置中，应避免机器人运动部件和与作业无关的周围固定物体（如建筑结构件、公用设施等）之间的挤压和碰撞，应保持有足够的安全间距，一般最少为0.5m。但那些与机器人完成作业任务相关的机器人和装置（如物料传送装置、工作台、相关工具台、相关机床等）则不受约束。

2）当要求由机器人系统布局来限定机器人各轴的运动范围时，应按要求来设计限定装置，并在使用时进行器件位置的正确调整和可靠固定。

在设计末端执行器时，应在其动力源（电气、液压、气动、真空等）发生变化或动力消失时，负载不会松脱落下或发生危险（如飞出）；同时，在机器人运动时由负载和末端执行器所生成的静力和动力及力矩应不超过机器人的负载能力。机器人系统的布置应考虑操作人员进行手动作业时（如零件的上、下料）的安全防护，可通过传送装置、移动工作台、旋转工作台、滑道推杆、气动和液压传送机构等过渡装置来实现，使手动上、下料的操作人员置身于安全防护空间之外，但这些自动移出或送进的装置不应产生新的危险。

3）机器人系统可采用一种或多种安全防护装置，如固定式或联锁式防护装置，包括双手控制装置、智能装置、握持-运行装置、自动停机装置、限位装置等；现场传感安全防护装置（PSSD），包括安全光幕或光屏、安全垫系统、区域扫描安全系统、单路或多路光束等。机器人系统安全防护装置的作用：

① 防止各操作阶段中与该操作无关的人员进入危险区域。

② 中断引起危险的来源。

③ 防止非预期的操作。

④ 容纳或接受由于机器人系统作业过程中可能掉落或飞出的物件。

⑤ 控制作业过程中产生的其他危险（如抑制噪声、遮挡激光或弧光、屏蔽辐射等）。

3. 机器人工作环境安全管理

安全装置是通过自身的结构功能设计去预防机器的某种危险，或限制运动速度、压力等危险因素。常见的安全装置有联锁装置、双手操作式装置、自动停机装置、限位装置等。在机械设备上使用一种本质安全化附件，其作用是杜绝在机械正常工作期间发生人身事故。

防护装置通常是指采用壳、罩、屏、门、盖、栅栏等封闭式装置等作为物体障碍，将人与危险隔离。例如，用金属铸造或金属板焊接的防护箱罩，一般用于齿轮传动或传输距离不大的传动装置的防护；金属骨架和金属网制成防护网，常用于带传动装置的防护；栅栏式防护适用于防护范围比较大的场合或作为移动机械临时作业的现场防护。

机器人安全防护装置有固定式防护装置、活动式防护装置、可调式防护装置、联锁式防护装置、带防护锁的联锁防护装置及可控防护装置，如图 3-1-1 所示。

为了减小已知的危险和保护各类工作人员的安全，在设计机器人系统时，应根据机器人

系统的作业任务及各阶段操作过程的
需要和风险评价的结果，选择合适的
安全防护装置。所选的安全防护装置
应按照制造厂的说明进行使用和安装。

图 3-1-1　机器人安全防护装置

（1）固定式防护装置

1）通过紧固件（如螺钉、螺栓、
螺母等）或通过焊接将防护装置永久
固定在所需的地方。

2）其结构能承受预定的操作力和
环境产生的作用力，即应考虑结构的强度与刚度。

3）其构造应不增加任何附加危险（如应尽量减少锐边、尖角、凸起等）。

4）不使用工具就不能移开固定部件。

5）隔板或栅栏底部离地面不大于 0.3m，高度应不低于 1.5m。

提示

在物料搬运机器人系统周围安装的隔板或栅栏应有足够的高度以防止任何物件由于末端夹持器松脱而飞出隔板或栅栏。

（2）联锁式防护装置

1）在机器人系统中采用联锁式防护装置时，应考虑下述原则：

① 防护装置关闭前，联锁能防止机器人系统自动操作，但防护装置的关闭应不能使机器人进入自动操作方式，而且启动机器人进入自动操作应在控制板上谨慎地进行。

② 在伤害风险消除前，具有防护锁定的联锁式防护装置应处于关闭和锁定状态；或当机器人系统正在工作时，若防护装置被打开，系统应给出停止或急停的指令。联锁装置起作用时，若不产生其他危险，则应能从停止位置重新启动机器人。

③ 中断动力源可消除进入安全防护区之前的危险，但动力源中断不能立即消除危险，即联锁系统中应含有防护装置的锁定或制动系统。

④ 在进入安全防护空间的联锁门处，应考虑设有防止无意关闭联锁门的结构或装置（如采用两组以上触点，具有磁性编码的磁性开关等）。应确保所安装的联锁装置的动作在避免了一种危险（如停止了机器人的危险运动）时，不会引起另外的危险发生（如使危险物质进入工作区）。

2）在设计联锁系统时，也应考虑安全失效的情况，即万一某个联锁器件发生不可预见的失效时，安全功能应不受影响。若万一受影响，则机器人系统仍应保持在安全状态。

3）在机器人系统的安全防护中经常使用现场传感装置，在设计时应遵循下述原则：

① 现场传感装置的设计和布局应能使传感装置在未起作用前人员不能进入，且身体各部位不能伸到限定空间内。为了防止人员从现场传感装置旁边绕过进入危险区，要求将现场传感装置与隔栏一起使用。

② 在设计和选择现场传感装置时，应考虑到其作用不受系统所处的任何环境条件（如湿度、温度、噪声、光照等）的影响。

（3）安全防护空间

安全防护空间是由机器人外围的安全防护装置（如栅栏等）所组成的空间。确定安全防护空间的大小是通过风险评价来确定需增加的机器人限定空间的范围。一般应考虑当机器人在作业过程中，所有人员身体的各部分应不能接触到机器人运动部件和末端执行器或工件的运动范围。

（4）动力断开

1）提供机器人系统及外围机器人的动力源应满足制造商的规范以及本地区或国家的电气构成规范要求，并按标准提出的要求进行接地。

2）在设计机器人系统时，应考虑维护和修理的需要，必须具备与动力源断开的技术措施。断开必须做到既可见（如运行明显中断），又能通过检查断开装置操作器的位置而确认，而且能将切断装置锁定在断开位置。切断电器电源的措施应按相应的电气安全标准进行。机器人系统或其他相关机器人动力断开时，应不发生危险。

（5）急停

机器人系统的急停电路控制应优先于其他所有控制，可使所有运动停止，并从机器人驱动器上和可能引起危险的其他能源（如外围机器人中的喷漆系统、焊接电源、运动系统、加热器等）上撤出驱动动力。

1）每台机器人的操作站和其他能控制运动的场合都应设有易于迅速接近的急停装置。

2）机器人系统的急停装置应如机器人控制装置一样，其按钮开关应是掌揿式或蘑菇头式，衬底为黄色的红色按钮，且要求人工复位。

3）重新启动机器人系统运行时，应在安全防护空间外，按规定的启动步骤进行。

4）若机器人系统中安装有两台机器人，且两台机器人的限定空间具有相互交叉的部分，则其共用的急停电路应能停止系统中两台机器人的运动。

（6）远程控制

当机器人控制系统需要具有远程控制功能时，应采取有效措施防止由其他场所启动机器人运动而产生的危险。

具有远程操作（如通过通信网络）的机器人系统，应设置一种装置（如键控开关），以确定在进行本地控制时，任何远程命令均不能引发危险产生。

1）当现场传感装置已起作用时，只要不产生其他的危险，可将机器人系统从停止状态重新启动到运行状态。

2）在恢复机器人运动时，应要求撤除传感区域的阻断，此时不应使机器人系统重新启动自动操作。

3）应具有指示现场传感装置正在运动的指示灯，其安装位置应易于观察，可以集成在现场传感装置中，也可以是机器人控制接口的一部分。

（7）警示措施

在机器人系统中，为了引起人们注意潜在危险的存在，应采取警示措施。警示措施包括栅栏或信号器件。它们是用来识别通过上述安全防护装置没有阻止的残留风险，但警示措施不应是前面所述安全防护装置的替代品。

1）警示栅栏

为了防止人员意外进入机器人限定空间，应设置警示栅栏。

2）警示信号

为了给接近或处于危险中的人员提供可识别的视听信号，应设置和安装信号警示装置。

在安全防护空间内采用可见的光信号来警告危险时，应有足够多的器件以便人们在接近安全防护空间时能看到光信号。

音响报警装置则应具有比环境噪声分贝级别更高的独特的警示声音。

（8）安全生产规程

考虑到机器人系统寿命中的某些阶段（例如调试阶段、生产过程转换阶段、清理阶段、维护阶段），设计出完全适用的安全防护装置去防止各种危险是不可能的，且那些安全防护装置也可以被暂停。在这种状态下，应该采用相应的安全生产规程。

（9）安全防护装置的复位

重建联锁门或现场传感装置时，其本身应不能重新启动机器人的自动操作，应要求在安全防护空间仔细地动作来重新启动机器人系统。重新启动装置的安装位置，应在安全防护空间内的人员不能够到的地方，且能观察到安全防护空间内的情况。

二、工业机器人的主机及控制柜等主要部件的备件管理

1. 机器人主机的管理

机器人主机位于机器人控制柜内，是出故障较多的部分。常见的故障有串口、并口、网卡接口失灵，进不了系统，屏幕无显示等。而机器人主板是主机的关键部件，起着至关重要的作用，它集成度越高，维修机器人主机主板的难度也越来越大，需专业的维修技术人员借助专门的数字检测设备才能完成。机器人主机主板集成的组件和电路多而复杂，容易引起故障，其中也不乏是客户人为造成的。

（1）人为因素

热插拔硬件非常危险，许多主板故障都是热插拔引起的，带电插拔装板卡及插头时用力不当容易造成对接口、芯片等的损害，从而导致主板损坏。

（2）内因

随着使用机器人时间的增长，主板上的元器件就会自然老化，从而导致主板故障。

（3）环境因素

由于操作者的保养不当，机器人主机主板上布满了灰尘，可以造成信号短路，此外，静电也常造成主板上芯片（特别是 CMOS 芯片）被击穿，引起主板故障。

因此，特别注意机器人主机的通风、防尘，减少因环境因素引起的主板故障。

2. 机器人控制柜的管理

（1）控制柜的保养计划表

机器人的控制柜必须有计划的经常保养，以便其正常工作。表 3-1-1 为控制柜保养计划表。

表 3-1-1　控制柜保养计划表

保养内容	设　备	周　期	说　明
检查	控制柜	6 个月	
清洁	控制柜		
清洁	空气过滤器		
更换	空气过滤器	4000h/24 个月	小时表示运行时间，而月份表示实际的日历时间
更换	电池	12000h/36 个月	同上
更换	电池	60 个月	同上

（2）检查控制柜

控制柜的检查方法与步骤见表3-1-2。

表3-1-2　控制柜的检查方法与步骤

步骤	操作方法
1	检查并确定柜子里面有无杂质,如果发现杂质,清除并检查柜子的衬垫和密封
2	检查柜子的密封结合处及电缆密封管的密封性,确保灰尘和杂质不会从这些地方吸入柜子里面
3	检查插头及电缆连接的地方是否松动,电缆是否有破损
4	检查空气过滤器是否干净
5	检查风扇是否正常工作

在维修控制柜或连接到控制柜上的其他单元之前，应注意以下几点：

1）断掉控制柜的所有供电电源。

2）控制柜或连接到控制柜的其他单元内部很多元件都对静电很敏感，如果受静电影响，有可能损坏。

3）在操作时，一定要带上一个接地的静电防护装置，如特殊的静电手套等，有的模块或元件装了静电保护扣，请使用它来连接保护手套。

（3）清洁控制柜

所需设备有一般清洁器具和真空吸尘器。一般清洁器具可以用软刷蘸酒精清洁外部柜体，真空吸尘器用来进行内部清洁。控制柜内部清洁方法与步骤参见表3-1-3。

表3-1-3　控制柜内部清洁方法与步骤

步骤	操作方法	说明
1	用真空吸尘器清洁柜子内部	
2	如果柜子里面装有热交换装置,需保持其清洁,这些装置通常在供电电源后面、计算机模块后、驱动单元后面	如果需要,可以先移开这些热交换装置,然后再清洁柜子里

清洗柜子之前的注意事项：

1）尽量使用前面介绍的工具清洗，否则容易造成一些额外的问题。

2）清洁前检查保护盖或者其他保护层是否完好。

3）在清洗前，千万不要使用指定外的清洁用品，如压缩空气及溶剂等。

4）千万不要使用高压的清洁器喷射。

三、工业机器人的维护和保养

1. 控制装置及示教器的检查

机器人控制装置及示教器的检查参见表3-1-4。

表3-1-4　机器人控制装置及示教器的检查

序号	检查内容	检查事项	方法及对策
1	外观	1. 机器人本体和控制装置是否干净 2. 电缆外观有无损伤 3. 通风孔是否堵塞	1. 清扫机器人本体和控制装置 2. 目测外观有无损伤,如果有应紧急处理,损坏严重时应进行更换 3. 目测通风孔是否堵塞并进行处理

（续）

序号	检查内容	检查事项	方法及对策
2	复位急停按钮	1. 面板急停按钮是否正常 2. 示教器急停按钮是否正常 3. 外部控制复位急停按钮是否正常	开机后用手按动面板复位急停按钮，确认有无异常，损坏时进行更换
3	电源指示灯	1. 面板、示教器、外部机器、机器人本体的指示灯是否正常 2. 其他指示灯是否正常	目测各指示灯有无异常
4	冷却风扇	运转是否正常	打开控制电源，目测所有风扇运转是否正常，不正常予以更换
5	伺服驱动器	伺服驱动器是否洁净	清洁伺服驱动器
6	底座螺栓	检查有无缺失、松动	用扳手拧紧、补缺
7	盖类螺栓	检查有无缺失、松动	用扳手拧紧、补缺
8	放大器输入/输出电缆安装螺钉	1. 放大器输入/输出电缆是否连接 2. 安装螺钉是否紧固	连接放大器输入/输出电缆，并紧固安装螺钉
9	编码器电池	机器人本体内的编码器挡板上的蓄电池电压是否正常	电池没电，机器人遥控盒显示编码器复位时，按照机器人维修手册上的方法进行更换（所有机型每2年更换一次）
10	I/O模块的端子导线	I/O模块的端子导线是否连接导线	连接I/O模块的端子导线，并紧固螺钉
11	伺服放大器的输入/输出电压（AC、DC）	打开伺服电源，参照各机型维修手册测量伺服放大器的输入/输出电压（AC、DC）是否正常，判断基准在±15%范围内	建议由专业人员指导
12	开关电源的输入输出电压	打开伺服电源，参照各机型维修手册，测量个DC电源的输入/输出电压，输入端单相220V，输出端为DC24V	建议由专业人员指导
13	电动机抱闸线圈打开时的电压	在电动机抱闸线圈打开时的电压判定基准为DC24V	建议由专业人员指导

2. 机器人本体的检查

机器人本体的检查参见表3-1-5。

表3-1-5　机器人本体的检查

序号	检查内容	检查事项	方法及对策
1	整体外观	机器人本体外观上有无脏污、龟裂及损伤	清扫灰尘、焊接飞溅，并进行处理（用真空吸尘器、用布擦拭时使用少量酒精或清洁剂、用水清洁加入防腐剂）
2	机器人本体安装螺钉	1. 机器人本体所安装螺钉是否紧固 2. 焊枪本体安装螺钉、母材线、地线是否紧固	1. 紧固螺钉 2. 紧固螺钉和各零部件
3	同步输送带	检查输送带的张紧力和磨损程度	1. 输送带的松紧度进行调整 2. 损伤、磨损严重时要更换
4	伺服电动机安装螺钉	伺服电动机安装螺钉是否紧固	打开控制电源，目测所有风扇运转是否正常，不正常予以更换

（续）

序号	检查内容	检查事项	方法及对策
5	超程开关的运转	闭合电源开关,打开各轴关,检查运转是否正常	检查机器人本体上有几个超程开关
6	原点标志	原点复位,确认原点标志是否吻合	目测原点标志是否吻合(思考:不吻合时如何进行示教修正操作?)
7	腕部	1. 伺服锁定时腕部有无松动 2. 在所有运转领域中腕部有无松动	松动时要调整锥齿轮(思考:如何调整锥齿轮松动?)
8	阻尼器	检查所有阻尼器上是否损伤,破裂或存在大于1mm的印痕,检查连接螺钉是否变形	目测到任何损伤必须更换新的阻尼器,如果螺钉有变形更换连接螺钉
9	润滑油	检查齿轮箱润滑油量和清洁程度	卸下注油塞,用带油嘴和集油箱的软管排出齿轮箱中的油,装好注油塞,重新注油(注油的量根据排出的量而定)
10	平衡装置	检查平衡装置有无异常	卸下螺母,拆去平衡装置防护罩,抽出一点气缸检查内部平衡缸,擦干净内部目测内部环有无异常,更换任何有异常的部分,推回气缸装好防护罩并拧紧螺母
11	防碰撞传感器	闭合电源开关机伺服电源,拨动焊枪使防碰撞传感器运转,紧急停止功能是否正常	防碰撞传感器损坏或不能正常工作时应进行更换
12	空转(刚性损伤)	运转各轴检查是否有刚性损伤	(思考:如何确认刚性损伤)
13	锂电池	检查锂电池使用时间	每两年更换一次
14	电线束、谐波油(黄油)	检查机器人本体内电线束上黄油的情况	在机器人本体内电线束上涂敷黄油,以三年为一周期更换
15	所有轴的异常振动、声音	检查所有运转中的异常振动和异常声音	用示教器手动操作转动各轴,不能有异常振动和声音
16	所有轴的运转区域	示教器手动操作转动各轴,检查在软限位报警时是否达到硬限位	目测是否达到硬限位,进行调节
17	所有轴与原来标志的一致性	原点复位后,检查所有轴与原来标志是否一致	用示教器手动操作转动各轴,目测所有轴与原点标志是否一致,不一致时重新检查第6项
18	变速箱润滑油	打开注油塞检查油位	如有漏油,用油枪根据需要补油(第一次工作隔6000h更换,以后每隔24000h更换)
19	外部导线	目测检查有无污迹,损伤	如有污迹、损伤,进行清理或更换
20	外露电动机	目测有无漏油	如有漏油清查并联系专业人员
21	大修	30000h	请联系厂家人员

3. 连接电缆的检查

连接电缆的检查参见表3-1-6。检查机器人连接电缆时，应先关闭连接到机器人的所有电源、液压源、气压源，然后再进入机器人工作区域进行检查。

表 3-1-6　连接电缆的检查

序号	检查内容	检查事项	方法及对策
1	机器人本体与伺服电动机相连的电缆	1. 接线端子的松紧程度 2. 电缆外观有无磨损和损伤	1. 用手确认松紧程度 2. 目测外观有无损伤,如果有任何磨损应及时更换
2	焊机及接口相连的电缆	同机器人本体与伺服电动机相连的电缆	同上
3	与控制装置相连的电缆	1. 接线端子的松紧程度 2. 电缆外观(包括示教器及外部轴电缆)有无损伤	同上
4	接地线	1. 本体与控制装置间是否接地 2. 外部轴与控制装置间是否接地	目测并连接接地线
5	电缆导向装置	检查底座上的插接器,检查电缆导向装置有无损坏	如有任何磨损损坏及时更换

任务实施

一、任务准备

实施本任务教学所使用的实训设备及工具材料可参考表 3-1-7。

表 3-1-7　实训设备及工具材料

序号	分类	名称	型号规格	数量	单位	备注
1	工具	活扳手	8~9mm	1	把	
2		外六星套筒	20~60	1	套	
3		套筒扳手组		1	套	
4		转矩扳手	10~100N·m	1	把	
5		转矩扳手	75~400N·m	1	把	
6		转矩扳手	1/2 的棘轮头	1	把	
7		双鼓铆钉钳		1	把	
8	设备器材	内六角螺钉	5~17mm	若干	颗	
9		外六角螺钉	M10×100	若干	颗	
10		外六角螺钉	M16×90	若干	颗	

二、工业机器人控制柜的检查与维护

机器人的控制柜必须有计划的经常保养,以便其正常工作,其保养计划见表 3-1-8。

1. 控制柜的检查

检查控制柜的方法和步骤如下:

1)断开控制柜的所有电源。

2)由于控制柜或连接到控制柜的其他单元内部很多元件都对静电很敏感,如果受静电影响,有可能损坏。在操作时,一定要带上一个接地的静电防护装置,如特殊的静电手套

等。有的模块或元件装了静电保护扣，请使用它来连接保护手套。

表3-1-8 保养计划表

保养内容	设 备	周 期	说 明
检查	控制柜	6个月	
清洁	控制柜		
清洁	空气过滤器		
更换	空气过滤器	4000h/24个月	
更换	电池	12000h/36个月	
更换	风扇	60个月	

3）检查柜子，确定里面无杂质，如果发现杂质，清除并检查柜子的衬垫和密封层。

4）检查柜子的密封结合处及电缆密封管的密封性，确保灰尘和杂质不会从这些地方吸入柜子里面。

5）检查插头及电缆连接的地方是否松动，电缆是否损坏。

6）检查空气过滤器是否干净。

7）检查风扇是否正常工作。

2. 清洁控制柜

清洁控制柜的方法及步骤如下：

1）用真空吸尘器清洁柜子内部。

2）如果柜子里面有热交换装置，需保持其清洁，这些装置通常在供电电源后面，计算机模块后面和驱动单元。如果有需要，可以先移开这些热交换装置，然后再清洁柜子。

操作提示

1）尽量使用上面介绍的工具，否则容易造成一些额外的问题。

2）清洁前检查保护盖或者其他保护层是否完好。

3）在清洗前，千万不要移开任何盖子或保护装置。

4）千万不要使用指定以外的清洁用品，如压缩空气及溶剂等。

5）千万不要用高压的清洁器喷射。

3. 清洁空气过滤器

如图3-1-2所示是空气过滤器在控制柜里所在的位置。清洁空气过滤器的方法及步骤如下：

1）断开控制柜的所有电源。

2）由于控制柜或连接到控制柜的其他单元内部很多元件都对静电很敏感，如果受静电影响，有可能损坏，在操作时，一定要带上一个接地的静电防护装置，如特殊的静电手套等。有的模块或元件装了静电保护扣，请使用它来连接保护手套。

3）清洗比较粗糙的一面（干净空气那面），再翻转。

4）清洗3~4次。

5）晾干过滤网。晾干过滤网的方法有两种：一是将过滤网平放在一个平的表面晾干；二是从面对干净空气那面用压缩空气吹干。

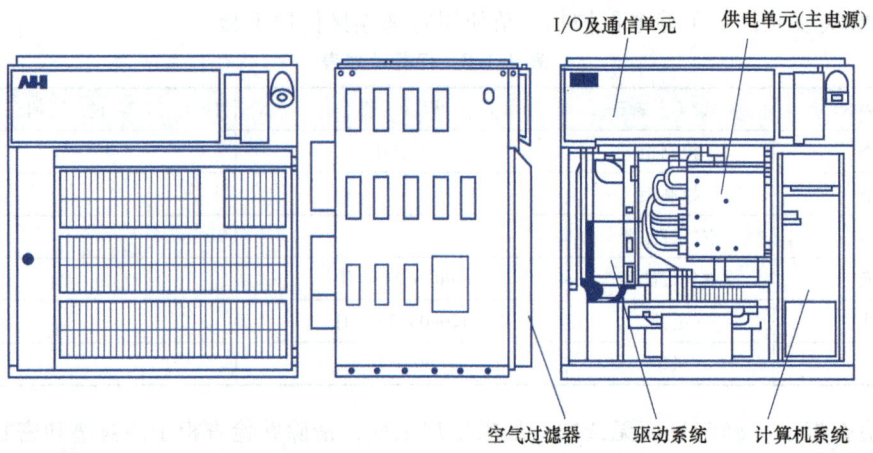

图 3-1-2 空气过滤器在控制柜里所在的位置

 检查测评

对任务实施的完成情况进行检查，并将结果填入表 3-1-9。

表 3-1-9 任务测评表

序号	主要内容	考核要求	评分标准	配分	扣分	得分
1	清洗机器人控制柜	1. 会打开机器人控制柜并进行检查其清洁程度 2. 能熟练地清洗控制柜中各部件并正确安装	1. 打开控制柜的方法不正确，扣10分 2. 不会检查控制的清洁程度，扣10分 3. 不能正确拆卸控制柜内各部件，并进行检查，每个扣10分 4. 不会清洗控制柜各部件，每个扣10分 5. 清洗控制柜后不能正确安装个部件，每个扣10分	90		
2	安全文明生产	劳动保护用品穿戴整齐，遵守操作规程，讲文明礼貌，操作结束要清理现场	1. 操作中，违反安全文明生产考核要求的任何一项扣5分，扣完为止 2. 当发现学生有重大事故隐患时，要立即予以制止，并每次扣安全文明生产总分5分	10		
合 计						
开始时间：			结束时间：			

任务二 工业机器人本体的保养与维护

 学习目标

知识目标：1. 掌握了解机器人的系统结构。

2. 熟悉机器人主机、控制柜主要部件的工作过程及管理。

3. 掌握机器人日常检查保养维护的项目。

知识目标：1. 会机器人的日常管理。

2. 能够对机器人进行定期保养维护。

3. 能够对机器人简单故障进行维修。

 工作任务

机器人在使用过程中，由于机器人的物质运动和化学作用，必然会产生技术状况的不断变化和难以避免的不正常现象，以及人为因素造成的损耗，例如松动、干摩擦、腐蚀等，这是机器人的隐患，如果不及时处理，会造成机器人的过早磨损，甚至形成严重事故。

本任务的内容是：通过学习，熟悉机器人本体各部分的维护和保养。

相关知识

一、工业机器人的维护周期

为确保机器人正常的工作，必须对其进行维护和保养，表3-2-1列出了如何对机器人各部分进行维护及各自的维护周期。

表 3-2-1　机器人各部分的维护及各自的维护周期

维护类型	设备	周期	注意	关键词
检查	轴1的齿轮,油位	12 个月	环境温度<50℃	检查,油位,变速箱1
检查	轴2的齿轮,油位	12 个月	环境温度<50℃	检查,油位,变速箱2
检查	轴3的齿轮,油位	12 个月	环境温度<50℃	检查,油位,变速箱3
检查	轴4的齿轮,油位	12 个月	环境温度<50℃	检查,油位,变速箱4
检查	轴5的齿轮,油位	12 个月	环境温度<50℃	检查,油位,变速箱5
检查	轴6的齿轮,油位	12 个月	环境温度<50℃	检查,油位,变速箱6
检查	平衡设备	12 个月	环境温度<50℃	检查,平衡设备
检查	机械手电缆	12 个月		检查,动力电缆
检查	轴2-5的节气阀	12 个月		检查,轴2~5的节气阀
检查	轴1的机械制动	12 个月		检查,轴1的机械制动
更换	轴1的齿轮油	48 个月	环境温度<50℃	更换,变速箱1
更换	轴2的齿轮油	48 个月	环境温度<50℃	更换,变速箱2
更换	轴3的齿轮油	48 个月	环境温度<50℃	更换,变速箱3
更换	轴4的齿轮油	48 个月	环境温度<50℃	更换,变速箱4
更换	轴5的齿轮油	48 个月	环境温度<50℃	更换,变速箱5
更换	轴6的齿轮油	48 个月	环境温度<50℃	更换,变速箱6
更换	轴1的齿轮	96 个月		
更换	轴2的齿轮	96 个月		
更换	轴3的齿轮	96 个月		
更换	轴4的齿轮	96 个月		
更换	轴5的齿轮	96 个月		
更换	机械手动力电缆			检测到破损或使用寿命到的时候更换
更换	SMB 电池	36 个月		
润滑	平衡设备轴承	48 个月		

说明：如果机器人工作的环境高于 50℃，则需要保养更频繁一点。轴 4 和轴 5 的变速箱的维护周期不是由 SIS（Service information system）计算出来的。

二、机器人各部件的预期寿命

以 ABB IRB 6600 机器人为例，由于工作强度的不同，预期寿命也会有很大的不同。

1. 机器人动力电缆

机器人动力电缆的寿命约为 2000000 个循环。1 个循环表示每个轴从标准位置到最小角度再到最大角度，然后回到标准位置。如果离开这个循环，则寿命会不一样。

2. 限位开关及风扇电缆

限位开关及风扇电缆的寿命约为 2000000 个循环。1 个循环所表示的意义同上。

3. 平衡设备

平衡设备的寿命约 2000000 个循环。而这里的 1 个循环表示从初始位置到最大位置，然后回来。如果离开这个循环，则寿命会不一样。

4. 变速箱

变速箱的寿命为 40000h。正常条件下点焊，机器人定义年限为 8 年（350000 个循环每年）。基于实际工作的不同，每个变速箱的寿命会和标准定义存在差异。SIS 系统会保存各个变速箱的运行轨迹，如果需要维护的时候，会通知用户。

三、变速箱油位的检测

1. 轴 1 变速箱油位的检测

轴 1 的变速箱位于骨架和基座之间，如图 3-2-1 所示。轴 1 变速箱油位的检测方法及步骤如下：

1）打开油塞，检查油位。

2）最低油位：离加油孔不超过 10mm。

3）如有必要，则加油。

4）装上油塞（上紧油塞力矩：24N·m）。

2. 轴 2 变速箱油位的检测

在轴 2 的电动机和变速箱之间有一个电动机附加装置，以两种方式存在，早期的电动机附加装置是直接附在变速箱上的；后来的设计中，这个电动机附加装置被附到框架上，另外还设计有一个盖子与电动机附加装置配合。轴 2 的变速箱位于低手臂的旋转中心，在电动机附加装置的下面，

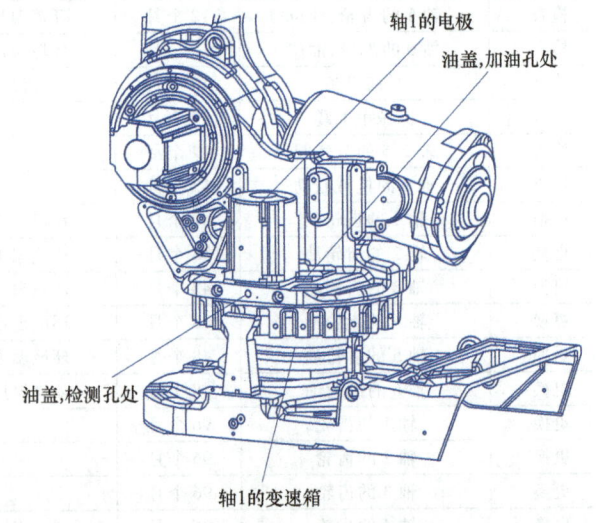

图 3-2-1　轴 1 的变速箱的位置

如图 3-2-2 所示是后期设计的电动机附加装置的位置图。轴 2 变速箱油位的检测方法及步骤如下：

1）打开加油孔的油塞。

2）从加油孔处测量油位，根据电动机附加装置来判断，早期设计的必要油位：大约 65mm±5mm；后期的设计，离加油孔不超过 10mm。

3）如有必要，则加油。

4）盖好油塞（上紧油塞力矩：24N·m）。

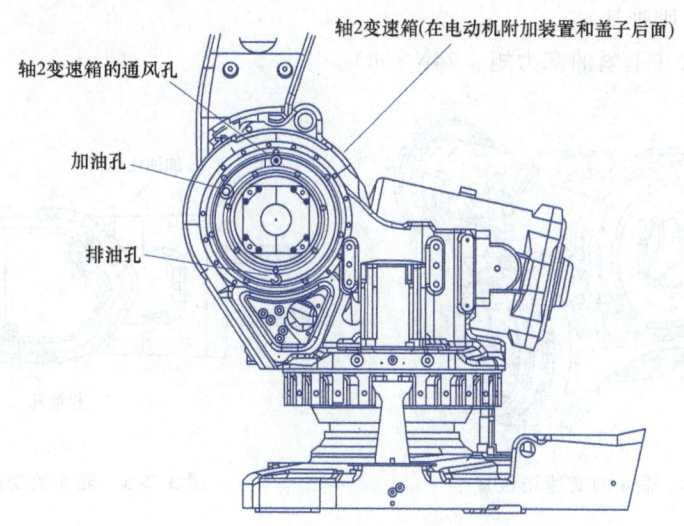

图 3-2-2　电动机附加装置的位置图

3. 轴 3 变速箱油位的检测

轴 3 的变速箱位于上臂的旋转中心，如图 3-2-3 所示。轴 3 变速箱油位的检测方法及步骤如下：

1）将机械手运行到标准位置。

2）打开加油孔的油塞。

3）从加油孔处测量油位，根据电动机附加装置来判断，早期设计的必要油位：大约 65mm±5mm；后期的设计，离加油孔不超过 10mm。

4）如有必要，则加油。

5）盖好油塞（上紧油塞力矩：24N·m）。

4. 轴 4 变速箱油位的检测

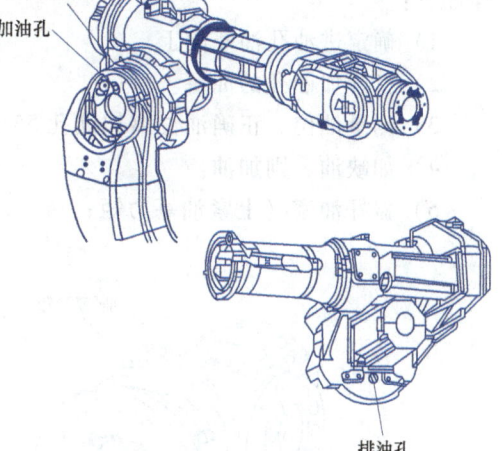

图 3-2-3　轴 3 的变速箱位置

轴 4 的变速箱位于上臂的最后方，如图 3-2-4 所示。轴 4 变速箱油位的检测方法及步骤如下：

1）将机械手运行到标准位置。

2）打开加油孔的油塞。

3）最低油位离加油孔不超过 10mm。

4）如缺油，则加油。

5）盖好油塞（上紧油塞力矩：24N·m）。

5. 轴 5 变速箱油位的检测

轴 5 的变速箱位于腕节单元，如图 3-2-5 所示。轴 5 变速箱油位的检测方法及步骤如下：

1）转动腕节单元，使所有的油塞向上。

2）打开加油孔的油塞。

3）测量油位，最低油位离加油孔不超过 30mm。

4）如缺油，则加油。

5）盖好油塞（上紧油塞力矩：24N·m）。

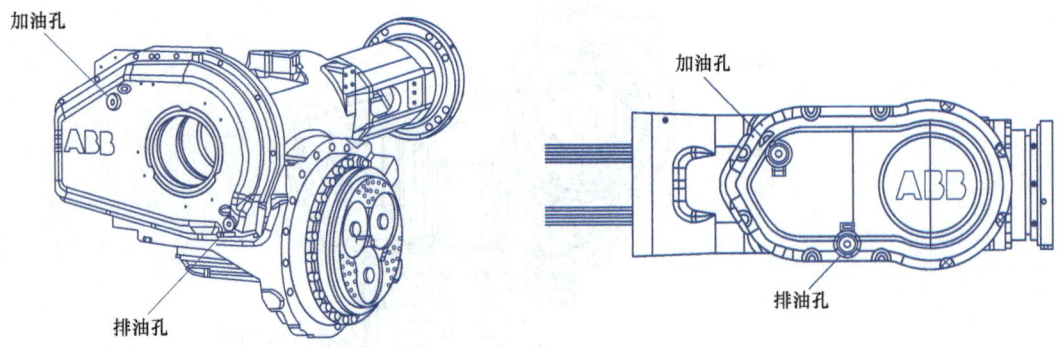

图 3-2-4　轴 4 的变速箱位置 　　　　　　图 3-2-5　轴 5 的变速箱位置

6. 轴 6 变速箱油位的检测

轴 6 的变速箱位于腕节单元的中心，如图 3-2-6 所示。轴 6 变速箱油位的检测方法及步骤如下：

1）确定进油孔油塞向上。

2）打开加油孔的油塞。

3）测量油位，正确油位离加油孔 55mm±5mm。

4）如缺油，则加油。

5）盖好油塞（上紧油塞力矩：24N·m）。

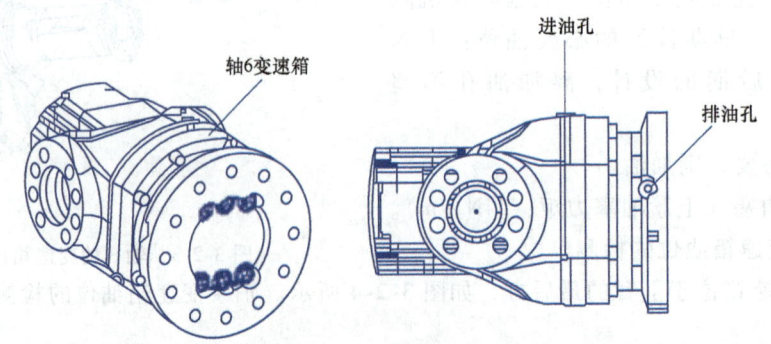

图 3-2-6　轴 6 的变速箱位置

四、平衡装置的检查

平衡装置在机械手的上后方，如图 3-2-7 所示。如果发现损坏，则应根据平衡装置的型

号采取不同的措施。3HAC 14678-1 和 3HAC 16189-1 需要维修，而 3HAC 12604-1 则需要升级。

检查平衡装置的方法及步骤如下：

1）检查轴承、齿轮和轴是否协调，确定安全螺栓在正确位置并没有损坏（M16×180，力矩：50N·m）。

2）检查气缸是否协调，如果里面的弹簧发出异响，则需要更换平衡装置。注意是维修还是升级。

3）检查活塞杆，如果听见啸叫声，则表明轴承有问题，或者里面进了杂质，或者轴承润滑不够了。注意是维修还是升级。

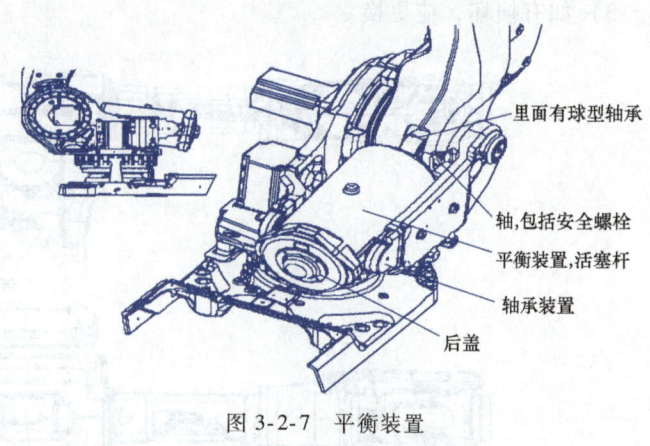

图 3-2-7 平衡装置

4）检查活塞杆是否有刮擦声，是否用旧或者表面不平坦。

5）如发现以上问题，按照维修或者升级包上的说明书来进行维修或升级。

【注意】 在进行机器人平衡装置的检查时应注意以下几点：

（1）在机器人运行后，电动机和齿轮温度都很高，注意烫伤。

（2）关掉所有电源、液压源及气压源。

（3）当移动一个部位时，做一些必要的措施确保机械手不会倒下来，如：当拆除轴 2 的电动机时，要固定低处的手臂。

（4）要在指定的环境下处理平衡装置。

五、检查动力电缆的保护壳

1. 机器人轴 1~4 的电缆保护壳的检查

机器人的轴 1~4 的动力电缆分布如图 3-2-8 所示。其电缆保护壳的检查方法及步骤如下：

1）做一个全面目测，看是否有损坏。

2）检查电缆连接插头。

3）检查电缆夹，衬盘是否松动，另外检查电缆是否用带子捆住并且没有损坏。如在下臂进口处发现少许磨损，属正常现象。

4）如有损坏，应更换。

2. 机器人轴 5~6 的电缆保护壳的检查

机器人的轴 5~6 的电缆保护壳位置

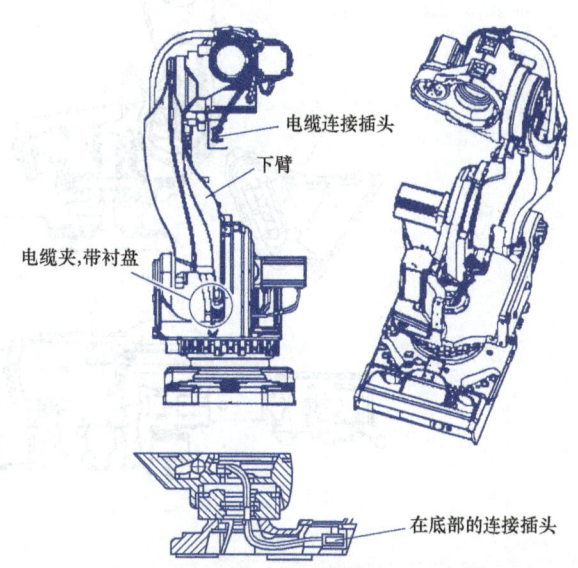

图 3-2-8 机器人的轴 1~4 的动力电缆分布

如图 3-2-9 所示，其检查方法及步骤如下：

1）做一个全面目测，看是否有损坏。

2）检查电缆夹和电缆插头，确定电缆夹没有被压弯。

3）如有损坏，应更换。

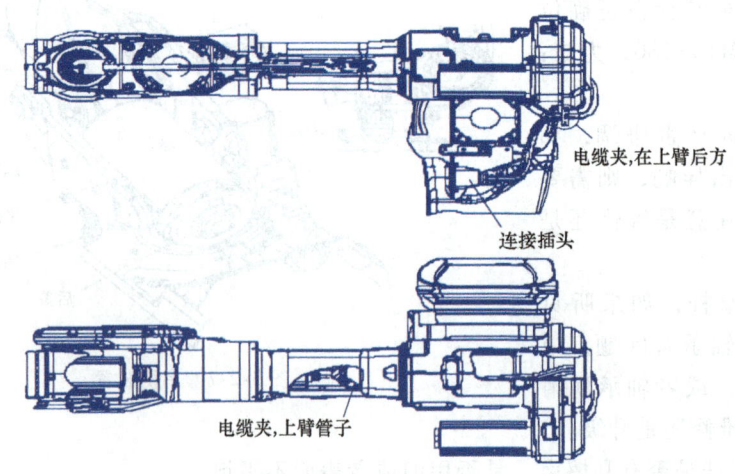

电缆夹,在上臂后方

连接插头

电缆夹,上臂管子

图 3-2-9　机器人的轴 5~6 的电缆保护壳位置

六、检查信息标识

机器人信息标识的位置如图 3-2-10 所示，各部位的信息标识名称见表 3-2-2。

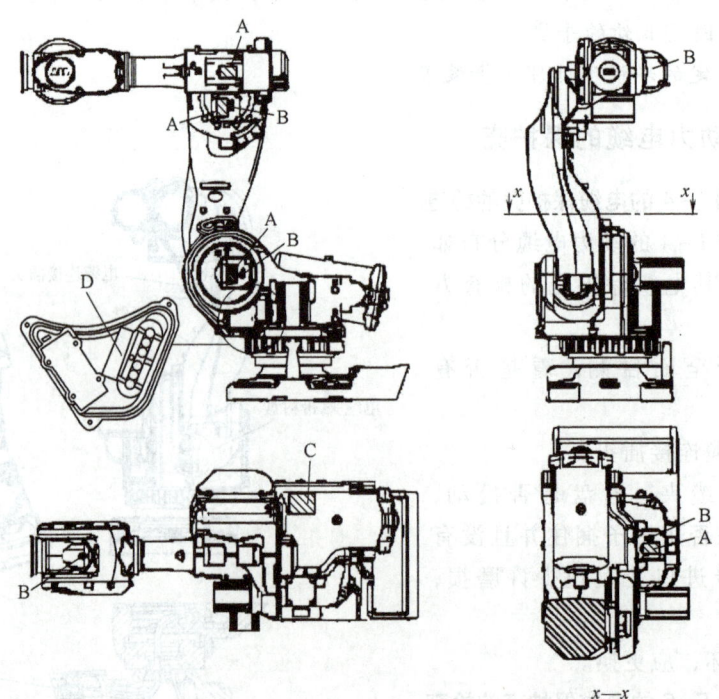

图 3-2-10　机器人信息标识的位置

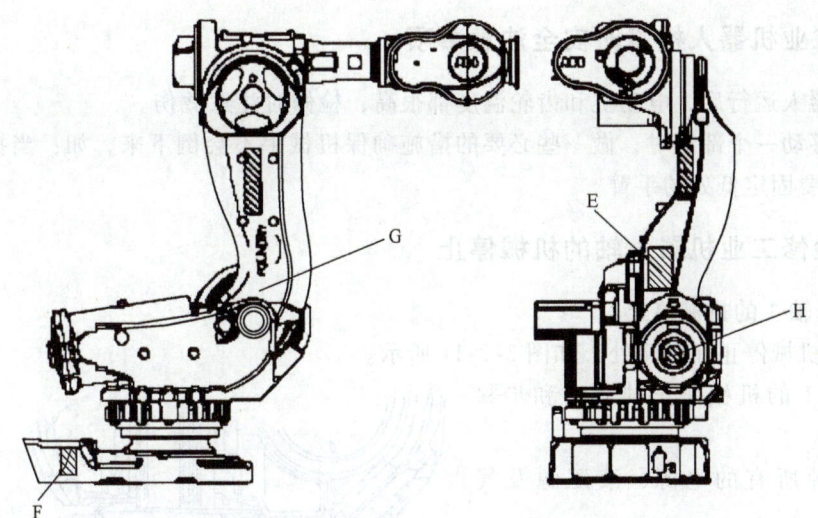

图 3-2-10　机器人信息标识的位置（续）

表 3-2-2　机器人信息标识名称

序号	名　　称	序号	名　　称
A	警示标识"高温"，3HAC4431-1	E	"吊装机器人"的标识，3HAC16420-1
B	闪烁指示灯，3HAC1589-1	F	警示标识"机器人可能前倾"，3HAC9191-1
C	"安全说明"牌，3HAC4591-1	G	铸造号
D	警示标识"刹车松开"，3HAC15334-1	H	警示标识，"蓄能"标识，3HAC9526-1

任务实施

一、任务准备

实施本任务教学所使用的实训设备及工具材料可参考表 3-2-3。

表 3-2-3　实训设备及工具材料

序号	分类	名称	型号规格	数量	单位	备注
1	工具	活扳手	8~9mm	1	把	
2		外六角套筒	20~60mm	1	套	
3		套筒扳手组		1	套	
4		扭力扳手	10~100N·m	1	把	
5		扭力扳手	75~400N·m	1	把	
6		扭力扳手	1/2 的棘轮头	1	把	
7		双鼓铆钉钳		1	把	
8	设备器材	内六角螺钉	5~17mm	若干	颗	
9		外六角螺钉	M10×100	若干	颗	
10		外六角螺钉	M16×90	若干	颗	

二、工业机器人检修时安全注意事项

1）机器人运行后，电动机和齿轮温度都很高，检修时注意烫伤。

2）当移动一个部位时，做一些必要的措施确保机械手不会倒下来，如：当拆除轴2的电动机时，要固定低处的手臂。

三、检修工业机器人轴的机械停止

1. 检修轴1的机械停止

轴1的机械停止在底座处，如图3-2-11所示。

检修轴1的机械停止的方法和步骤如下：

1）关掉所有的电源、液压源及气压源。

2）按照图3-2-11的位置图检查轴1的机械停止。

3）确定机械停止可以向任何方向翕动。

4）如定位销弯曲或损坏，需更换。

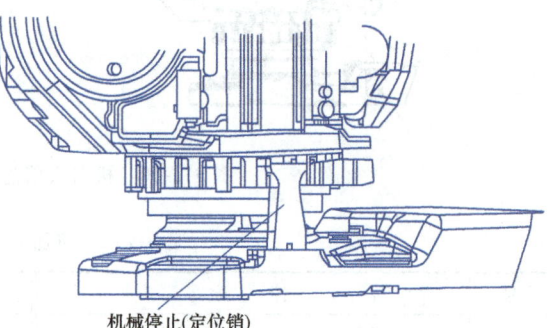

图3-2-11　轴1的机械停止（定位销）位置

2. 检修轴1~3的机械停止

轴1~3的一些机械停止的位置图如图3-2-12所示。

检修轴1~3的一些机械停止的方法和步骤如下：

1）关掉所有的电源、液压源及气压源。

2）按照图3-2-12的位置图检查轴1，2和3的机械停止是否损坏。

3）确定这些停止装置安装正确。

4）如有损坏，必须更换，使用螺栓（带润滑油Molycote1000），轴1用M16×35；轴2用M16×50；轴3用M16×60。

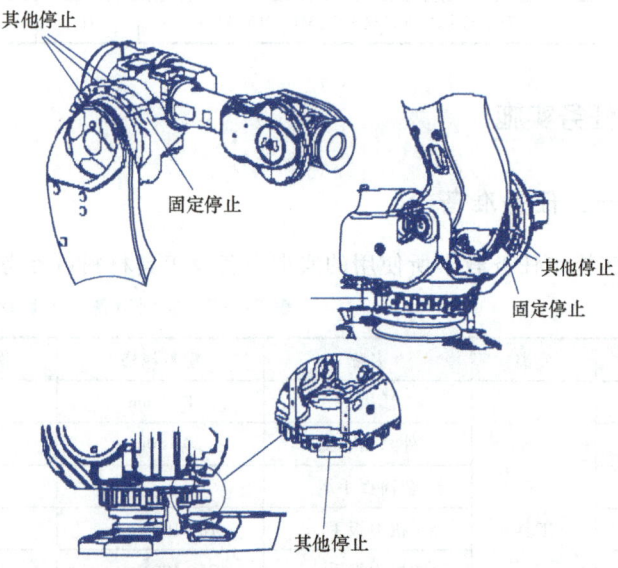

图3-2-12　轴1~3的一些机械停止的位置图

四、检测轴2~5的抑制装置（刹车片）

如图3-2-13所示为轴2~5所用抑制装置的位置图。

检修轴2~5的抑制装置（刹车片）的方法和步骤如下：

1）关掉所有的电源、液压源及气压源。

2）按照图 3-2-13 的位置图检查所有的刹车片是否损坏，是否有裂纹，是否有超过 1mm 的压痕。检修轴 4 时，应先移开上臂顶部的两个盖子。

3）检查锁紧螺栓是否变形。如有损坏，应更换新的刹车片。

五、检查轴 1~3 的限位开关

轴 1 的限位开关的位置如图 3-2-14 所示，轴 2 的限位开关位置如图 3-2-15 所示，轴 3 的限位开关位置如图 3-2-16 所示。

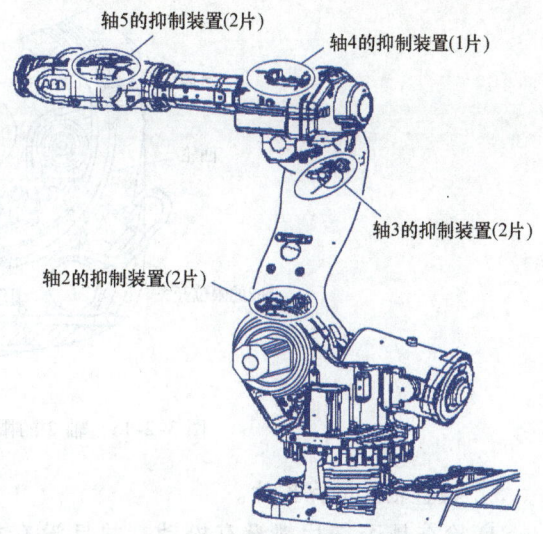

图 3-2-13　轴 2~5 的抑制装置（刹车片）的位置图

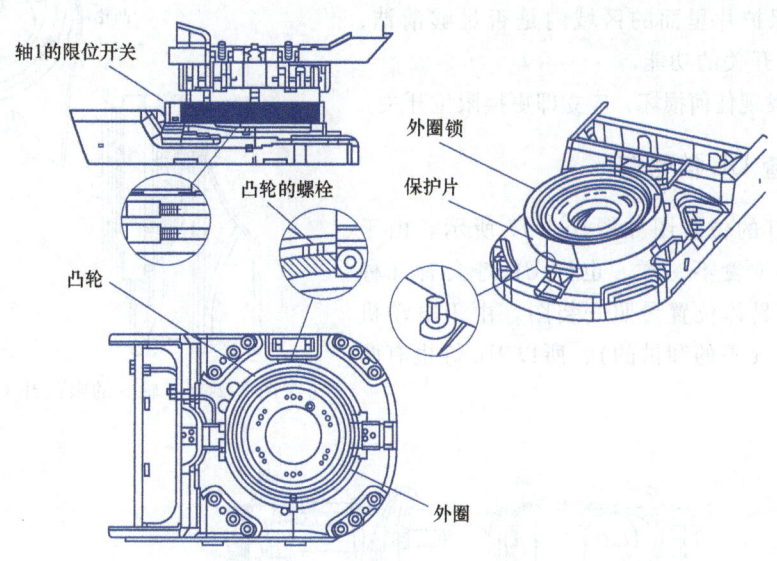

图 3-2-14　轴 1~3 的限位开关的位置图

检修轴 1~3 的限位开关的方法和步骤如下：

1）关掉所有的电源、液压源及气压源。

2）限位开关的检查。按照图 3-2-14、图 3-2-15、图 3-2-16 的位置图检查轴 1~3 的限位开关的滚筒是否可以轻松转动，转动是否自如。

3）检查外圈。检查外圈是否牢固地螺栓锁紧。

4）检查凸轮。

① 检查滚筒是否在凸轮上留下压痕。

② 检查凸轮是否清洁，如果有杂质，应擦去。

③ 检查凸轮的定位螺栓是否松动或移动。

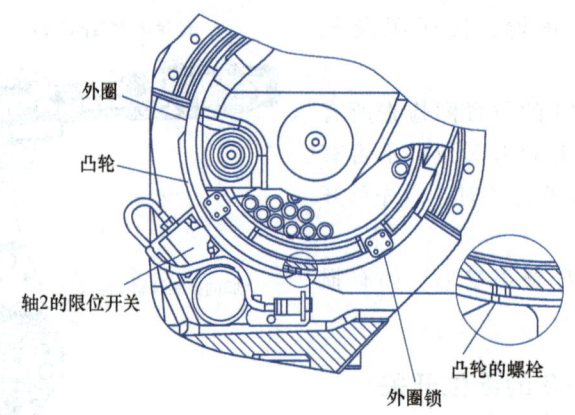

图 3-2-15 轴 2 的限位开关的位置图

5）检查轴 1 的保护片。

① 检查是否三片都没有松动，并且没有损坏、变形。

② 检查保护片里面的区域内是否足够清洁，以免影响限位开关的功能。

6）如果发现任何损坏，应立即更换限位开关。

六、检查 UL 信号灯

UL 信号灯的位置图如图 3-2-17 所示。由于轴 4-6 的安装位置不一样，也许 UL 灯会有几种不同的位置，具体位置参照安装图。由于电动机的盖子有两种（平的和拱的），所以 UL 灯也有两种类型。

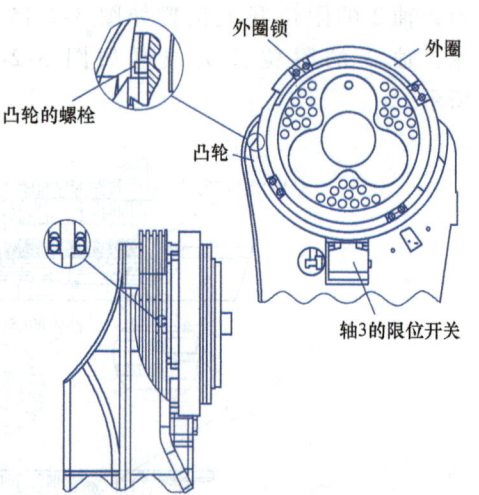

图 3-2-16 轴 3 的限位开关的位置图

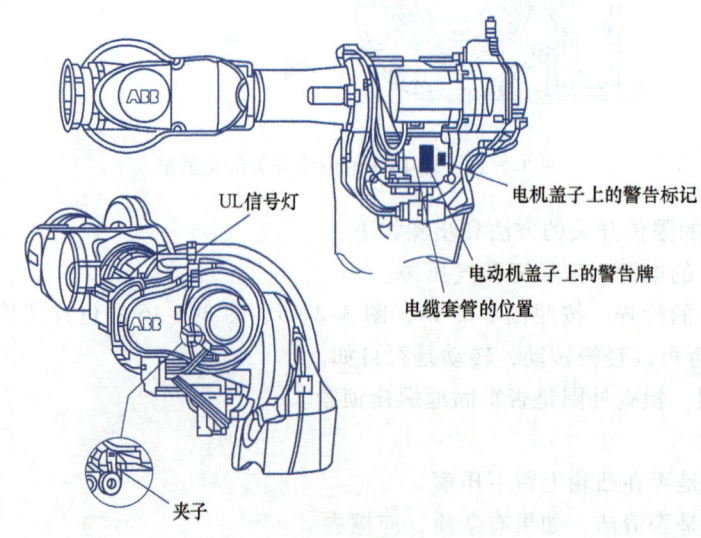

图 3-2-17 UL 信号灯的位置图

检修 UL 信号灯的方法和步骤如下：

1）关掉所有的电源、液压源及气压源。

2）检查当电动机运行（Motors On）时，灯是否亮着。

3）如果灯没有亮，则：

① 检查灯是否坏了，如果是，则更换。

② 检查电缆和灯的插头。

③ 测量轴 3 电机控制电压是否有 24V。

④ 检查电缆，如果损坏，则更换。

七、更换变速箱齿轮油

1. 更换轴 1 变速箱的齿轮油

轴 1 的变速箱位于骨架和基座之间，如图 3-2-1 所示。更换轴 1 变速箱齿轮油的方法及步骤如下：

1）松开螺栓，移开基座上的后盖。

2）将基座后的排油管拉出来。排油管在基座下方，位置如图 3-2-18 所示。

3）将油罐放到排油罐末端，接油。

4）打开进油孔处油塞，这样排油会更快。

5）打开油管末端，将油排出。排油时间取决于油温。

6）关上油管，将其放回原处。

7）盖上后盖，并拧紧螺栓。

8）打开进油孔。再向里面加油，根据前面定义的正确油位和排出的油来确定加多少油。

9）盖上进油孔的油塞。

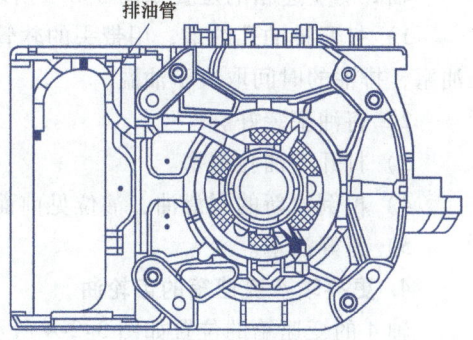

图 3-2-18 排油管的位置图

操作提示

1）检修前关掉所有的电源、液压源及气压源。

2）在机器人运行后，电动机和齿轮温度都很高，加油时注意烫伤。

3）当移动一个部位时，做一些必要的措施确保机械手不会倒下来，如：当拆除轴 2 的电动机时，要固定低处的手臂。

4）换油之前，先让机器人运行一会儿，热的油更容易排出来。

5）当加油的时候，不要混合任何其他的油，除非特别说明。

6）当给变速箱加油时，不要加得过多，因为这样会导致压力过高，会损坏密封圈或者垫圈；或将密封圈或垫圈完全压紧，影响机器人的自由移动。

7）因为变速箱的油温非常高，在 90℃ 左右，所以在更换或者排放齿轮油的时候必须戴上防护眼镜和手套。

8）注意变速箱由于温度过高，导致里面压力增加，在打开油塞的时候，里面的油可能会喷射出来。

2. 更换轴 2 变速箱的齿轮油

轴 2 的变速箱位于下臂的旋转中心，在电动机附加装置下面，如图 3-2-2 所示。更换轴

2 变速箱齿轮油的方法及步骤如下：

1）移掉通风孔的盖子。

2）打开排油孔油塞，用带头的软管将油排出并用桶接住，排油的时间取决于油温。

3）拧紧油塞。

4）打开加油孔油塞。

5）再倒入新的润滑油，油位见前面指定的正确油位。

6）盖上进油孔的油塞及通风孔盖子。

3. 更换轴 3 变速箱的齿轮油

轴 3 的变速箱的位置如图 3-2-3 所示。更换轴 3 变速箱齿轮油的方法及步骤如下：

1）打开排油孔油塞，用带头的软管将油排入油桶中，为了排油快，可以打开进油孔的油塞，排油的时间取决于油温。

2）将油塞装好。

3）打开进油孔油塞。

4）再倒入新的润滑油，油位见前面指定的正确油位。

5）盖好油塞。

4. 更换轴 4 变速箱的齿轮油

轴 4 的变速箱的位置如图 3-2-4 所示。更换轴 4 变速箱齿轮油的方法及步骤如下：

1）将上臂从标准位置运行到 45℃。

2）打开排油孔、进油孔的油塞。

3）将变速箱的油排出。

4）将上臂运行回原位置。

5）将排油孔的油塞装好。

6）重新通过进油孔倒入新油，油位见前面指定的正确油位。

7）装好进油孔油塞。

5. 更换轴 5 变速箱的齿轮油

轴 5 的变速箱的位置如图 3-2-5 所示。更换轴 5 变速箱齿轮油的方法及步骤如下：

1）运行轴 5 到一个合适的位置，使排油孔向下。

2）打开排油孔、进油孔的油塞。

3）将变速箱的油排出。

4）将排油孔的油塞装好。

5）运行轴 5 至标准位置。

6）重新通过进油孔倒入新油，油位见前面指定的正确油位。

7）装好进油孔油塞。

6. 更换轴 6 变速箱的齿轮油

轴 6 的变速箱位于腕节单元的中心，如图 3-2-6 所示。不同型号的机器人变速箱有不同的设计，所以里面的油量也不一样。更换轴 6 变速箱齿轮油的方法及步骤如下：

1）运行机器人，使轴 6 的排油孔向下，油孔位置见图 3-2-6 所示。

2）打开排油塞，将油排出。

3）将排油孔的油塞装好。

4）重新通过进油孔倒入新油，油位见前面指定的正确油位。

5）将进油孔油塞装回原位。

 检查测评

对任务实施的完成情况进行检查，并将结果填入表3-2-4。

表3-2-4　任务测评表

序号	主要内容	考核要求	评分标准	配分	扣分	得分
1	工业机器人的日常检查	会正确检查机器人本体的各部件	不能正确检查机器人各部件，扣20分	20		
2	工业机器人的检修	1. 会进行工业机器人轴的机械停止检修 2. 会进行工业机器人轴的限位开关的检修 3. 会进行 UL 信号灯的检修 4. 会进行变速箱齿轮油的更换	1. 不会进行工业机器人轴的机械停止检修，扣10分 2. 不会进行工业机器人轴的限位开关的检修 3. 不会进行 UL 信号灯的检修 4. 不会进行变速箱齿轮油的更换，扣20分	70		
3	安全文明生产	劳动保护用品穿戴整齐，遵守操作规程，讲文明礼貌，操作结束要清理现场	1. 操作中，违反安全文明生产考核要求的任何一项扣5分，扣完为止 2. 当发现学生有重大事故隐患时，要立即予以制止，并每次扣安全文明生产总分5分	10		
合计						
开始时间：			结束时间：			

附录

ABB机器人实际应用中的指令说明

ABB 机器人提供了丰富的 RAPID 程序指令，方便了大家对程序的编制，同时也为复杂应用的实现提供了可能性。以下就按照 RAPID 程序指令、功能进行一个分类，并对每个指令的功能作一个说明，如需对指令的使用与参数进行详细的了解，可以查看 ABB 机器人随机光盘说明书中的详细说明。

一、程序执行的控制

1. 程序的调用（见表 A-1）

表 A-1 程序的调用

指　令	说　明
ProCall	调用例行程序
CallByVar	通过带变量的例行程序名称调用例行程序
RETURN	返回原例行程序

2. 例行程序内的逻辑控制（见表 A-2）

表 A-2 例行程序内的逻辑控制

指　令	说　明
Compact IF	如果条件满足,就执行一条指令
IF	当满足不同的条件时,执行对应的程序
FOR	根据指定的次数,重复执行对应的程序
WHILE	如果条件满足,重复执行对应的程序
TEST	对一个变量进行判断,从而执行不同的程序
GOTO	跳转到例行程序内标签的位置
Label	跳转标签

3. 停止程序执行（见表 A-3）

表 A-3 停止程序执行

指　令	说　明
Stop	停止程序执行
EXIT	停止程序执行并禁止在停止处再开始

（续）

指 令	说 明
Break	临时停止程序的执行,用于手动调试
ExitCycle	中止当前程序的运行并将程序指针 PP 复位到主程序的第一条指令,如果选择了程序连续运行模式,程序将从主程序的第一句重新执行

二、变量指令

变量指令主要用于以下的方面:

1）对数据进行赋值。

2）等待指令。

3）注释指令。

4）程序模块控制指令。

1. 赋值指令（见表 A-4）

表 A-4 赋值指令

指 令	说 明
:=	对程序数据进行赋值

2. 等待指令（见表 A-5）

表 A-5 等待指令

指 令	说 明
WaitTime	等待一个指定的时间程序再往下执行
WaitUntil	等待一个条件满足后程序继续往下执行
WaitDI	等待一个输入信号状态为设定值
WaitDO	等待一个输出信号状态为设定值

3. 程序注释（见表 A-6）

表 A-6 程序注释

指 令	说 明
comment	对程序进行注释

4. 程序模块加载（见表 A-7）

表 A-7 程序模块加载

指 令	说 明
Load	从机器人硬盘加载一个程序模块到运行内存
UnLoad	从运行内存中卸载一个程序模块
Start Load	在程序执行的过程中,加载一个程序模块到运行内存中
Wait Load	当 Start Load 使用后,使用此指令将程序模块连接到任务中
CancelLoad	取消加载程序模块
CheckProgRef	检查程序引用
Save	保存程序模块
EraseModule	从运行内存删除程序模块

5. 变量功能（见表 A-8）

表 A-8 变量功能

指　令	说　明
TryInt	判断数据是否是有效的整数
OpMode	读取当前机器人的操作模式
RunMode	读取当前机器人程序的运行模式
NonMotionMode	读取程序任务当前是否无运动的执行模式
Dim	获取一个数组的维数
Present	读取带参数例行程序的可选参数值
IsPers	判断一个参数是不是可变量
IsVar	判断一个参数是不是变量

6. 转换功能（见表 A-9）

表 A-9 转换功能

指　令	说　明
StrToByte	将字符串转换为指定格式的字节数据
ByteTostr	将字节数据转换成字符串

三、运动设定

1. 速度设定（见表 A-10）

表 A-10 速度设定

指　令	说　明
MaxRobspeed	获取当前型号机器人可实现的最大 TCP 速度
VelSet	设定最大的速度与倍率
SpeedRefresh	更新当前运动的速度倍率
AccSet	定义机器人的加速度
WorldAccLim	设定大地坐标中工具与载荷的加速度
PathAccLim	设定运动路径中 TCP 的加速度

2. 轴配置管理（见表 A-11）

表 A-11 轴配置管理

指　令	说　明
ConfJ	关节运动的轴配置控制
ConfL	线性运动的轴配置控制

3. 奇异点管理（见表 A-12）

表 A-12 奇异点管理

指　令	说　明
SingArea	设定机器人运动时,在奇异点的插补方式

4. 位置偏置功能（见表 A- 13）

表 A- 13　位置偏置功能

指　令	说　明
PDispOn	激活位置偏置
PDispSet	激活指定数值的位置偏置
PDispOff	关闭位置偏置
EOffsOn	激活外轴偏置
EOffsSet	激活指定数值的外轴偏置
EOffsOff	关闭外轴位置偏置
DefDFrame	通过 3 个位置数据计算出位置的偏置
DefFrame	通过 6 个位置数据计算出位置的偏置
ORobT	从一个位置数据删除位置偏置
DefAccFrame	从原始位代和替换位代定义一个框架

5. 软伺服功能（见表 A- 14）

表 A- 14　软伺服功能

指　令	说　明
SoftAct	激活一个或多个轴的软伺服功能
SoftDeact	关闭软伺服功能

6. 机器人参数调整功能（见表 A- 15）

表 A- 15　机器人参数调整功能

指　令	说　明
TuneServo	伺服调整
TuneReset	伺服调整复位
PathResol	几何路径精度调整
CirPathMode	在圆弧插补运动时,工具姿态的变换方式

7. 空间监控管理（见表 A- 16）

表 A- 16　空间监控管理

指　令	说　明
WZBoxDef	定义一个方形的监控空间
WZCylDef	定义一个圆柱形的监控空间
WZSphDef	定义一个球形的监控空间
WZHomejointDef	定义一个关节轴坐标的监控空间
WZLimjointDef	定义一个限定为不可进入的关节轴坐标监控空间
WZLimsup	激活一个监控空间并限定为不可进入
WZDOSet	激活一个监控空间并与一个输出信号并联
WZEnable	激活一个临时的监控空间
WZFree	关闭一个临时的监控空间

注：这些功能需要选项“world zones”配合。

四、运动控制

1. 机器人运动控制（见表 A-17）

表 A-17　机器人运动控制

指　令	说　明
MoveC	TCP 圆弧运动
MoveJ	关节运动
MoveL	TCP 线性运动
MoveAbsJ	轴绝对角度位置运动
MoveExtJ	外部直线轴和旋转轴运动
MoveCDO	TCP 圆弧运动的同时触发一个输出信号
MoveJDO	关节运动的同时触发一个输出信号
MoveLDO	TCP 线性运动的同时触发一个输出信号
MoveCSync	TCP 圆弧运动的同时执行一个例行程序
MoveJSync	关节运动的同时执行一个例行程序
MoveLSync	TCP 线性运动的同时执行一个例行程序

2. 搜索功能（见表 A-18）

表 A-18　搜索功能

指　令	说　明
SearchC	TCP 圆弧搜索运动
SCarchL	TCP 线性搜索运动
SearchExtJ	外轴搜索运动

3. 指定位置触发信号与中断功能（见表 A-19）

表 A-19　指定位置触发信号与中断功能

指　令	说　明
TriggIO	定义触发条件在一个指定的位置触发输出信号
TriggInt	定义触发条件在一个指定的位置触发中断程序
TriggCheckIO	定义一个指定的位仪进行 I/O 状态的检查
TriggEquip	定义触发条件在一个指定的位置触发输出信号，并对信号响应的延迟进行补偿设定
TriggRampAO	定义触发条件在一个指定的位置触发模拟输出信号，并对信号响应的延迟进行补偿设定
TriggC	带触发事件的圆弧运动
TriggJ	带触发事件的关节运动
TriggL	带触发事件的线性运动
TriggLIOs	在一个指定的位置触发输出信号的线性运动
StepBwdPath	在 RESTART 的事件程序中进行路径的返回
TriggStopProc	在系统中创建一个监控处理，用于在 STOP 和 QSTOP 中需要信号复位和程序数据复位的操作
TriggSpeed	定义模拟输出信号与实际 TCP 速度之间的配合

4. 出错或中断时的运动控制（见表 A-20）

表 A-20　出错或中断时的运动控制

指　令	说　明
StopMove	停止机器人运动
StartMove	重新启动机器人运动
StartMoveRetry	重新启动机器人运动及相关的参数设定
StopMoveReset	对停止运动状态复位,但不重新启动机器人运动
StorePath[①]	存储已生成的最近路径
RestoPath[①]	重新生成之前存储的路径
ClearPath	在当前的运动路径级别中,清空整个运动路径
PathLevel	获取当前路径级别
SyncMoveSuspend[①]	在 StorePath 的路径级别中暂停同步坐标的运动
SyncMoveResume[①]	在 StorePath 的路径级别中重返同步坐标的运动
IsStopMoveAct	获取当前停止运动标志符

① 这些功能需要选项"Path recovery"配合。

5. 外轴控制（见表 A-21）

表 A-21　外轴控制

指　令	说　明
DeactUnit	关闭一个外轴单元
ActUnit	激活一个外轴单元
MechUnitLoad	定义外轴单元的有效载荷
GetNextMechUnit	检索外轴单元在机器人系统中的名字
IsMechUnitActive	检查外轴单元状态是激活/关闭

6. 独立轴控制（见表 A-22）

表 A-22　独立轴控制

指　令	说　明
IndAMove	将一个轴设定为独立轴模式并进行绝对位置方式运动
IndCMove	将一个轴设定为独立轴模式并进行连续方式运动
IndDMove	将一个轴设定为独立轴模式并进行角度方式运动
IndRMove	将一个轴设定为独立轴模式并进行相对位置方式运动
IndReset	取消独立轴模式
IndInpos	检查独立轴是否已达到指定位置
Indspeed	检查独立轴是否已达到指定的速度

注：这些功能需要选项"Independent movement"配合。

7. 路径修正功能（见表 A-23）

表 A-23　路径修正功能

指　令	说　明
CorrCon	连接一个路径修正生成器
CorrWrite	将路径坐标系统中修正值写到修正生成器

（续）

指　令	说　明
CorrDiscon	断开一个已连接的路径修正生成器
CorrClear	取消所有已连接的路径修正生成器
CorfRead	读取所有已连接的路径修正生成器的总修正值

注：这些功能需要选项"Path offset or RobotWarA- Arc sensor"配合。

8. 路径记录功能（见表 A- 24）

表 A- 24　路径记录功能

指　令	说　明
PathRecStart	开始记录机器人的路径
PathRecStop	停止记录机器人的路径
PathRecMoveBwd	机器人根据记录的路径作后退运动
PathRecMoveFwd	机器人运动到执行 PathRecMoveFwd 这个指令的位置上
PathRecValidBwd	检查是否激活路径记录和是否有可后退的路径
PathRecValidFwd	检查是否有可向前的记录路径

注：这些功能需要选项"Path recovery"配合。

9. 输送链跟踪功能（见表 A- 25）

表 A- 25　输送链跟踪功能

指　令	说　明
WaitWObj	等待输送链上的工件坐标
DropWObj	放弃输送链上的工件坐标

注：这些功能需要选项"Conveyor tracking"配合。

10. 传感器同步功能（见表 A- 26）

表 A- 26　传感器同步功能

指　令	说　明
WaitSensor	将一个在开始窗口的对象与传感器设备并联起来
SyncToSensor	开始/停止机器人与传感器设备的运动同步
DropSensor	断开当前对象的连接

注：这些功能需要选项"Sensor synchronization"配合。

11. 有效载荷与碰撞检测（见表 A- 27）

表 A- 27　有效载荷与碰撞检测

指　令	说　明
MotionSup	激活/关闭运动监控
LoadId	工具或有效载荷的识别
ManLoadId	外轴有效载荷的识别

注：这些功能需要选项"Collision detection"配合。

12. 关于位置的功能（见表 A-28）

表 A-28　关于位置的功能

指　令	说　明
Offs	对机器人位置进行偏移
RelTool	对工具的位程和姿态进行偏移
CalcRobT	从 jointtarget 计算出 robtarget
Cpos	读取机器人当前的 X、Y、Z
CRobT	读取机器人当前的 robtarget
CJointT	读取机器人当前的关节轴角度
ReadMotor	读取轴电动机当前的角度
CTool	读取工具坐标当前的数据
CWObj	读取工件坐标当前的数据
MirPos	镜像一个位置
CalcJointT	从 robtarget 计算出 jointtarget
Distance	计算两个位置的距离
PFRestart	检查当路径因电源关闭而中断的时候
CSpeedOverride	读取当前使用的速度倍率

五、输入/输出信号处理

机器人可以在程序中对输入/输出信号进行读取与赋值，以实现程序控制的需要。

1. 对输入/输出信号的值进行设定（见表 A-29）

表 A-29　对输入/输出信号的值进行设定

指　令	说　明
InvertDO	对一个数字输出信号的值置反
PulseDO	数字输出信号进行脉冲输出
Reset	将数字输出信号置为 0
Set	将数字输出信号置为 1
SetAO	设定模拟输出信号的值
SetDO	设定数字输出信号的值
SetGO	设定组输出信号的值

2. 读取输入/输出信号值（见表 A-30）

表 A-30　读取输入/输出信号值

指　令	说　明
AOutput	读取模拟输出信号的当前值
DOutput	读取数字输出信号的当前值
GOutput	读取组输出信号的当前值
TestDI	检查一个数字输入信号已置 1

（续）

指　令	说　明
ValidIO	检查 I/O 信号是否有效
WaitDI	等待一个数字输入信号的指定状态
WaitDO	等待一个数字输出信号的指定状态
WaitGI	等待一个组输入信号的指定值
WaitGO	等待一个组输出信号的指定值
WaitAI	等待一个模拟输入信号的指定值
WaitAO	等待一个模拟输出信号的指定值

3. I/O 模块的控制（见表 A-31）

表 A-31　I/O 模块的控制

指　令	说　明
IODisable	关闭一个 I/O 模块
IOEnable	开启一个 I/O 模块

六、通信功能

1. 示教器上人机界面的功能（见表 A-32）

表 A-32　示教器上人机界面的功能

指　令	说　明
IPErase	清屏
TPWrite	在示教器操作界面写信息
ErrWrite	在示教器事件日记中写报警信息并储存
TPReadFK	互动的功能键操作
TPReadNum	互动的数字键盘操作
TPShow	通过 RAPID 程序打开指定的窗口

2. 通过串口进行读写（见表 A-33）

表 A-33　通过串口进行读写

指　令	说　明
Open	打开串口
Write	对串口进行写文本操作
Close	关闭串口
WriteBin	写一个二进制数的操作
WriteAnyBin	写任意二进制数的操作
WriteStrBin	写字符的操作
Rewind	设定文件开始的位置
ClearIOBuff	清空串口的输入缓冲

（续）

指　　令	说　　明
ReadAnyBin	从串口读取任意的二进制数
ReadNum	读取数字量
Readstr	读取字符串
ReadBin	从二进制串口读取数据
ReadStrBin	从二进制串口读取字符串

3. Sockets 通信（见表 A-34）

表 A-34　Sockets 通信

指　　令	说　　明
SocketCreate	创新 Socket
SocketConnect	连接远程计算机
Socketsend	发送数据到远程计算机
SocketReceive	从远程计算机接收数据
SocketClose	关闭 Socket
SocketGetStatus	获取当前 Socket 状态

七、中断程序

1. 中断设定（见表 A-35）

表 A-35　中断设定

指　　令	说　　明
CONNECT	连接一个中断符号到中断叹序
ISignalDI	使用一个数字输入信号触发中断
ISignalDO	使用一个数字输出信号触发中断
ISignalGI	使用一个组输入信号触发中断
ISignalGO	使用一个组输出信号触发中断
ISignalAI	使用一个模拟输入信号触发中断
ISignalAO	使用一个模拟输出信号触发中断
ITimer	计时中断
TriggInt	在一个指定的位置触发中断
IPers	使用一个可变量触发中断
IError	当一个错误发生时触发中断
IDelete	取消中断

2. 中断控制（见表 A-36）

表 A-36　中断控制

指　　令	说　　明
ISleep	关闭一个中断
IWatch	激活一个中断
IDisable	关闭所有中断
IEnable	激活所有中断

八、系统相关的指令

时间控制（见表 A- 37）

表 A- 37　时间控制

指　令	说　明
ClkReset	计时器复位
ClkStrart	计时器开始计时
ClkStop	计时器停止计时
ClkRead	读取计时器数值
CDate	读取当前日期
CTime	读取当前时间
GetTime	读取当前时间为数字型数据

九、数学运算

1. 简单计算（见表 A- 38）

表 A- 38　简单计算

指　令	说　明
Clear	清空数值
Add	家或减操作
Incr	加 1 操作
Decr	减 1 操作

2. 算术功能（见表 A- 39）

表 A- 39　算术功能

指　令	说　明
Abs	取绝对值
Round	四舍五入
Trunc	舍位操作
Sqrt	计算二次根
Exp	计算指数值 e^x
Pow	计算指数值
ACos	计算圆弧余弦值
ASin	计算圆弧正弦值
ATan	计算圆弧正切值［-90,90］
ATan2	计算圆弧正切值［-180,180］
Cos	计算余弦值
Sin	计算正弦值
Tan	计算正切值
EulerZYX	从姿态计算欧拉角
OrientZYX	从欧拉角计算姿态

参 考 文 献

［1］ 邢美峰. 工业机器人操作与编程 ［M］. 北京：电子工业出版社，2016.

［2］ 郝巧梅，刘怀兰. 工业机器人技术 ［M］. 北京：电子工业出版社，2016.

［3］ 兰虎. 工业机器人技术及应用 ［M］. 北京：机械工业出版社，2014.

［4］ 张培艳. 工业机器人操作与应用实践教程 ［M］. 上海：上海交通大学出版社，2009.

［5］ 兰虎. 焊接机器人编程及应用 ［M］. 北京：机械工业出版社，2013.

［6］ 叶晖，管小清. 工业机器人实操与应用技巧 ［M］. 北京：机械工业出版社，2010.